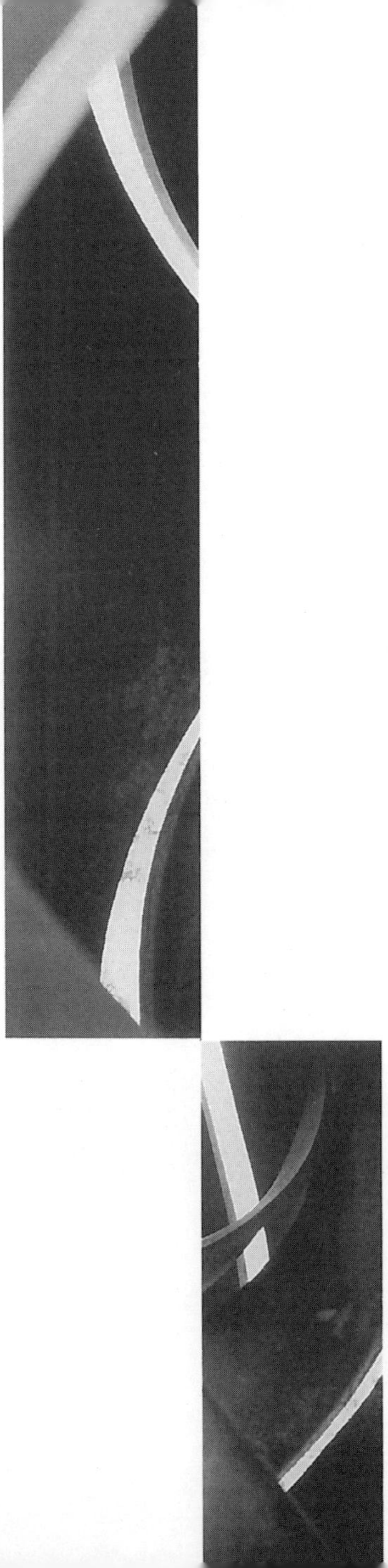

日本経済の選択

企業のあり方を問う

森岡孝二

桜井書店

はしがき

本書は、私の企業社会論としては、『企業中心社会の時間構造——生活摩擦の経済学』（青木書店、一九九五年）の続きをなすものである。

前著を出してほどなくして、過労死問題を通じて知りあった弁護士から誘いがあり、企業活動の市民監視を目的に株主オンブズマンの結成に参加することになった。短い準備期間を経て、発足したのは一九九六年二月であった。それから今日までのあいだに四年余りが経過した。この間に日本経済には前例をみない規模で実にさまざまなことが起きてきた。九六年には無謀な不動産担保融資で破綻した住宅金融専門会社（住専）の不良債権処理への税金投入が大問題になった。消費税率の引き上げのあった九七年には、都市銀行の北海道拓殖銀行に続いて、大手証券会社の山一証券が経営破綻に陥った。九八年には破綻した日本長期信用銀行（長銀）と日本債券信用銀行（日債銀）が、銀行救済のために用意された六〇兆円の公的資金枠のもとで一時国有化に移された。こうして消費低迷に金融危機が重なるなかで、生産が再び縮小し、失業率がかつてなく高まり、不況が一層悪化する事態になった。この間にはまた、経営破綻した金融機関を中心に重大な粉飾決算が相次いで露見してきた。ほかにも企業不祥事が続発し、総会屋利益供与事件に限っても、十指に余る企業で経営者と闇の世界との結びつきが発覚してきた。

こうした事態を目の当たりにしながら、私は経済学者の一人として、また株主オンブズマンの一員として、この数年、バブル破綻後の不況と続発する不祥事に揺れる日本の経済と企業についていくつかの文章を書いてきた。それらを練り直して、バブルと不況を生んだ日本の経済システムを、企業システムに焦点を絞って検証し、企業のあり方を問う視点から二一世紀の日本経済の針路を定めようとしてまとめたのが本書である。

この十数年のバブルと不況の顚末に関する立ち入った検証作業は、学界でもマスメディアでもまだ十分にはなされていない。いくつかの新聞にはバブルや不況について「検証」の特集企画がシリーズで組まれてきたが、それらは、政府の『経済白書』ほどに皮相ではないとしても、バブルを戦後最大規模の国民的損失を生んだ企業犯罪として暴き、その責任を追及する点で、多くの甘さを残している。それ以上に大きな問題は、この十数年の間に政府も国会もバブルとバブル破綻後の不況についてこれという検証作業を行ってこなかったことである。本書の終章でも触れているように、大蔵省と日本銀行も、一、二、三の学術的で微温的な「研究会報告」や「共同個人論文」を除いては、バブルの総括を行っていない。

これを書いているいま、世論の関心は「そごう問題」に集まっている。バブル期の強引な出店で抱えた巨額の負債が原因で経営破綻に陥ったそごう、そのそごうに無謀な融資をしてきた日本興業銀行（興銀）や長銀、そごうに対して旧長銀の新生銀行がもつ巨額の債権を国民の税金を使って買い戻す政府――こうしたそごう問題では、当事者のモラル・ハザード（倫理喪失）は誰の目にも明らかだが、当事者の誰も責任をとろうとはしていない。

しかし、そごう問題に限らず、バブルと不況の真相究明に際しては、国民に損失を負わせた人々の責任に触れないわけにはいかない。私はそういう考えから、本書に先立つ拙著の『粉飾決算』（岩波ブックレット、二〇〇〇年一月）では、日本住宅金融（日住金）、山一、ヤオハン、長銀、日債銀などの経営破綻の真相と責任の所在を明らかにすることに努めた。そうした構えは本書でも保持されている。

とはいえ、本書で扱われているのは、バブルと不況の問題だけではない。日本的経営システムは、金融システムの面からだけでなく、雇用システムの面からも深刻な危機に陥ってきた。一九八〇年代には効率と品質の高さゆえに世界的に賞賛されてきた日本的生産システムも、いまから振り返ると、男は残業、女はパートの性別分業に支えられていた点で、大きな歪みをともなっていた。そういう認識から、本書は、日本的生産システムを問い直し、昨今の不況と「リストラ」をも念頭において、失業問題とともに労働時間の問題に新たな照明をあてている。

バブルや不況を取り上げた類書と異なって、本書は、企業経営の歪みを論ずるだけでなく、市民の側からの企業改革の可能性についてもいくつかの問題提起を行っている。日本の企業では、経営者が違法や不正を犯しても、それをチェックする仕組みがないか、あっても機能せず、しばしば取り返しがつかない事態にいたることが多い。それとともに法的義務や社会的責任を逃れて恥じない企業が少なくない。こうしたことがなぜ生ずるのか、どうすれば改められるのかを検討していることも本書の新しさの一つである。

＊

ここで簡単に本書の構成を示しておこう。

序章「変化のなかの経営システム」は、本書が問題とするところをはじめに要約的に述べる意図をもって、不況の淵からなお浮かび上がれないでいる日本経済の現状を考察し、政府の不況対策が国民をどこに導こうとしているかを論じている。

第一章「バブルの環境はこうして準備された」は、バブル発生のメカニズムを、一九八〇年代における日本の経済大国化と日米経済摩擦から説き起こし、規制緩和、金融自由化、円高、内需拡大、金融緩和とみていき、銀行・企業関係の変化を踏まえて、銀行の不動産担保融資に説き及んでいる。

第二章「バブルの崩壊と九〇年代不況」は、バブル破綻後の不良債権問題と金融危機に焦点を合わせ、日住金と山一のケースからバブル経営の実態を述べるとともに、不況のなかの失業増と消費低迷が人々の将来不安によって増幅されていることを明らかにしている。

第三章「日本的生産システムを問い直す」は、八〇年代には世界的に賛美された日本的生産システムがどのようなものであったのかを、過労死した作業長のQC運動や労働実態に関する資料をもとに考察し、日本的現場主義における作業長の全能性は殺人的超長時間労働で購われていることを検証している。

第四章「日本的企業システムと労働時間」は、過労死とサービス残業を生む日本的経営の働かせ方に重ね合わせて、日本企業の雇用と労働時間におけるジェンダー・ギャップを問い、最近の不況と雇用形態の多様化戦略のなかでの就業者数の変化を性別・労働時間別にあとづけている。

第五章「労働時間の規制はなぜ必要か」は、日本は先進国ではなお自由時間の最貧国であることを確認し、裁量労働制の拡大など労働時間の規制緩和が進むもとで、人間の尊厳と発達という見地から、日々の労働時間の制限と短縮の必要性を論じている。

第六章「コーポレート・ガバナンスと株主権」は、日米比較の視点から、株主の情報アクセス権、代表訴訟提起権、株主総会への議案提案権などの行使事例を紹介し、株主総会改革を通して企業にディスクロージャー（情報開示）とコンプライアンス（法令遵守）を求めていく意義を説いている。

第七章「市民の目で企業改革を考える」は、法人資本主義論で知られる奥村宏氏の問題提起に応えて、マルクス経済学が企業改革論を欠いている理由を述べ、障害者雇用問題や企業の政治献金問題に関する株主オンブズマンの取り組みから、市民による企業改革の可能性を探っている。

終章「日本経済の針路を切り替える」は、日本経済は高い成長がなくても人々が十分に豊かさを享受できるような成熟段階に達しており、今後は経済成長は緩やかでも人々の生活は安定している社会をつくることが課題になることを述べている。

＊

本書ができるまでには多くの方々の協力と助言と激励があった。まっさきにお礼を言わなければならないのは、私の職場である関西大学の教職員の方々である。とりわけ経済学部、経商資料室、経済・政治研究所、総合図書館のスタッフには研究上の多大の便宜を与えていただいた。関西大学からは、一九九九年度の前半には「研修」のかたちで研究に専念する機会を、また、二〇〇〇年度には学部共同研究費を受ける機会を与えていただいた。ついで、本書の素材となった論文を報告する機会を与えてくれて、貴重なご意見をたまわった経済理論学会や基礎経済科学研究所の会員諸氏にもお礼を申し上げる。私の指導する大学院と学部のゼミナールの院生や学生にも助けてもらったが、ここでは学会の用務やその他の雑務でとくにお世話になった元大学院生の仲野組子氏と高橋邦太郎氏の名前だけを挙げさせていただく。

こうした大学と学会の関係者に劣らず、本書が多くを負っているのは株主オンブズマンのメンバーである。商法や証券取引法をはじめとする法律問題については、とくに阪口徳雄弁護士と松丸正弁護士のご教示を得た。企業会計については、公認会計士の熊野実夫氏、松山治幸氏、三馬忠夫氏のご助言を得た。いつも面倒な仕事をお願いする事務局の野町直彦氏や、横浜から大阪の会議に参加する三宅陸郎氏をはじめとする熱心な株主会員の諸氏にもお礼を言わねばならない。

大学時代の恩師の山﨑怜先生と大学院時代の恩師の池上惇先生には、本書が報いがたい学恩に対する返礼の一つであることを認めてほしいと思っている。

青木書店から独立して新しい出版社を起こした桜井香氏には、本書の企画から編集まで一切をお世話いただいた。尋常のお礼ではすまされないという気持ちを表すためにも、本書を桜井氏の第二の門出のはなむけとして贈りたい。

最後に、前著と同様に、それぞれの仕方で私に力と時間を与えてくれた妻と義母と子どもたちに心よりお礼を申し上げる。

二〇〇〇年七月二〇日

森岡孝二

目次

日本経済の選択

企業のあり方を問う

序章　変化のなかの経営システム

Ⅰ　金融システムと雇用システム

日本経済は一九九〇年代を通じて長期の深刻な不況に悩まされてきた。とくに九七年の秋以降は、消費税率の引き上げによって強められた個人消費の停滞と、不良債権処理の遅れに起因する金融危機が重なって、生産が縮小し、設備投資も落ち込み、失業者が急増するような状況が生じた。

一九九八年のどん底に比べると九九年の日本経済は少し持ち直した。それでも九九年後半のＧＤＰ（国内総生産）は七―九月期と一〇―一二月期の二期連続でマイナス成長になった。こういう厳しい現実をまえにしながら、経済企画庁は、二〇〇〇年三月の「月例経済報告」において、「企業の活動に積極性もみられるようになるなど、自律的回復に向けた動きが徐々に現れている」として、事実上の景気回復宣言を発した。しかし、企業の業況判断が好転し、設備投資が増えはじめているとしても、ＧＤＰの約六〇％を占める個人消費が冷え込んだままでは、景気の本格的な自律回復は期待できないだろう。

冷静にみれば、日本経済の現状は、なお深淵に臨んで薄氷を踏むが如し状態にあるといわなければならない。太平洋戦争中に匹敵するような借金財政による公共事業費の膨張、銀行に対する公的資金の湯水のような注入、日本銀行によるゼロ金利政策など、どれも将来に大きな難題を残す緊急避難的な政策を総動員することによって、かろうじて需要の縮小と金融システムの崩壊を食い止めている。それが日本経済の実状である。

日本経済がこういう状態に陥った原因を考え、今後の針路を探るうえで重要な意味をもつのは、当面の経済予測で問題になるような短期の景気動向ではない。問われるべきはより長期的な性質をもつ経営システムの変容の問題である。経営システムから見て、日本経済にいったい何が生じたのか。本書はこの章にかぎらず全章を通してこの問いに答えていく。高度成長期に形成され、その後も他の国々からその「成功」が賞賛されてきた日本的経営システムが、八〇年代後半から有効に機能しなくなり、さらには危機に瀕するようになったのはなぜか。この疑問を突き詰めていけば、戦後日本の産業社会に定着したはずの経営システムが、システム自体の転換を迫られるような危機に直面することによって、戦後のいつの時期にもまして深刻化し長期化した不況が九〇年代不況であることが明らかになるであろう。

なにをもって日本的経営システムというかは、研究者の間でも基本的な一致があるわけではない。とはいえ、通説的理解としては、「日本的経営システム」の「制度疲労」と「ガバナンス不況」に言及した一九九八年版『経済白書』に例を見るように、①「株式持合いやメインバンクに代表される日本的金融システム」、②「長期継続的取引関係に代表される企業間関係」、③「終身雇用・年功序列賃金・企業別組合に代表される雇用慣行」の三つを挙げても異論はなかろう。

本章では、日本的経営システムのうち、九〇年代不況を考えるうえで重視すべきだと思われるサブシステムとして、①の金融システムと、③の雇用システムの二つを取り上げ、八〇年代のバブルから九〇年代の不況にかけて金融と雇用になにが生じたのかを振り返り、日本的経営システムの危機と再編が九〇年代

図 P-1　工業生産の推移　　1995年度＝100

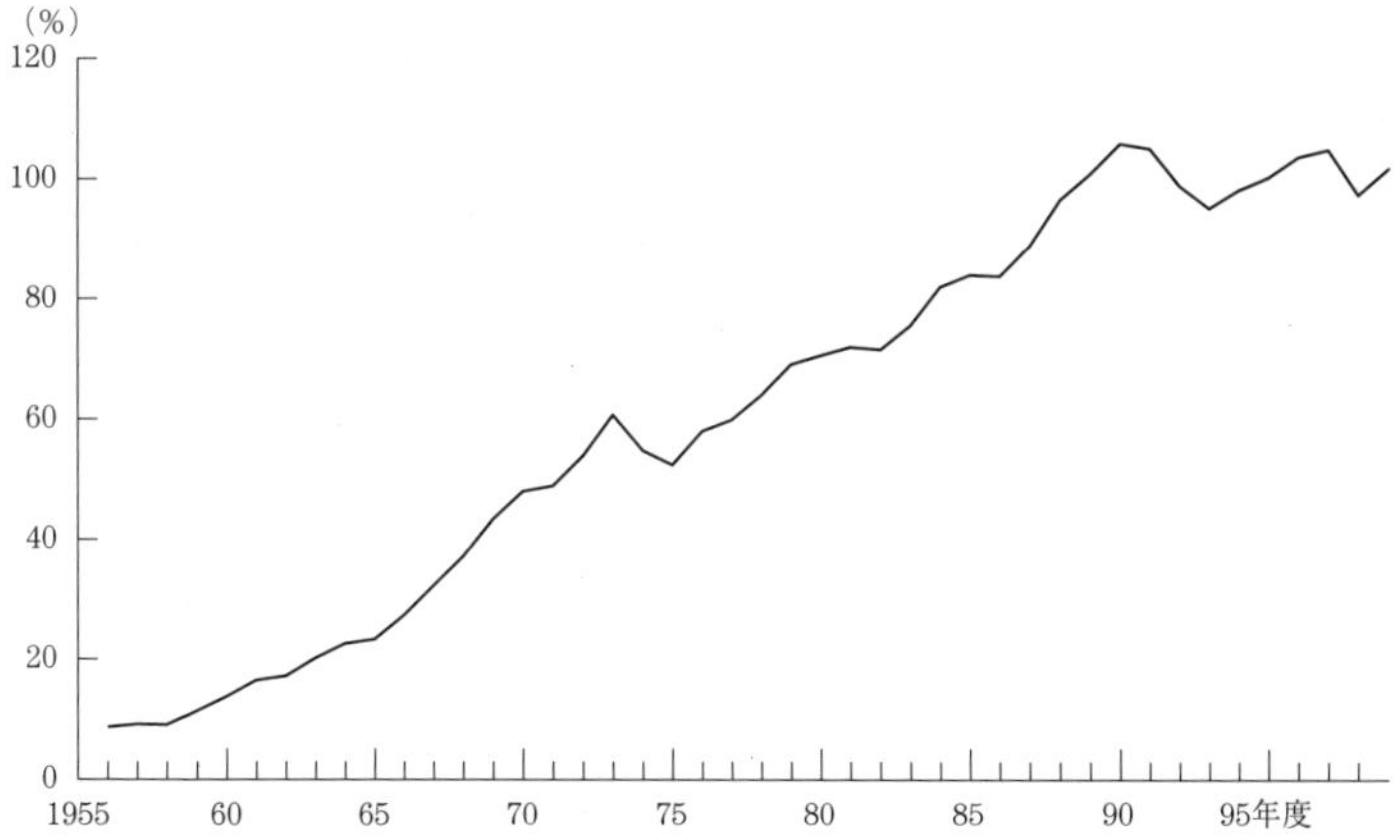

(注)　指数は「通産統計」の鉱工業指数による。
(出所)　『経済白書』1999年版の長期経済統計データにより作成。1999年度は99年12月の「通産統計」の数字。

不況にどのような影を落としているかを考察する。

誤解のないように付言すれば、経営システムの危機という制度的側面を強調するからといって、九〇年代不況が産業界と政府の時々の戦略的・政策的対応の失敗によって増悪されたことを否定するものではない。むしろ、金融システムと雇用システムが直面した困難に焦点を合わせることによって、産業界と政府はなにへの対応において誤ってきたかがかえって鮮明になるのではないかと思っている。

Ⅱ　日本経済の衰退と金融システムの危機

まず図P-1をご覧いただきたい。これは一九九九年版『経済白書』に付された長期経済統計から一九九五年度を一〇〇とした工業生産の変化を作図したものである。ここに示されているように、第二次大

図 P-2　実質 GDP の推移　　1995年度＝100

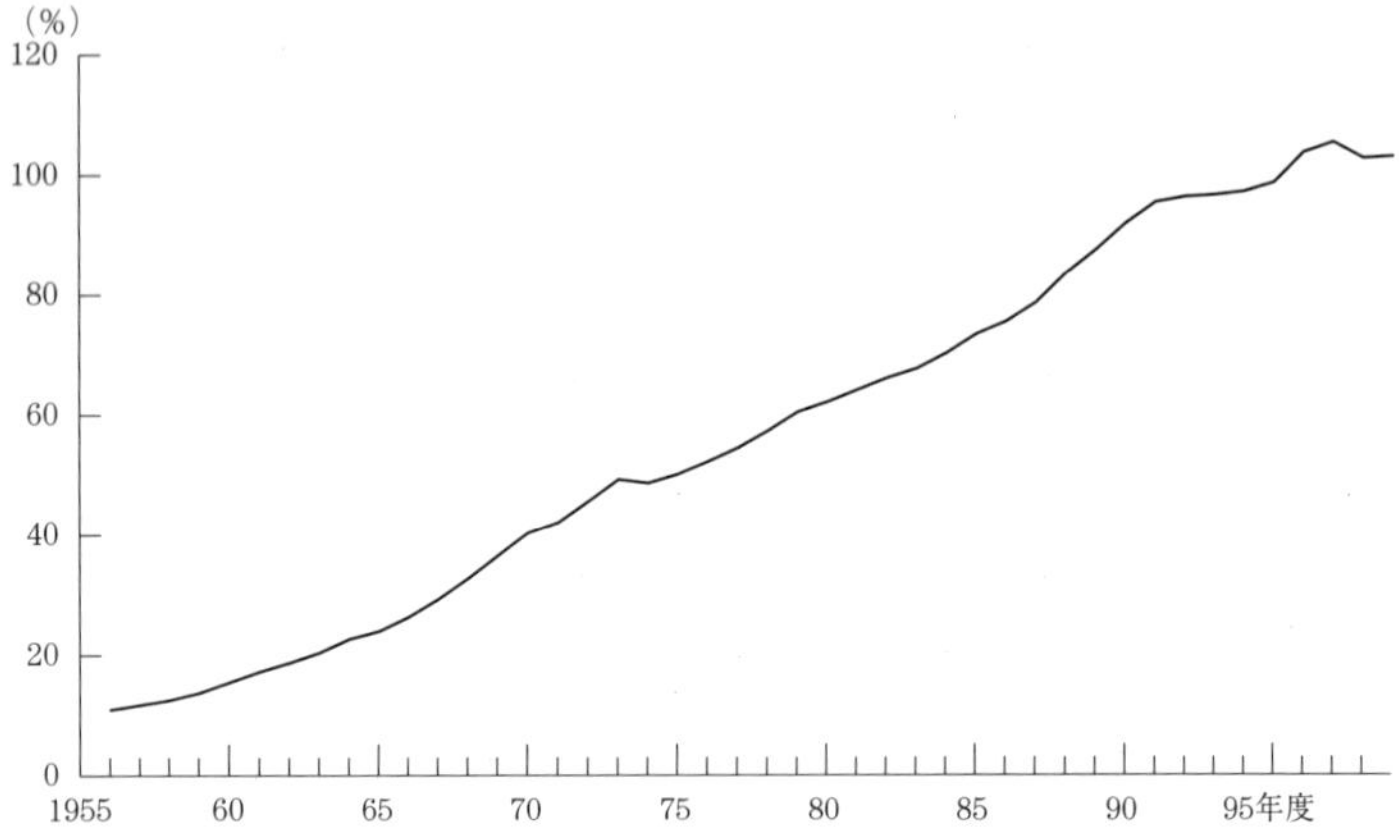

（出所）　図 P-1 に同じ。1999年度は「国民所得統計」の1999年（暦年）の数字。

戦後の日本経済は、敗戦直後の混乱期と復興期を経て、五〇年代半ばから七〇年代初めまで世界で他に例をみないほどの高度成長を経験した。七〇年代半ばには第一次オイル・ショックで生産の大きな落ち込みをともなった不況に一時見まわれたが、その後は八〇年代にかけて他の先進工業諸国より高い成長率を維持し、経済大国の道を進んだ。八〇年代後半には株価と地価のバブルをともなってのことではあるが、高度成長期に匹敵するほどの急激な経済拡大があった。しかし、九〇年代に入ると、バブルが崩壊し、生産は大きく落ち込み、日本経済は深刻な長期不況に陥った。

図P-2には、実質GDPの対前年増加率でみた戦後日本の経済成長を、一九九五年度を一〇〇として示した。これによれば、鉱工業生産指数でみた図P-1ほど明確な形ではないが、一九七四年に軽い落ち込みがあるほかは、一九五〇年代後半から一九八〇年末までおおむね右肩上がりの成長が続き、一九九〇年代に入って停滞基調に転じたことがわかる。それとともに、

表P-1　主要企業の資金調達構造の変化（5年平均）　（単位：%）

期　間	内部資金	借　入	社　債	株　式	企業間信用
1960〜64	22.9	33.8	6.8	10.8	16.2
1965〜69	37.5	36.9	5.2	3.8	22.7
1970〜74	35.1	41.6	5.1	3.2	21.9
1975〜79	45.8	26.5	10.6	8.0	17.7
1980〜84	55.3	16.4	8.5	10.4	9.6
1985〜89	45.2	6.4	17.4	15.8	5.0
1990〜94	87.3	5.2	11.1	4.6	−7.1

（出所）日本銀行『主要企業経営分析』。堀内（1999）より。

鉱工業生産の動きからみると谷間の時代といえる九〇年代も、ＧＤＰでみると、この一、二年のマイナス成長を考慮したとしても、停滞一色ではないことを見ておく必要がある。

とはいえ、工業生産でみても、ＧＤＰでみても、九〇年代の日本経済が、八〇年代後半のバブルの発生と崩壊を境に、それ以前と大きく様変わりしたことは疑いない。バブル経済については次章で詳しく考察するが、バブルの発生および崩壊と前後して日本経済になにが生じたのかを考えるには、まずは金融の問題に立ち入らねばならない。

戦後日本の企業金融にあっては、長らく銀行その他の金融機関を通じた短期資金の借入（間接金融）が中心的な位置を占め、株式や社債の発行市場を通じた資金調達（直接金融）は副次的な位置しかもたなかった。とくに大企業は、特定の都市銀行をメインバンクとして、その銀行から安定的に資金供給を受け、銀行は他行がメインバンク関係にある企業に対しては相互に協調融資を行ってきた。

高度成長期には、**表P-1**に明らかなように、大企業の資金需要の三割から四割は銀行など金融機関からの借入でまかなわれてきた。ところが、オイル・ショック不況から日本経済が抜け出た七〇年代後半以降、大企業は銀行からの借入比率を下げ、利潤の内部留保や減価償却基金な

図 P-3　全国銀行貸出残高の伸び（前年同期比）

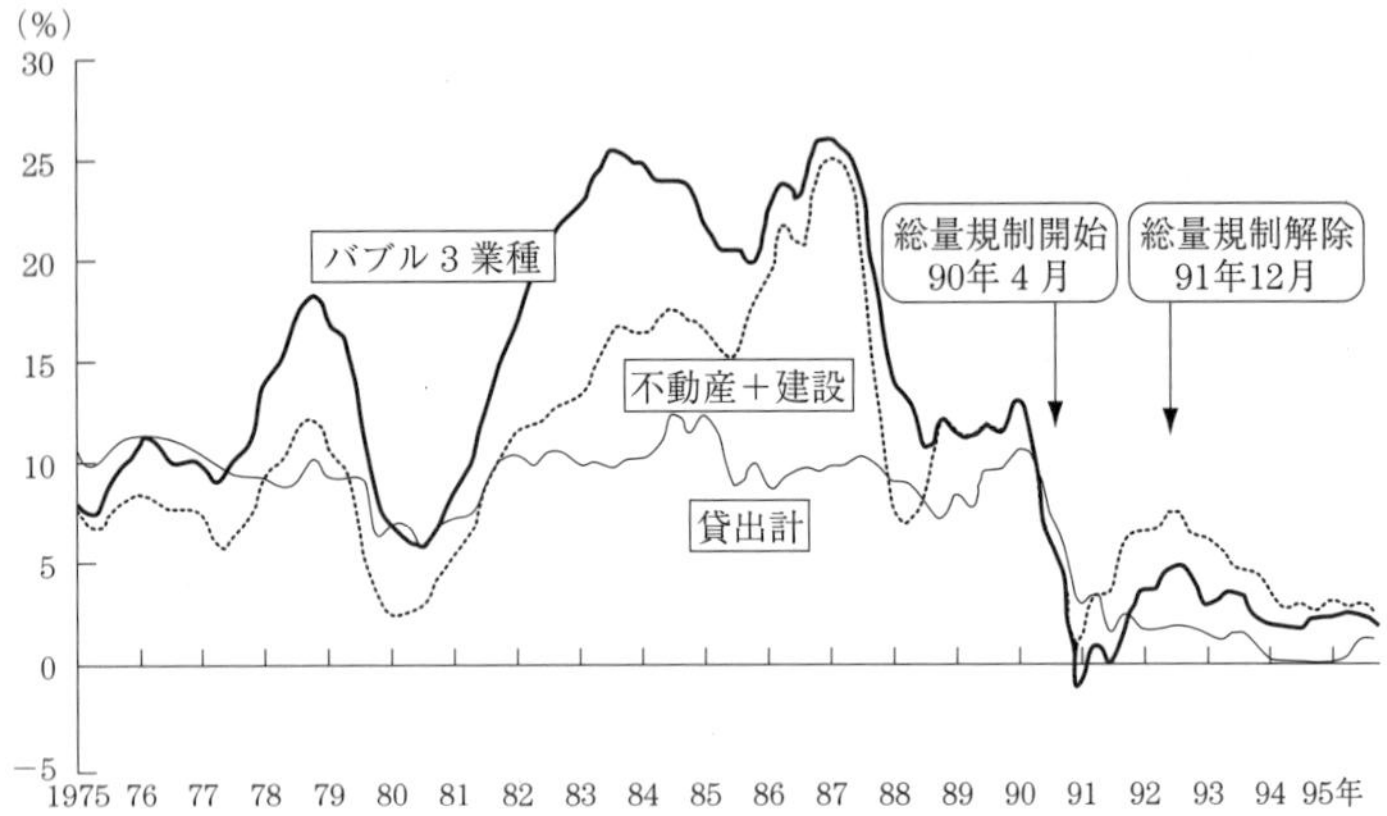

（注）1989年Ⅰ期以前は第二地方銀行（旧相互銀行）は除く。1993年Ⅰ期以前は当座貸越しを含まないベース。バブル３業種は不動産，建設，ノンバンク（物品賃貸業とその他金融）と定義。
（出所）日本銀行『経済統計月報』，長銀総合研究所推計。吉富（1998）より。

どによる自己金融比率を高めていった。また、八〇年代後半には、高株価を背景に企業は株式発行を通して豊富な資金を調達できるようになった。こうした動きが強まるとともに、大企業の銀行離れと銀行の地盤沈下が進み、大企業の資金調達に占める銀行などからの借入比率は、七〇年代前半には四〇％を超えていたが、八〇年代後半にはわずか数％に落ちるまでになった。

企業の自己金融の拡大と、直接金融の役割の増大を直視するなら、銀行は本業の事業規模の縮小を織り込んで金融再編の方向を模索すべきであった。しかし、実際には、大銀行は、八〇年代についていえば、それまで軽んじてきた中小企業への貸付を大幅に増やすなかで、新たな営業領域を求めて不動産関連融資に走った。

八〇年代の銀行融資で特徴的なことは、総貸出高は七〇年代と似たような伸び率を示し、比較的安定していたにもかかわらず、バブル三業種といわれる不動産、建設、ノンバンクへの融資が突出して増大したことである。吉富勝氏が図P－3を示して指摘しているように、全国銀行の総貸出残高の伸び率は、七〇年代にも毎四半期、一〇－一二％の伸びで安定していた。しかし、さきのバブル三業種への貸出高残高は、八〇年代に入るやいなや急増しはじめ、八〇年代のほぼ全期間を通して毎四半期二〇－二五％の伸びを続けた。その結果は、バブルの発生と膨張であり、またその崩壊を通じた巨額の不良債権の発生である（吉富、一九九八）。

ところで、青木昌彦氏らの研究によれば、メインバンクとしての銀行は、決済口座や貸出審査を通して取引関係にある企業の財務情報を把握し、最大の債権者として企業の経営を監視する。企業の経営状態が著しく悪化し資金的に逼迫した場合は、役員を派遣し経営者の選任に関与する。この面から、メインバンクは日本企業のガバナンスにおいて一定のモニタリング機能を果たしてきたと考えられている（青木／パトリック編、一九九六、青木・堀、一九九六）。[*1]

しかし、この見解はバブル期に生じた事態からみれば、疑わしいところがある。バブル期の金融機関による不動産担保融資は、バブル崩壊後に明らかになったように、融資先の事業計画をまともに審査せず、担保となる土地資産の暴落のリスクもほとんど見込んでいないものが多かった。そのうえ、暴力団が絡んだ地上げや、情実融資や、横領や詐欺の多発など、しばしば貸し手と借り手の双方とも金融的節度を著しく欠いている事例がみられた。日本長期信用銀行（長銀）や日本債券信用銀行（日債銀）の経営破綻の経過

＊1　メインバンクにモニタリング機能があるとする見解の批判については、マーク・J・シャー（一九九八）を参照。

は、顧客企業に対するモニタリング（監視）機能を果たしてきたはずのメインバンク自体が、財テクや不良債権の「飛ばし」のために、金融子会社を利用し、粉飾決算を行っていたことを示している（森岡、二〇〇〇）。このことは、銀行が顧客企業の経営のモニタリング機能を果たせなかっただけでなく、銀行の経営者自体が――大蔵官僚とともに――モラル・ハザードを起こしていたことを意味する。

債権者である銀行と並んで、企業経営のモニタリング機能をもつと考えられるのは株主である。株式会社には株主がいて、株主総会で選任された取締役によって取締役会が構成される。取締役は代表取締役を選任し、代表取締役による業務執行を監視する。株式会社の最高の意思決定機構とされる株主総会もそれ自体が一つの監視機構である。しかし、バブル期に根源をもつ種々の企業不祥事をみるかぎり、会社所有者としての株主が株主総会や取締役会を通してモニタリング機能を発揮してきたという明確な事実は見いだせない。

それはどうしてだろう。この問題を考えるには、戦後日本の株式所有の法人化と法人間の株式相互持合いに触れておかねばならない。

図P–4に示されているように、敗戦直後の一九五〇年でみれば、アメリカ占領下のいわゆる証券民主化によって、個人の株式所有は約七〇％を占めるまでになっていた。しかし、その後、株式所有の法人化が進み、個人所有の比率は、七〇年代初めには三〇％台、最近の二〇年間では二〇％台にまで下がり、金融機関と事業会社を合わせた法人所有が六〇％以上を占めるようになった。

日本の銀行や企業は、乗っ取りを防止するために企業間で互いに株式を所有してきた。一つの会社でいえば、株式の過半はメインバンクを含む何社もの法人株主によって所有されている。A社がB社、C社の

図 P-4　所有者別特殊比率の推移

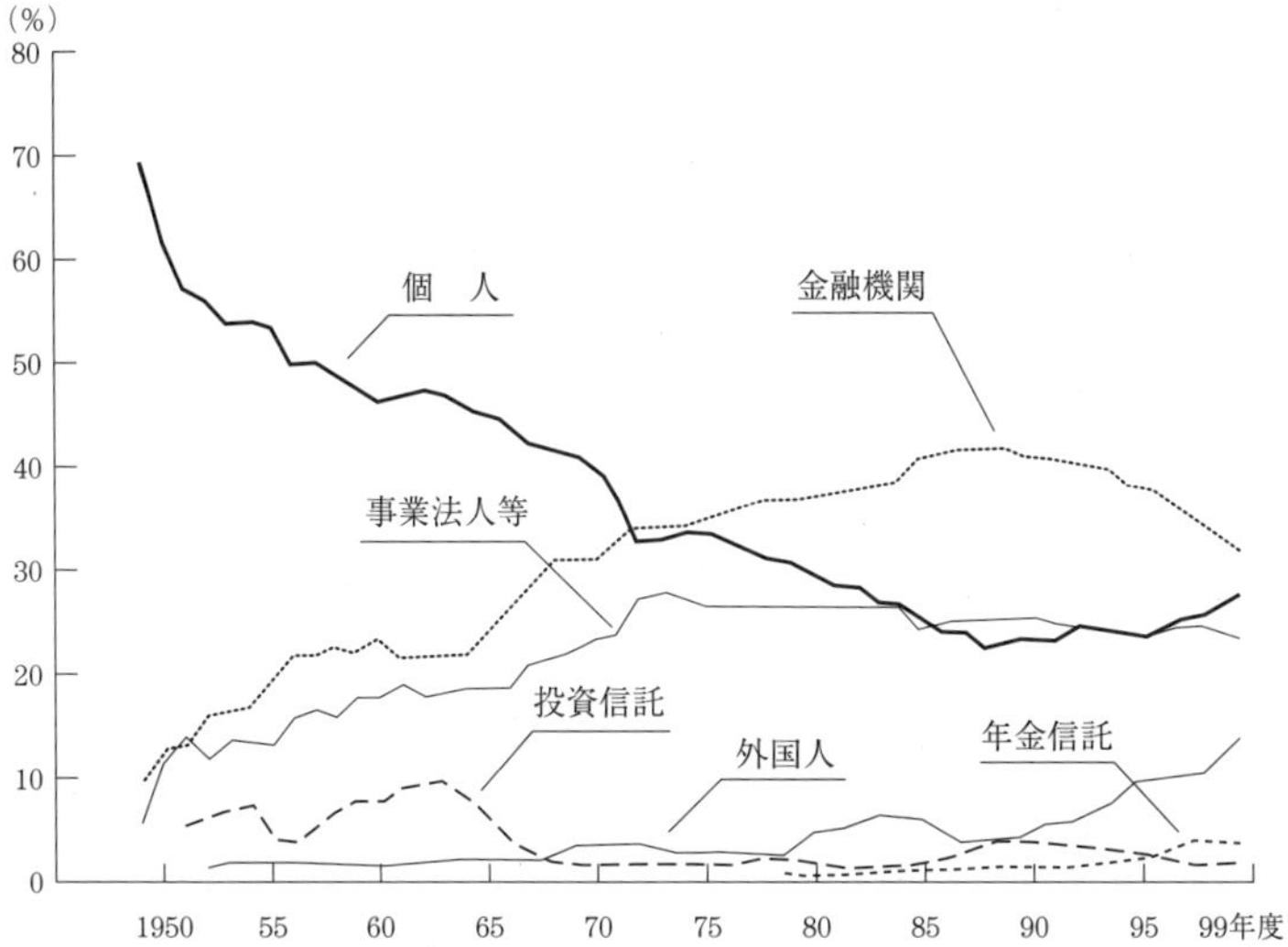

（注）1）1985年度以降は，単位数ベース。
2）金融機関は投資信託，年金信託を除く（ただし，1978年度以前については，年金信託を含む）。

（出所）全国証券取引所協議会「株式分布状況調査」2000年6月。

株式を所有し、B社がC社、A社の株式を所有するというようにして長期にわたり相互に株を持ち合っている法人株主を法人安定株主という。ふつうの株主はある大きさの出資をして株式を取得する。しかし、法人安定株主は、A社がB社の株式を取得し、B社も同価値のA社の株式を取得するというような関係にある場合は、形のうえでは出資をしていることになっていても、事実上は払戻しを受けていることになり、出資をしていないに等しい。

　また、ふつうの株主であれば、個々の会社の業績や市場の評価に応じて、株式を売ったり買ったりするものだが、法人安定株主は、持株を長期に塩漬けにしてよほどのことがないかぎり売ろうとしない。さらに、教科書のうえでは株主は会社の所有者として会社の経営に関与すると考えられているが、法人安定株主は、株主総会の議決権行使に際してすべてを白紙委任することを慣例としてきた。以上どこからみても、法人安定株主は、株主としての独立性が疑わしく、株主らしい株主とは言えない。*2

法人安定株主によるおまかせ経営は、日本的な経営者支配を生み出す土壌ともなっている。株式会社における経営者とはほんらい取締役のすべてを指すが、実際には、社長あるいは頭取と会長などのごく少数の者を除けば、取締役の多くは経営者としての自覚さえない。最近は経済界以外から社外取締役を登用している企業もあるが、そういうところも含め、どの会社でも取締役の大多数は経営トップに「ノー」と言えない内部昇進者で占められている。取締役は、経営を取り締まる役とは名ばかりで、職務上は社長のもとで部下として働く現場部門長――部長、支店長、工場長など――である。彼らは形式的には株主総会で選任されるが、実際には社長に指名を仰いで役員にしてもらう。そのために、社長が絶大な権限を有し、取締役会は単なる追認機関と堕してしまう。

さきに指摘したように、バブル経済にあっては、メインバンクは融資先企業に対するモニタリングどころか、自らが起こした金融不祥事に対する自浄能力さえ発揮しえなかった。かといって、株式相互持合いのもとで経営の監視とは無縁の存在になっていた法人株主や、それによって白紙委任された株主総会や、追認機関にすぎない取締役会に、メインバンクに代わるモニタリング機能を求めることはできない。

結局、日本的金融システムは、その制度的枠組みをなしてきた銀行・企業関係の変化を通じてかつてない危機に陥り、経済活動の制御に不可欠な経営のモニタリング機能を麻痺させ、バブルの暴走を許し、その後の失速の被害を甚大なものにしたと考えられる。

＊2　株式相互持合いと法人安定株主については、奥村（一九九一）、水口（一九九四）、市川（一九九四）を参照。なお、株式分布状況調査のデータにより、銀行の事業法人に対する持株比率を株数ベースでみると一九八八年度の一六・五％から九八年度の一四・五％へと、この一〇年間で二ポイント低下している。しかし、金額ベースでみると低下幅は一ポイントにとどまる（東京証券取引所、一九九九）。

Ⅲ　日本的雇用システムの動揺と崩壊

ここでいう日本的雇用システムとは、高度成長期に形成され、最近まで維持されてきた雇用と労働に関する支配的慣行を指す。その主要な特徴は次の五点に求められる。

(1)　低い失業率のもとでの労働力人口の持続的増大。
(2)　大企業・男性・正社員を中心とした「終身雇用」と年功賃金。
(3)　男性の長時間残業とサービス残業の広範な存在。
(4)　市場労働と家事労働における広範なジェンダー・ギャップの残存。
(5)　企業内組合と企業内福祉。

このシステムは、家計構造から見れば高い貯蓄率と不可分の関係にあり、個人金融資産における高い預貯金比率となって、間接金融中心の日本的金融システムを支えてきた。

こうした特徴をもつ日本的雇用システムは、一九八〇年代にいくつかの要因から維持することが困難に

図 P-5　雇用労働者の年齢構成の変化

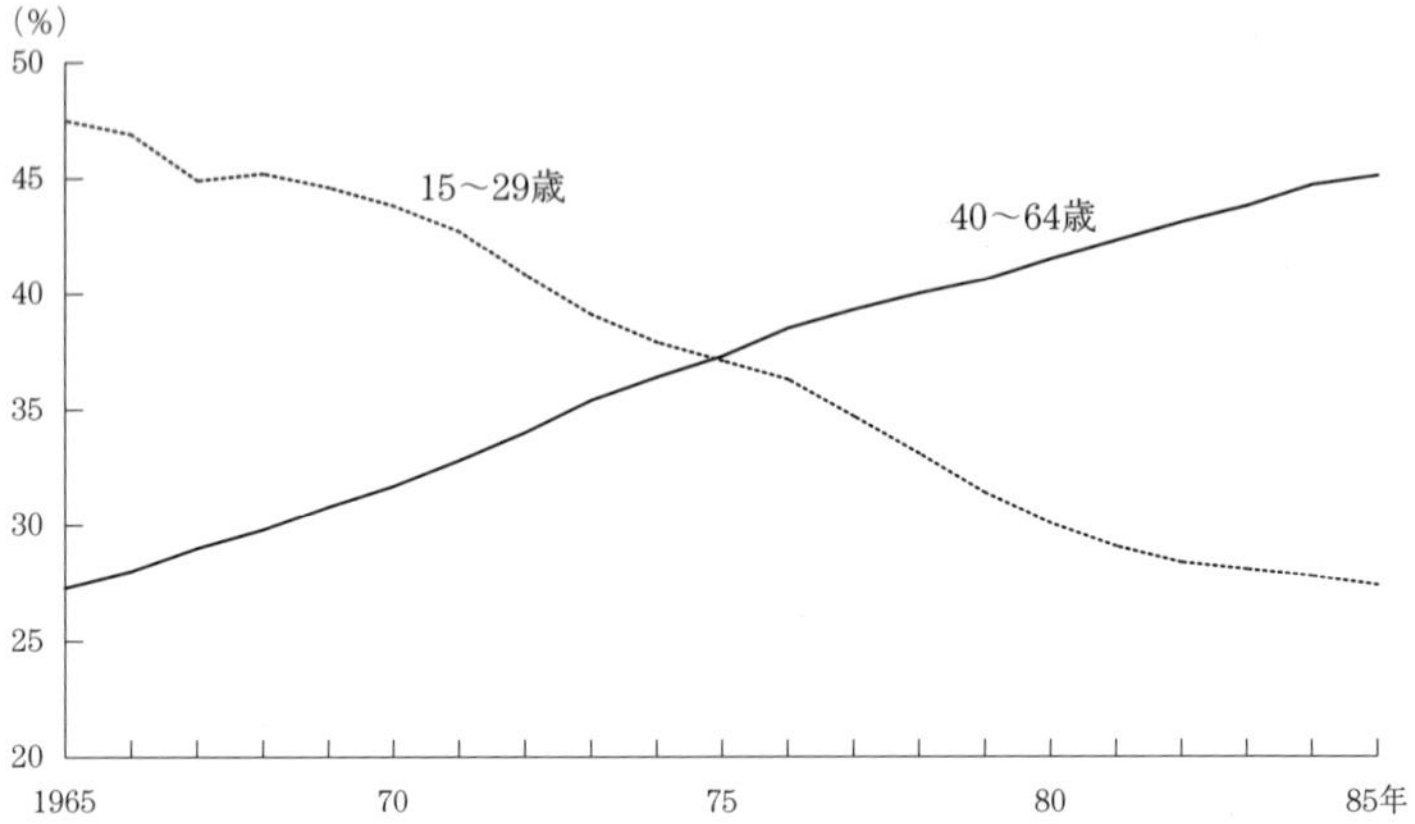

（出所）「労働力調査」の年齢階級別雇用者数による。『労働白書』1999年版の主要労働統計表より作成。

なってきた。なかでも大きなインパクトをもったのは雇用労働者の年齢構成の急激な高度化であろう。「労働力調査」によれば、雇用労働者の総数は、一九六五年から八五年の二〇年間に、二七三九万人から四二一四万人へと増加し、約一・五倍になった。同じ期間について、年齢階級別の雇用労働者数の比率をみれば、図P-5に示したように、一五歳から二九歳までの労働者の割合は、四七・五%から二七・四%に減少した。これと対照をなすように、四〇歳から六四歳の割合は、二七・三%から四五・一%に増大した。三〇歳から三九歳までの割合は、この間、二五・二%から二七・五%の間にあって、ほとんど変化していない。なお、雇用労働者の年齢構成は、ここで用いた年齢区分でみるかぎり、八〇年代末まで上昇し続けたが、九〇年代に入ってからは大きな変化はみられない。

雇用労働者の年齢構成がこのように急激に高度化してきたということは、賃金の低い若年労働力の豊富な供給というかつての高度成長を支えた条件が失われてきたことを意味するだけではない。若年層に比して中高年齢層の比率が高まると、企業は年功序列的な賃金体系を見直す必要に迫られるとともに、従前以上に全体としての労働コストの上昇を抑える必要に迫られる。その結果、企業は正規雇用を絞り込み、雇用形態を多様化させ、非正規雇用を増やす戦略を選択せざるをえなくなる。

雇用と労働の動向には、円・ドル関係に媒介された国際経済関係の変化も大きな影響を及ぼす。円相場は、一九七三年に変動相場制に移行してから、何度かの大きな揺れ戻しをともないながらも長期の上昇を続けてきた。とくに、一九八五年九月のG5（先進五ヵ国蔵相・中央銀行総裁会議）で円高・ドル安誘導の合意があったあとは、「円高激震」と呼ばれたほどに円高が急進展し、日本の賃金は国内の購買力とは無関係にドル換算では世界で一、二を競うほどに高くなった。円高によって賃金の開きが大きくなったもとで、欧米やアジアの工業諸国との競争に直面した日本企業は、生産拠点の海外移転を進めるとともに、コストダウンを図るために、下請けの納品単位の切り下げや、業務の外部委託や分社化などのアウトソーシングを行うとともに、パートタイム労働者や派遣労働者などの有期雇用の利用を強めるようになった。

雇用再編の要因を考える場合は、厚生年金保険料などの法定福利費と住居・食事その他の法定外福利費からなる付加給付の増大も無視できない。一九九〇年の『経済白書』によれば、労働コスト中の付加給付の割合は、七五年の一三・六％から、八八年の一六・二％へ高まっている。企業内福祉を重視してきた大企業の正規労働者だけにかぎれば、この割合はもっと高くなる。それだけに大企業は、付加給付の増大による労働コストの上昇を抑えるためにも、正規雇用の絞り込みと雇用形態の多様化を避けることができなくなる。

正社員の絞り込みと雇用形態の多様化の結果、最も増加してきたのはパートタイム労働者である。「労働力調査」における週三五時間未満の短時間労働者をパートタイム労働者とみなせば、一九七〇年には総雇用労働者の六・七％であったが、八〇年一〇％、九〇年一五％、九五年二〇％、と増え続けている。女性労働者中のパートタイム労働者の割合はこれより高く、一九七〇年一二％、八〇年一九％、九〇年二八％、九五年には三二％となっている。

パートと聞けば女性、とりわけいわゆる主婦パートのことを思い浮かべるかもしれないが、「労働力調査」の週三五時間未満をパートとすれば、パートタイム労働者中の女性の比率が五〇％を超えたのは、一九六六年のことである。その後、パートの女性比は高まり続け、八八年には七二・四％に達した。しかし、注意すべきは、その後は男性の若年層と中高年の両方でパートとアルバイトが増え、ここ数年のパート（週三五時間未満）の女性比率は六七％前後に低下していることである。

パートタイム労働者は大多数が未組織であるために、その増大は労働組合の組織率を低下させずにはおかない。労働組合の組合員数は最近の三〇年間をとれば約一二〇〇万人前後でほとんど変わっていない。しかし、雇用労働者の総数が大きく増えてきたために、組合員数が変わらなければ組織率は下がらざるをえない。一九七〇年には三五・四％であった組織率は、九〇年には二五・二％になり、九八年には二二・四％に下がった。これもパートの増大によるところが大きいと考えられる。

日本的雇用システムといえば、労資協調の企業内組合のことが想起される。しかし、日本の労働組合は、敗戦直後から高度成長期にかけては、企業内組合の特徴を示しながらも、経営に対する一定の規制力を有していた。ところが、七〇年代半ばを境に、労働争議件数は大きく減りはじめ、総評が解散して連合が発足した一九八九年には日本はほとんどストライキのない国になった。経営の専断に対して一定の対抗力をもつ労働組合の存在は、賃金の切り下げや、労働条件の改悪にブレーキをかけることによって、経済におけるチェック・アンド・バランスの機能を果たす。この点で、労働組合の衰退は、日本経済の安定装置の一つを破壊した点で、日本的雇用システムの成功というよりも、むしろその失敗を意味すると解するべきであろう。一九八八年から八九年には週六〇時間以上の超長時間労働者が男性の四人に一人にのぼり、過労死が社会問題化したが、労働組合は有効な残業規制を行いえなかった。[*3] このこともまた、日本的雇用システムがもはや持続できなくなったことの証左であるといえなくはない。バブルが頂点に達したこの時期は、労働需給からいえば賃金が上昇しやすい局面にありながら、実際には賃金の引き上げあるいは労働時間の短縮によって、利潤が圧縮されるということもなく、過熱した生産と金融にブレーキがかかるということもなかった。不況に入ってからも、労働組合は組織率の低下を止められず、解雇や賃下げに対してもほとんど有効な対処ができずにいる。

解雇が自由なアメリカと違って、日本には解雇規制があるといわれてきた。しかし、最近吹き荒れるリストラという名の人減らしの嵐は、労働者を解雇する無慈悲さにおいては、日本の経営者もアメリカの経

＊3　総務庁「労働力調査」によれば、労働時間が週六〇時間以上に及ぶ超長時間労働者は一九七五年には三二三万人であったが、八一年には五〇〇万人、八六年には六〇〇万人を超え、八八年と八九年は最大に達して七七七万人（うち男性六八五万人）を数えた。「週六〇時間以上」は、年間では「三一〇〇時間以上」となる。これは、この時期の所定労働時間が年間約一九〇〇時間であったことからすると、残業時間にして年間一二〇〇時間以上、月一〇〇時間以上、週二五時間以上を意味する。

図 P-6　完全失業率の変化

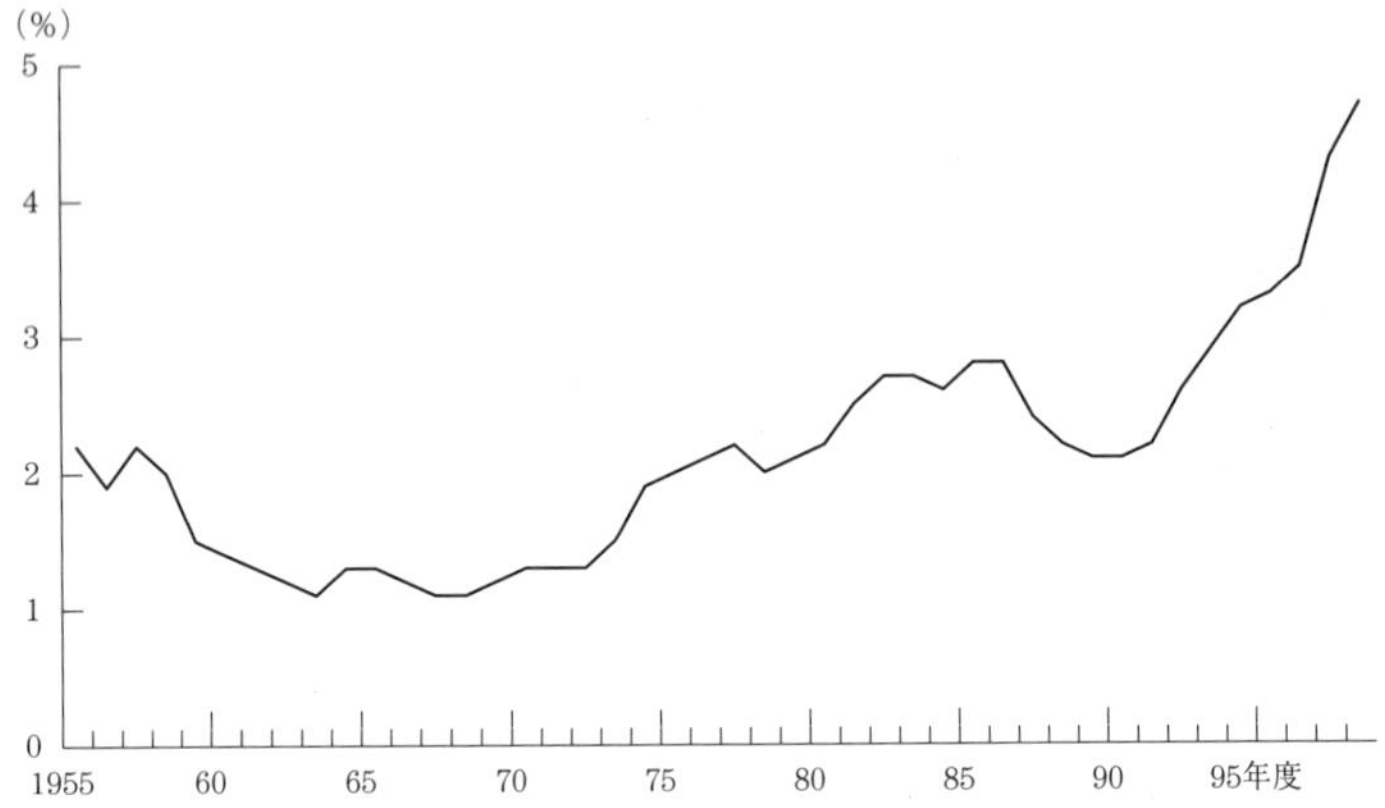

（出所）　図 P-1 に同じ。

営者に劣らないことを示している。いわゆる終身雇用は、もともと大企業の男性正社員の多くが高度成長期に、企業規模が拡大し続けたかぎりで定年まで同一企業で働き続けることができたことを背景に定着した観念である。これもいまでは大企業においてさえすっかり色褪せてしまっている（終身雇用の理念と現実については野村、一九九四）。日経連は一九九五年に発表した「新時代の『日本的経営』」において、従業員を昇給も退職金も年金もある長期継続雇用の「長期蓄積能力活用型グループ」と、昇給も退職金も年金もない有期雇用の「高度専門能力活用型グループ」と、同じく昇給も退職金も年金もない有期雇用の「雇用柔軟型グループ」の三類型に従業員を振り分け、第二・第三類型の割合を高める戦略を打ち出した（日本経営者団体連合会、一九九五、熊沢、一九九七）。この日経連の新しい雇用管理戦略が志向する雇用形態の多様化と労働市場の流動化は、失業問題が深刻化したもとで、日経連が意図した以上のスピードで進みつつある。*4

日本が高失業時代に入ったことはいまでは誰も否定で

きない。図P-6は、前出の図P-1と同じ期間について、完全失業率の動きをみたものである。これからわかるように、失業率は、五〇年代後半から七〇年代初めまでの高度成長期にはおおむね一%台にとどまり、七〇年代後半から八〇年代前半までは二%台で推移した。その後、八〇年代後半には一度低下するが、九〇年代に入って再び上昇に転じ、九〇年代後半には三%から四%、さらには五%近くにまで高まり、ついに高失業時代に突入したのである。長いあいだ日本の失業率は欧米より低いと言われてきた。しかし、いまではそれは過去のことで、「労働力調査」の「主要国の失業率」によれば、二〇〇〇年三月現在、日本四・九%、アメリカ四・一%、イギリス四・〇%、ドイツ一〇・一%、フランス一〇・〇%となっていて、日本の失業率はドイツやフランスよりは低いが、アメリカやイギリスよりは高い。

長年にわたって大量失業を経験したことのなかった日本では、大量失業の発生とそれにともなう新たな雇用不安の拡大は、消費の動向にも深刻な影響を及ぼしている。家計収入は、一九九七年秋からの不況の

＊4　日経連は二〇〇〇年一月に発表した労働問題研究委員会報告「人間の顔をした『市場経済』をめざして」において、「生産性が低いにもかかわらず賃金が高い分野が多い」ことによる「高コスト体質」からの脱却を第一の課題に掲げている。そこでも強調されているのは雇用形態の多様化と年功的な賃金・人事制度の打破である。そのためには、中高年層の能力・経験とともに、女性労働力や外国人労働力を活用することが重要だとしている。雇用の維持・創出が経営者の責務だということは言葉のうえでは認めているが、報告が実際に言いたいことは、「雇用と賃金の積である人件費コストを引き下げざるを得ない」ことを労働者が受け入れ、今後、労働力がますます流動化することが予想されるもとで、「勤労者個々人の雇用され得る能力」（エンプロイヤビリティ）を向上させて、高失業社会に備えることである（日経連、二〇〇〇）。

悪化のもとで、賃金率の低下と、労働時間（とくに残業時間）の減少と、就業者数の減少を反映して、マイナスが続いてきた。個人消費は家計収入が減少すれば、預貯金の取り崩しや消費者信用（カード・ローン）の増大がないかぎり減少するのは当然だが、最近の個人消費の低迷には雇用と賃金に対する将来不安の高まりが大きく影を落としている。この不安は、高齢化や財政危機の進行で、社会保障水準が切り下げられ、税金などの非消費支出が増大する不安や恐れによって増幅されている。

高度成長の時代と現在とでは、勤労者の消費行動は大きく変化した。かつては〈雇用の安定性と賃金上昇の確実性〉が、勤労者世帯における住宅や自動車などの耐久消費財の積極的な購入意欲を支え、それが消費財市場の拡大を牽引してきた。いまではそれと反対に〈雇用の不安定性と賃金上昇の不確実性〉が生活防衛を意図した貯蓄増大と消費抑制をもたらしている。ここに見られるのは、日本経済の高度成長と安定成長を支えてきた日本的雇用システムの崩壊である。

Ⅳ　政府・財界の日本経済再編戦略

戦後最長、最悪の不況に直面して、政府は財界と一体になって、金融システムの崩壊を回避するための公的資金による銀行救済と、建設部門の需要を支えゼネコンを救済するための公共事業の拡大を二つの柱として、前例のない大規模な緊急経済対策を実施してきた。と同時に、政府と財界は、日本経済の再生と構造改革に向けて規制緩和の徹底と金融制度改革（いわゆる「金融ビッグバン」）の推進を呼号してきた。

図 P-7　GDPに占める政府部門の比率（1997年）

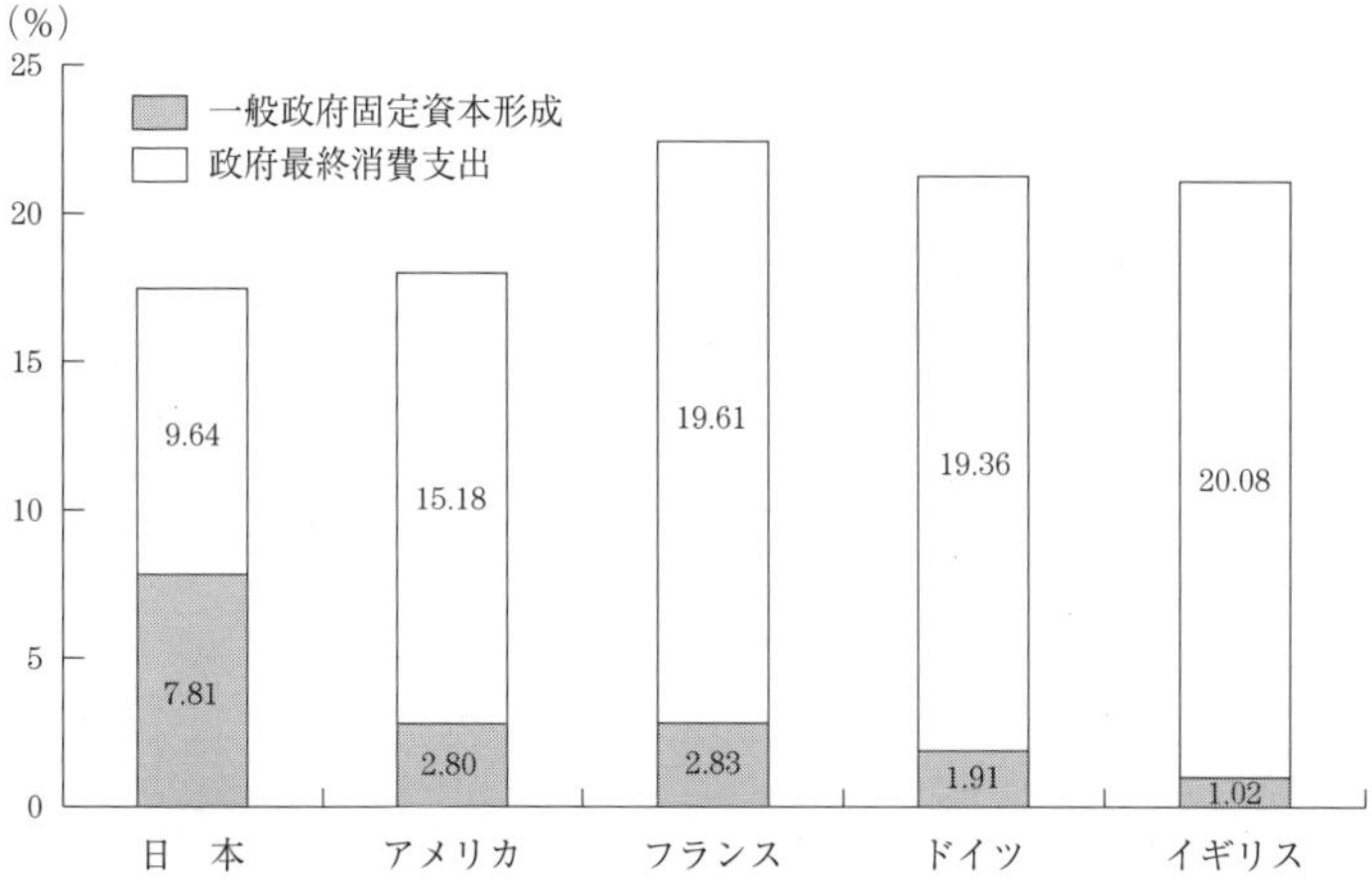

（出所）　OECD, *Quarterly National Accoumts*, 1998, No.1.

本節では、こうした政策ないし戦略が日本経済をどこに連れていくのかを考えてみよう。

「ゼネコン国家」、あるいは「土建国家」という言葉があるように、日本の財政に占める公共事業関係費の比率は、他の国々に比べてきわだって高い。OECD『日本経済レポート'98』（*Economic Survey: Japan 1997–1998*）によれば、日本の建設部門には、大規模な公共事業に支えられて、約五六万の企業があり、全雇用労働者の一〇人に一人が働いている。日本の一人当たり土木工事（civil engineering works）の実質支出は、一九九六年現在で、アメリカ合衆国の二・四倍、EU平均の二・七倍に達している（OECD、一九九九、五頁、一五四―一五五頁）。国民経済計算では、政府部門の規模は「政府最終消費支出」と「一般政府固定資本形成」*5で表される。後者はその定義から公共事業の規模を表すと考えてよい。このことを念頭においてOECDの統計から、サミット主要五ヵ国を比較すれば、**図P-7**に示したよう

図 P-8　GDPに占める社会保障給付費の比率（1993年）

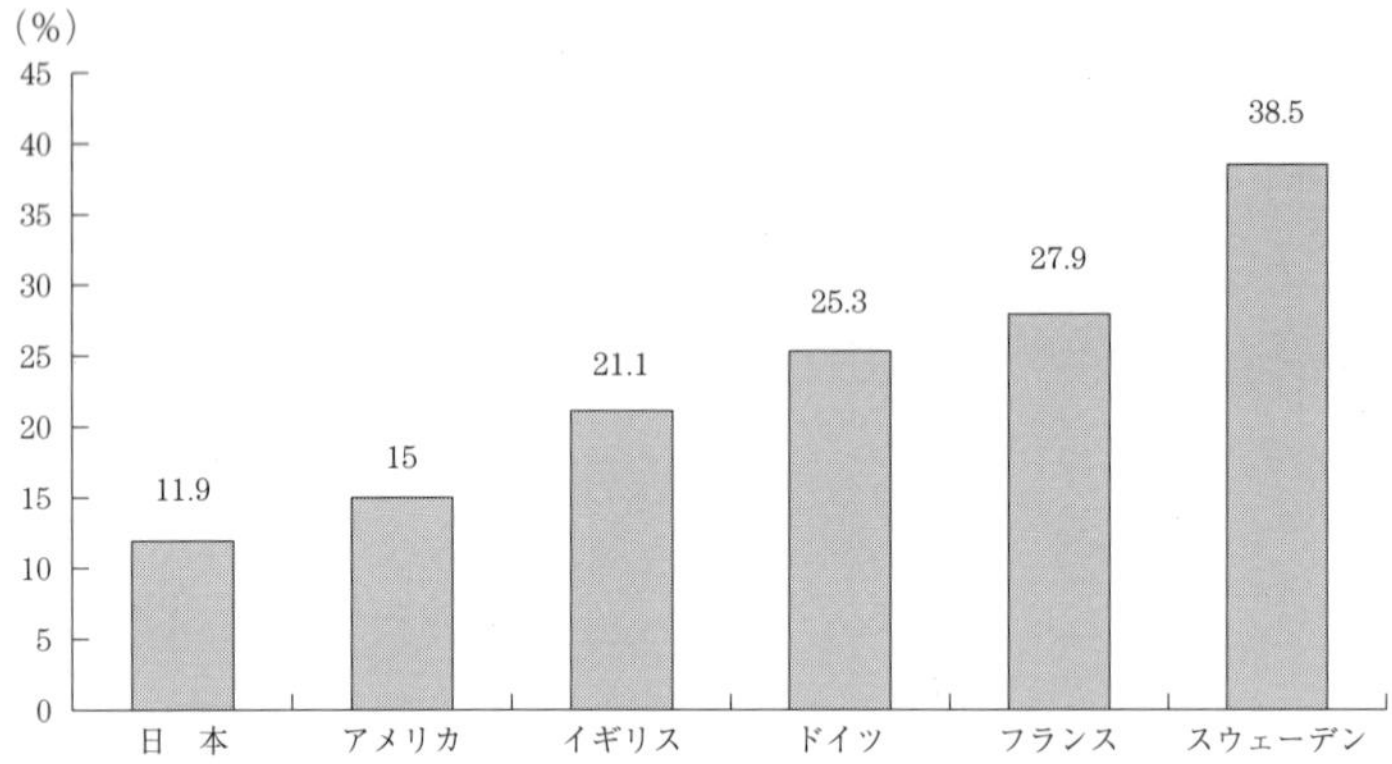

（注）　日本は1993年度，アメリカは1992年。
（出所）　国立社会保障・人口問題研究所調べ。『厚生白書』1999年版より。

に、政府部門のなかに公共事業が占める比率は日本がとびぬけて高いことがわかる（OECD, 1998）。他方、ＧＤＰを分母に欧米諸国と日本の社会保障給付費を比較すると、**図P-8**のように日本は社会保障水準の目立って低い国だということがわかる。

公共事業をもって需要拡大を図る政策は過去に何度も繰り返されてきたが、最近になるほど公共事業の需要創出効果は弱まってきている。にもかかわらず、最近は不況対策のための財政出動で、公共事業関係費は空前の規模に膨らんでいる。一九九八年度の国の公共事業予算は、二度の補正予算を加えて、総額では当初予算比の五割増しの一四兆七三三〇億円となった。一九九九年度と二〇〇〇年度の公共事業予算も、当初予算では九八年度当初予算の五％増で組まれた。不況で税収が大きく落ち込んで、以前からの財政赤字が拡大しているもとで、主要経費を維持しながら、大規模な公共事業支出を含む緊急景気対策を実施しようとすれば、結局、国の借金である国債への依存度をいっそう高めるしかない。実際、国債依存度は、一九九八年度の実績で四〇・三％（三四兆円）、九九年度二次補正後で四三・九％（三八兆六一六〇億円）に達している。二〇〇〇年度予算では、国債の償還費と利払に充てられる国債費として約二二兆円（歳出の二五・八％）が計上されている。国と地方を合わせた長期債務残高は、二〇〇〇年度末には六四五兆円（国民一人当たり約五一〇万円の借金）に達すると見込まれている。これはＧＤＰの一二九％にもなり、第二次大戦中の戦費膨張で財政破綻をきたした時期に近い状態にある（垣内、二〇〇〇）。

近年の不況悪化の過程では深刻な金融危機が起きた。それを象徴しているのは一九九七年秋に起きた北海道拓殖銀行と山一証券の経営破綻である。前者は全国第一〇位の都市銀行、後者は創業一〇〇年の四大証券会社の一つであったことから、二社の破綻は戦後日本の金融システムの崩壊を示すものとして大きな衝撃をもって受け止められた。それだけでなく、政府・大蔵省が二社の破綻を「市場が退場を命じた」として特別な救済策を講じなかったことが、金融システムに対する信頼を一挙に揺るがせ、不況を増悪する結果になった。

金融システムの安定化と銀行救済のために、一九九八年三月、政府は、大手銀行など二一行に総額一兆八一五六億円の公的資金を注入した。また政府は、同年一〇月、総額六〇兆円におよぶ公的資金枠を用意

＊5　「政府最終消費支出」とは、政府による各種の公共的サービスの提供に要した総費用（人件費、資材費、その他）のうちで民間による対価の支払をともなわず、政府によって民間に無償で提供される部分を指す。また、「一般政府固定資本形成」とは、政府・地方自治体による公共投資のうち用地費と公企業や住宅に関する部分を除いたものを指す。

し、二〇〇〇年度予算では、さらに一〇兆円の公的資金枠が上積みされた。六〇兆円枠が決められた直後、長銀と日債銀が最後的に経営破綻に立ち至り、特別公的管理（一時国有化）に移された。両行の破綻処理では、債務超過の穴埋めのためだけでも七兆円を超える公的資金が費消される。九九年三月には、東京三菱を除く主要一五行（日本興業銀行、第一勧業銀行、さくら銀行、富士銀行、住友銀行、大和銀行、三和銀行、東海銀行、あさひ銀行、横浜銀行、三井信託銀行、三菱信託銀行、住友信託銀行、東洋信託銀行、中央信託銀行）が、総額七兆四五九二億円の公的資金の注入を受けた（東京三菱は九八年三月に他の主要行とともに受け入れた一〇〇〇億円も二〇〇〇年二月に全額返済）。また、九九年九月には、地方銀行四行（足利銀行、北陸銀行、琉球銀行、広島総合銀行）に対しても、総額二六〇〇億円の公的資金が注入された。

とくに長銀についていうなら、金融再生委員会の決定で、二〇〇〇年二月にアメリカの投資会社のリップルウッド・グループに譲渡され、三月には「新生銀行」として再発足することになった。旧長銀の資産規模は二〇兆円とも言われる。[*6] 長銀の普通株式二四億株は再生後に仮に一株四〇〇円になれば、九六〇〇億円、ほとんど一兆円の価値をもつことになる。それを、リップルウッド側は、新生長銀の新規発行株式三億株を一二〇〇億円（一株当たり四〇〇円）で引き受けることを条件に、わずか一〇億円で取得した。この取得・売却は、旧長銀から引き継いだ債券の価格が三年以内に二割以上安くなったら政府が元値で買い取るという「特約」（瑕疵《かし》担保特約）付きであった。

報道によると、一九九八年一〇月の破綻から、譲渡されるまでに長銀に注ぎ込まれた公的資金の総額は六兆九五〇〇億円にのぼる。そのうち債務超過の穴埋めに消えた三兆四六〇〇億円は戻ってこない。国民一人当たりの負担額は前者では約五万五〇〇〇円、後者でも約二万八〇〇〇円になる（『朝日新聞』二〇〇〇年三月八日）。長銀の内部調査委員会の報告によれば、長銀の経営破綻は、バブル期に不動産開発投資で急成長した金融子会社がバブル崩壊後、突然資金繰りに窮することになり、その内情を十分に調査せずに、破綻状態の子会社に対して支援融資を繰り返すことによって、長銀本体の損失を大きくした結果であるだけではない。不良債権隠しのために、経営トップの指示で受け皿会社を利用した粉飾決算を重ねて、傷を大きくした結果でもある（『読売新聞』一九九九年一〇月二八日）。

バブル崩壊後は、北海道拓殖銀行、長銀、日債銀などの破綻銀行にかぎらず、都市銀行はおしなべて巨額の不良債権損失とその処理の先送りによって、深刻な金融・経営危機に見舞われた。それと同時に、アメリカなどからの外圧を受けて前々から日程にのぼっていたいわゆる金融ビッグバン[*7]が実行段階に入ったこともあって、都市銀行は競うように超大型合併に走っている。一九九九年八月末には、第一勧業、富士、日本興業の三銀行が合併計画を発表した（一二月には新行名を「みずほフィナンシャルグループ」に決めた）。その後、住友・さくらと、三和・東海がそれぞれ事業統合することを明らかにした。これらの合併

＊6　長銀の一九九八年三月期末の「有価証券報告書」の貸借対照表によれば、粉飾決算の疑いのある数字であるが、同行の貸出金と株式その他の有価証券などの資産合計は、二六兆一九〇〇億円となっていた。

＊7　銀行、信託、証券、保険などの業態間の垣根を低くして、業務の相互乗り入れを容易にするとともに、外資系をも含む金融機関の合併・提携を促進する金融制度の大改革をビッグバンと呼ぶ。八〇年代の金融自由化に前史をもつが、本格的には一九九七年に枠組みが決められ、九八年から実施に移されるようになった。ついに最近ではイトーヨーカ堂やソニーなど一般企業までが銀行業への参入を表明している。

報道では、総資産世界二位とか三位という言葉が飛び交ったが、実態からいえば、世界最大規模の不良債権を抱えるメガバンクの誕生でもあった。

大企業間の合併や大型業務提携は、銀行業界にかぎらず、一般の産業界でも進行している。と同時に、多くの業界で大量の人員削減をともなう大規模なリストラが始まっている。銀行再編では、どのグループでも、支店の閉鎖や業務の統合などにより、七千人から一万人規模の削減が予定されている。

自動車業界では、フランスのルノー社から資金援助を受け同社の傘下に入った日産が、一九九九年三月、五工場の閉鎖とグループ全体の従業員一四万八〇〇〇人の一四%にあたる二万一〇〇〇人の削減を発表した。それにつづいて、ボルボとの提携に加えダイムラークライスラー（旧ベンツ）との提携に乗り出している三菱自動車は、九九年一〇月、グループ全体の従業員八万八〇〇〇人の一一%にあたる約一万人の削減を発表した。

こうした合併や提携絡みとはかぎらないが、他の産業では、NTTグループ二万一〇〇〇人、新日本製鉄約五〇〇〇人、JT（日本たばこ）二五〇〇人など、大規模な人員削減が打ち出されている。

一九九九年一〇月、労働省は一〇〇〇人以上の雇用調整を行う大企業四一社に対してヒアリング調査を実施したが、その結果によれば、表P-2のとおり、予定されている人員削減の総数は合計で一四万二〇〇〇人、全従業員数一一五万二〇〇〇人の一二%に達する。「雇用調整」の方法としては、採用抑制による自然減がその大部分を占め、出向や希望退職の募集はしても、解雇はしないということになっている。しかし、これだけの規模の人員削減で解雇をともなわないはずがない。もちろんこれらの企業以外にも多くの企業で人員削減の予定がある。日本労働研究機構が一九九八年一〇月に発表した「リストラの実態に関

表 P-2　主要企業の雇用調整の動向

（個別企業ヒアリング，41社，1999年10月22日）

ヒアリング対象業種（当該業種に含まれる企業数）	従業員数	当該業種において実施される雇用調整の時期	雇用調整の規模
鉄　鋼（4社）	58,900人	1996年　　～2000年	12,600人
電　機（4社）	502,100人	1998年1月～2003年	41,500人
輸送用機器等（6社）	265,000人	1998年4月～2003年	33,800人
その他の製造業（7社）	48,600人	1997年　　～2002年	11,600人
建設業（2社）	22,900人	1998年　　～2002年	2,000人
電力・ガス業（4社）	90,700人	1998年3月～2011年	6,000人
運輸・通信業等（3社）	27,500人	1998年　　～2001年	3,500人
金融業（8社）	109,700人	1998年　　～2005年秋	23,500人
サービス業（3社）	26,600人	1998年12月～2004年	5,700人
計　　41社	1,152,000人		140,200人

（注）1）調査時点で労働省が把握した情報にもとづき，1,000人以上の雇用調整を行うまたは行う予定の企業を調査したもの。
2）雇用調整の時期については，当該業種に含まれる各企業が雇用調整を実施する時期のうち，最も早い時期と遅い時期を示した。
3）従業員数および雇用調整の規模については，ヒアリング対象となった企業のみにおける規模ではなく，当該企業を含むグループ全体としての規模を示したものである（十の位以下は四捨五入）。

（出所）労働省ヒアリング調査（1999年10月）。藤井（2000）より。

する調査結果」によれば、正規従業員のなんらかの削減計画をもっている企業は、全体の三八％にものぼっている（藤井、二〇〇〇、内山、二〇〇〇）。

多くの企業で大規模なリストラが進んでいる背景には、バブル崩壊後の長期不況が企業の設備過剰感と雇用過剰感を強めているという事情がある。しかし、それだけでなく、藤井宏一氏が指摘しているように、日本の不況と時を同じくして起きているグローバル化や規制緩和やIT（情報技術）革命の大波のなかで、国際的に大規模な産業調整が進んでいるという事情も見ておかねばならない。また、それと同時に無視できないのは、リストラを歓迎する株式市場の動向である。

実際、最近では、リストラ計画が発表されると、それを投資家などが評価し、株価が上昇するケースが増えている。リストラにともなう人員削減で業績の回復が期待できる銘柄に買い注文が集まり、それがリストラにさらに拍車をかける状況は、経営者団体にとっても手放しでは歓迎できないらしい。その証拠に日経連会長に就任した奥田碩トヨタ自動車会長は、日経連の「経営トップ・セミナー」で「雇用削減を伴うリストラ計画を打ち出せば、株価が上る現象が起きている」ことを問題にして、「『グローバルスタンダード』というおかしな和製英語に振り回され、すべてを他国と同じにしてしまったのでは、国際競争に勝てるわけがない」と語ったという*8（『朝日新聞』一九九九年八月六日）。

日本がモデルとするアメリカでは、株式市場と労働市場の相互作用は日本以上に明白である。ウォール街がリストラを歓迎し、産業界はそれを見込んでリストラをするという関係について、ニューヨーク・タイムズ編の『ダウンサイジング・オブ・アメリカ』（日本経済新聞社）は、次のように指摘している。

「コスト削減に肉切り斧を振りかざす会社に対して、非情なウォール街は株価を押し上げることによって賛意を示してきた。シアーズが五万人解雇を発表したその日、同社株はおよそ四％上昇した。ゼロックスが一万人削減を明らかにした時には、株価は七％急騰した。かくして労働者より投資家を喜ばせることに熱心になる、そういう循環の中に企業経営は押し込まれてしまった」（ニューヨーク・タイムズ、一九九六、三〇頁）。

こういう雰囲気のもとで近年のアメリカの労働市場がどのように変わったかは、仲野組子氏の『アメリカの非正規雇用』（青木書店）に詳しい。同書は、近年のアメリカの産業と企業のリストラのなかで、かならずしも雇用とはいえない自営的な労働契約形態も含め、雇用形態の多様化と労働市場の流動化が進み、パートタイム労働、派遣労働、個人請負労働など随時契約の形で働く、「コンティンジェント・ワーク」

（不確実労働）と呼ばれる、非正規雇用の労働者が総労働力の四分の一に達するほどに増加してきたことを明らかにしている。仲野氏が強調しているように、企業は、付加給付（福利費用や社会保障負担を含む）がないか、あっても少なく、雇用身分としても企業の必要次第で使い捨てにされるコンティンジェント・ワーカーを活用することによって、労働コストの削減と雇用のフレキシビリティの確保を同時に達成することが可能になる。その結果、多数の労働者は、経済的繁栄を享受するかわりに、歴史的に形成されてきた諸権利を失い、従来よりも賃金の低い、雇用の不確実な存在にさせられている（仲野、二〇〇〇）。日本の労働者にとってこれはけっして他人事ではない。

＊8　この発言も額面通りには受け取れない。奥田氏は、まだトヨタの社長であった前年には、同じ日経連セミナーで「もし、本当の意味で日本の銀行に競争力がないなら、外国人の優れた経営者を招いたり、外資を導入したりすべきだ」と語ったと伝えられている（『読売新聞』一九九八年八月七日）。

Ｖ　おわりに

小渕内閣のもとで設けられた経済戦略会議は、「日本経済再生への戦略」を打ち出した。それによれば、日本の政府と経済界は、金融システムと雇用システムの両面で危機に瀕した日本的経営システムの立て直しのモデルを、株主利益を重視し株価の維持・上昇のためにリストラを進めてきたアメリカ的システムに求めている。その文書は日本経済再生の鍵を「小さな政府」と「競争社会」に見いだして、次のように言う。

「一九八〇年代前半の米国経済も双子の赤字と貯蓄率の低下、企業の国際競争力の喪失等、様々な問題を抱えていた。しかし、小さな政府の実現と抜本的な規制緩和・撤廃、大幅な所得・法人税減税等を柱とするレーガノミックスに加えて、ミクロレベルでの株主利益重視の経営の徹底的追求とそれを容認する柔軟な社会システムをバックに、米国経済は九〇年代には見事な蘇生を成し遂げた。最近でこそアングロ・アメリカン流の経済システムの影の部分も目立ってきているが、日本も従来の過度に公平や平等を重視する社会風土を『効率と公正』を機軸とした透明で納得性の高い社会に変えて行かねばならない」（経済戦略会議、一九九九、四三頁）。

これによれば、日本の進むべき道は規制緩和の一層の推進にある。

しかし、バブルと不況をはさむこの二〇年は、規制緩和の実験が人々の生活の豊かさや安定をもたらすよりは、むしろバブルを誘発し、さらには不況を深刻にさせたことを証明しているのではなかろうか。日本人の働き過ぎとともに、日本社会があまりに企業中心社会であることに社会的批判が巻き起こったのはつい一〇年余り前であるが、「経済戦略会議」の指し示す道を進むならば、社会における企業の力はいよいよ強まり、働き過ぎも企業中心社会もあらたまらないまま、今日のアメリカ社会のように社会が富裕層と貧困層とに引き裂かれ、両者の社会的溝が拡大していく可能性が高い。いやすでに日本は、先進国では所得の不平等が最も大きな国の一つになっている（橘木、一九九九、伊東、二〇〇〇）。社会保障に対する政府の役割を高め、環境に対する社会的規制を強め、雇用と労働における労働者の権利を擁護することは、社会生活のあらゆる領域を効率原理と市場原理によって一元的に編成しようとする規制緩和とは相容れない。株価の高騰に興奮しその変動に揺れるアメリカにおいても、ひとたび株価が崩壊すれば、規制緩和の熱病はいっぺんに冷めるであろう。

第一章　バブルの環境はこうして準備された

Ⅰ　バブル発生の環境と要因

一九九〇年代不況は、高度成長期を含め戦後何度かあった景気循環の一局面としての不況にとどまるものではない。八〇年代半ばまでに生じた不況は、最も大きかったオイル・ショック不況を含め、長くて二、三年のうちに終わり、その後新たな成長が開始された。しかし、今回の不況はこれと異なり、不況に先行して、バブルとして知られている金融と生産の過熱をともなった資産価格の異常な上昇があり、そのバブルが崩壊するとともに、過剰生産能力の表面化と設備投資の落ち込みに消費低迷と金融危機が重なって不況に突入し、「失われた一〇年」と形容されるような長期不況になってしまった。

『経済白書』が一九八〇年代後半の日本経済についてバブルの発生を認めたのは、九〇年代に入りバブルの崩壊が露わになってからである。九一年『経済白書』は、八〇年代後半の「現実の地価」の「理論地価」からの乖離を指摘して、「『バブル』の要因が含まれていたことを示唆していると考えられる」（一六〇頁）と、遠回しの言い方ながらも地価についてはバブルの発生を認めている。しかし、株価についてはなおもバブルという言葉の使用を慎重に避けていた。九二年『経済白書』になると、序論で株価と地価についていわゆる『バブル』の発生と崩壊が起こり、その過程で金融・証券不祥事も発生した」ことを認めたが、本論ではその立ち入った分析は行っていない。ようやく九三年にいたって、『経済白書』は、「バブルの発生・崩壊と日本経済」を正面から取り上げ、不良債権についての分析に致命的な甘さを残しながらも、バブル経済のバランス・シートの考察を試みた。[*1]

一九九三年『経済白書』にかぎらず、経済企画庁の文書においては、「バブル」とは「経済的な基礎条件では説明できない資産価格の変動」あるいは「資産価格がファンダメンタルズから大幅にかい離して上昇すること」とされている。しかし、このように資産価格の現実値がファンダメンタルズ（経済の基礎条件）によって導かれる理論値から乖離しているかどうかでバブルかどうかを判断するかぎり、株価や地価の大幅な上昇があっても、それが企業収益や、金融的収益（配当、地代、キャピタル・ゲインなど）や、長期金利の動きなどを反映していると考えられるのであればバブルではないことになる。そればかりか、経済企画庁五〇年史である『戦後日本経済の軌跡』がいうように、「バブル要因とは経済的な基礎条件では説明できない資産価格の変動であるから定義によって経済的要因によっては説明できない」（経済企画庁、一九九七、三五二頁）ことにさえなる。正確な定義を与えようとして生ずるこのような曖昧さを避けるために、私は本書では、「バブル」という言葉を、日本の現実に即してより常識的に、金融環境の変化を背景とした資産価格の上昇期待の強気化と銀行の常軌を逸した不動産関連融資によって牽引された、「企業の経済活動と人々の経済生活に重大な混乱をもたらすほどの資産価格の急激で大幅な上昇」という意味で使うことにしたい。[*2]

一九八〇年代後半の日本では、まさしくバブルというほかはないような資産価格の異常な上昇があった。バブルに浮かれて、銀行だけでなく一般企業も金融的収益を重視した投機的な資産運用に走り、のちに明るみに出た数々の企業不祥事が物語るように、金融的節度や市場規律における深刻なモラル・ハザードを引き起こし、不良債権の累積を通して金融危機を招来した。こうしたバブル後遺症にはあとで立ち返るとして、ここではまず実際の株価と地価の動きを確認しておこう。

図1-1に示されているように、株価は、一九八二年一〇月から上昇を続け、日経平均株価でいえば、

＊1　『経済白書』における経済情勢認識の遅れと誤りは、バブルの発生だけでなく、バブル崩壊後の不況についても指摘できる。一九九〇年夏には株価の大幅な下落が始まっていた。そうしたなかで出た九〇年の『経済白書』は、その警告シグナルを見逃し、「少なくとも安定的ないわば巡航速度を維持しうる条件が整っているという意味で景気上昇の持続力は依然強いといえよう」と書いていた。すでに生産の減退が始まっていた九一年に出た『経済白書』は、日本経済は「長期の拡大過程をなお続けている」と述べていた。九二年『経済白書』は、人々の関心がバブル崩壊後の不況に集まり、宮崎義一氏の『複合不況』（中公新書）が話題を呼んでいたときに出たにもかかわらず、「はしがき」で「年度後半にかけて徐々に最終需要が伸びを高め、生産活動も上向いていく」という期待のもとに、『バブル』の発生と崩壊の短期的な消費、投資等の需要面に及ぼす影響は限定的なものと考えられる」という判断をくだしていた。

＊2　大蔵省財政金融研究所の『ファイナンシャル・レビュー』に掲載された、「資産価格変動のメカニズムとその経済効果」という研究会報告（大蔵省、一九九三）は、「バブル」という言葉を、「広範な人々を巻き込み、通常の経済運営に混乱をもたらすような規模の、資産価格の現実値と理論値の乖離」という意味で使っている。資産価格の上昇に主眼をおいたこの定義と異なり、「バブル」を生産と消費を含む経済全般にまで押し広げて、「極端な金融緩和による信用と通貨の膨張に媒介され、証券、不動産市場に一般企業も関わる投機現象が顕著に現れ、資産価格が膨張し、これに媒介されて生産と消費が拡張した経済」と定義する見解もある（海野、一九九七）。

図 1-1　プラザ合意後の日経平均と主な出来事

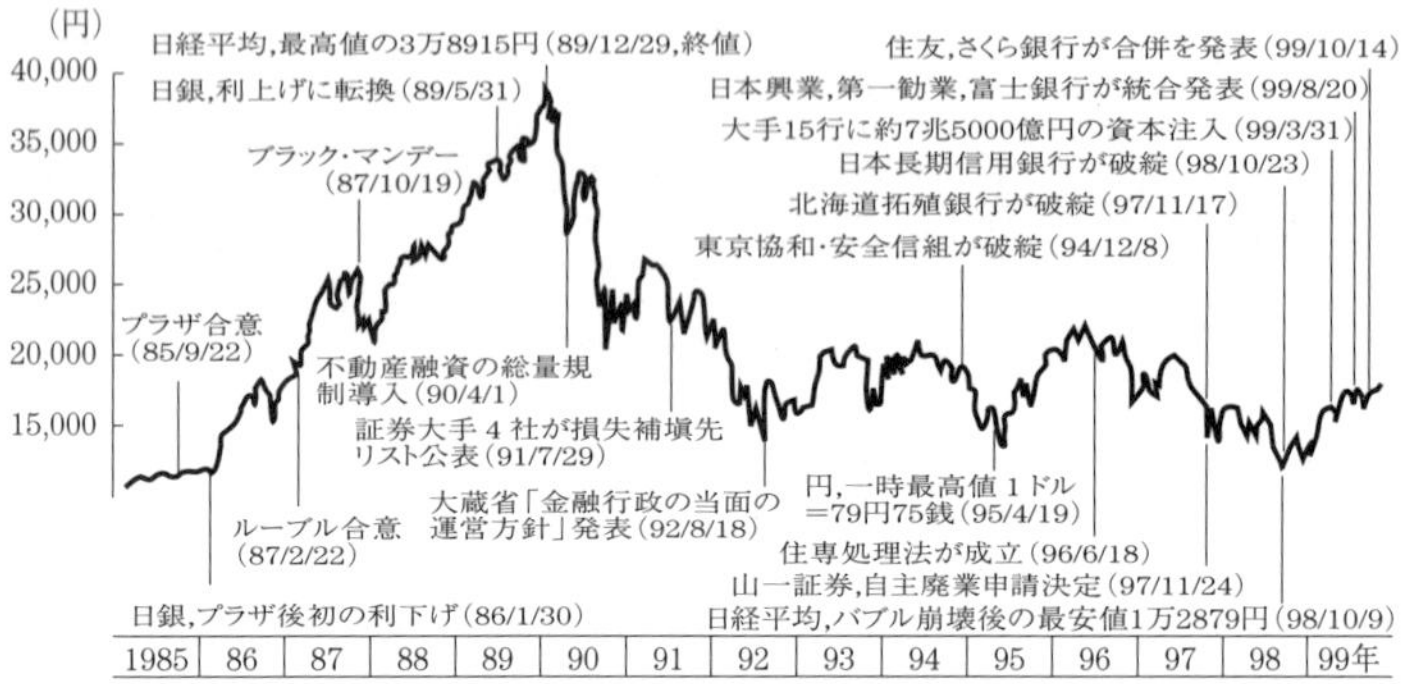

（出所）『日本経済新聞』1999年12月27日。

八四年一月に一万円台にのせ、G5プラザ合意の三ヵ月後の八五年一二月には一万三〇〇〇円台をつけた。八七年一月には二万円台、八月には二万六〇〇〇円台に上げたが、一〇月一九日のアメリカ市場での株価急落、いわゆるブラック・マンデーの影響を受けて日本の株価も大きく下げ、この年の年末には二万一〇〇〇円まで下げた。しかし、その後は再び上昇に転じ、八八年一〇月には三万円台にのせ、八九年一二月には、史上最高値の三万八九一五円をつけた。八五年一二月と比べれば約三倍の値上がりである。株式取引高の動きを東証一部の一日平均売買高でみると、八〇年代前半は三億株台であったのが、八六年七億株、八八年一〇億株と急増している。しかし、九〇年代に入って株価が急落してからは、売買高も急減し、株価が一万四〇〇〇円台に割り込んだ九二年には二・六億株にまで落ち込んだ。

地価は、八三年頃より東京都心部を中心に上昇しはじめた。その後、地域的には、東京圏→大阪圏→名古屋圏→地方圏、用途別では商業地→住宅地の順に波及していった（図1−2）。日本不動産研究所のデータで六大都市の市街地価格の動きを、

図 1-2　6大都市の地価（1983年＝100）

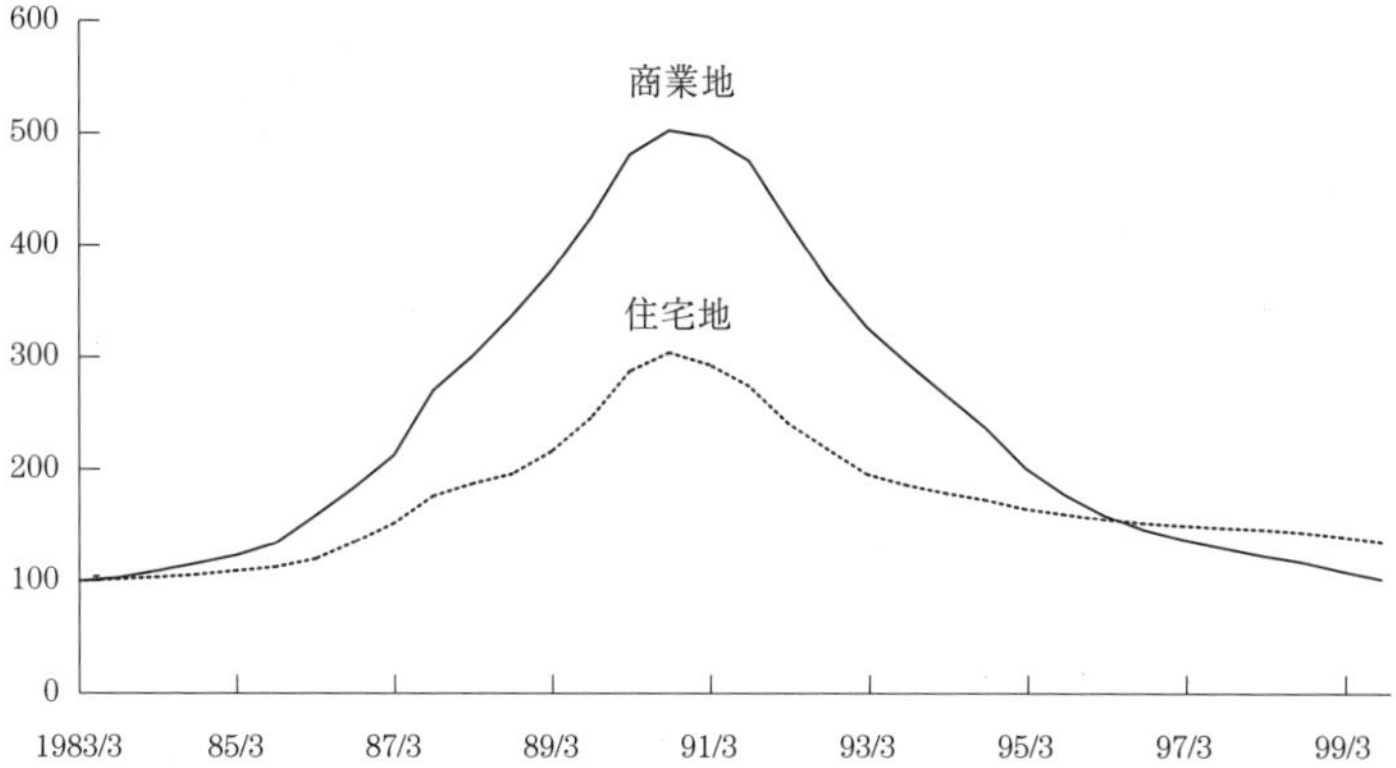

（注）　指数は東京区部・横浜・名古屋・京都・大阪・神戸の6大都市市街地価格指数。
（出所）　日本不動産研究所「市街地価格指数」より作成。

一九八三年を一〇〇としてみれば、住宅地では、八六年三月までは一九・八の上昇にとどまっていた。しかし、その後、八七年九月一七六・四、八九年三月二一五・八と暴騰し、ピークの九〇年三月には三〇四まで上昇した。商業地では、八六年三月にすでに一八四・一と暴騰がはじまり、八七年九月二七〇・二、八八年九月には三三七と跳ね上がって、ピークの九〇年九月には五〇二・四になった。都区部に限れば、八八年に三四〇・七とピークに近づいている。地価のこのような急激な上昇があった結果、土地資産の増加額（主にキャピタル・ゲイン）は、三大都市圏では八六年から九〇年までの五年間で約一〇〇〇兆円に達した（『経済白書』一九九三年版、一五五頁）。

八〇年代後半にバブル的な現象があったのは日本だけではない。この時期には、アメリカ、フランス、イギリスなどG5諸国でも株価の大幅な上昇が起きた。そのほか、北欧、韓国、台湾などにおいても株価の同様の上昇があった。地価の上昇は、日本のほかは韓国、

図 1-3　バブル発生のメカニズム

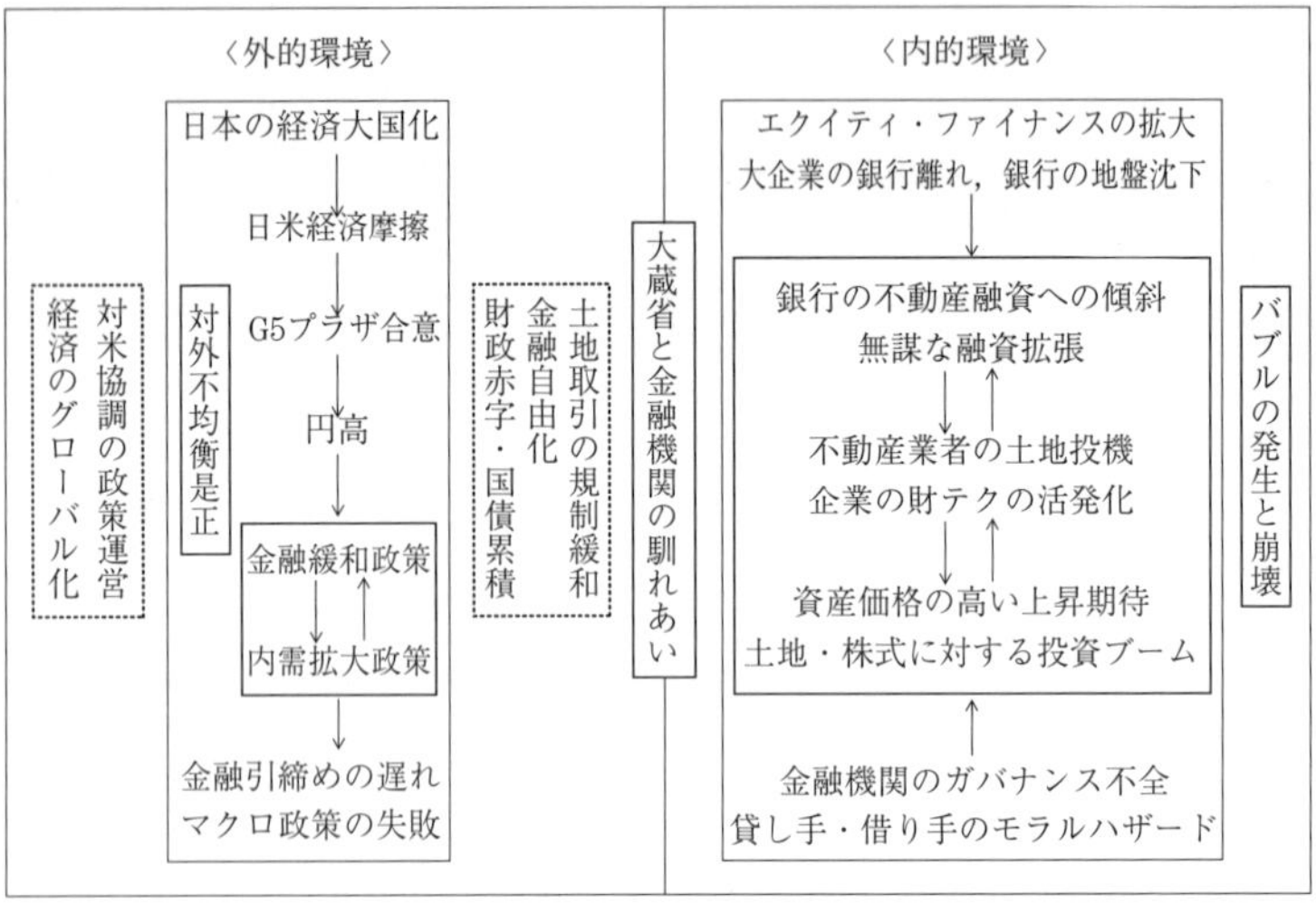

台湾、スウェーデンでとくに大きかった。いくつかの国にプラザ合意後の同時期に地価と株価の目立った上昇があった背景には、八五—八六年にドルと金利と石油の相場が相前後して下がり、世界的に各国が共通して金融緩和に向かったという事情があると考えられる。そのことは以下の分析でも留意されなければならないことである。とはいえ、日本は、株価の上昇が地価の上昇と強く連動していたこと、株価も地価も上昇の幅が大きくその反動としての下落の幅も大きかったこと、不良債権問題などバブル後遺症の治癒が長引いていることや、バブルのあとにやってきた不況がきわめて長期化していることなどから、他の国々とはバブルの深刻さの度合いを異にしている。*3

日本のバブルには、他の国と共通する要因も含め、いくつかの原因が共働していると考えられる。詳しい説明はあとにまわして、主要な要因だけを示すために作成したのが図1-3の「バブル発生のメカニズム」である。図の左側に〈外的環境〉とあるのは、グローバリゼーションやG5プラザ合意などの国際的環境だけにかぎらず、金融緩和政策や内需拡大政策などをも含め、バブルの促進因子あるいは危険因子となった外的要因を指している。これに対し、図の右の〈内的環境〉は、バブルに走りバブルに冒された当事者としての銀行と企業のそれぞれの行動と相互作用を指している。この図にしたがえば、バブル発生の環境は、回り道のようでも日本の経済大国化と日米経済摩擦から説き起こさなければならない。

＊3　ＯＥＣＤ（経済協力開発機構）の『日本経済レポート'98』は、「一九八〇年代の終わりに向けて起きた〔日本の〕資産価格の投機的な上昇は第二次大戦後のＯＥＣＤメンバー諸国における最大の『バブル』であったということができる」（ＯＥＣＤ、一九九九）と述べている。

Ⅱ　日本の経済大国化と日米経済摩擦

戦後の日本経済は一九五五年から六〇年代末まで、何度かの景気循環をはさみながら、世界的に例を見ないほどの高度成長を続けてきた。しかし、七〇年代に入ると二つの大きな国際的環境変化に見まわれた。ひとつはニクソン・ショックと呼ばれた国際通貨危機である。一九七一年八月一五日、アメリカ政府によって、金・ドル交換停止を軸とするドル防衛策が発表され、世界経済に大きな衝撃が走った。これによってＩＭＦ体制が変容し、四九年から維持されてきた固定レート制は変動レート制に移行した。円についていえば、一ドル三六〇円の固定レートが崩れ、スミソニアン合意で円切り上げがあったのち、七三年二月から徐々に円高に向かっていった。

もうひとつは、一九七三年一〇月の第四次中東戦争が引金になって起きた第一次オイル・ショックである。アラブ産油国がイスラエルへの対抗戦略として石油の生産削減と輸出停止を決定した結果、原油価格は一年間に四倍に上昇した。日本の産業構造は輸入原油の上に築かれていたので、原油価格の突然の高騰は、従前からのインフレーションに油を注ぐとともに、国際収支構造を攪乱し、工業生産の低下、設備投資の減退、利潤率の低落をもたらした。鉱工業生産指数でみると、生産は一九七三年一一月から七五年三月までにマイナス二〇・四％（GNPでは同じ期間にマイナス一・四％）の落ち込みを示した。

第一次オイル・ショック時のインフレーションは、物価問題が時局の最大の問題になるほどに激しいものであった。このときのインフレは、変動相場制への移行に際し、日本銀行がドルの買い支えに注ぎ込んだ円資金が過剰流動性を生んでいたことや、田中内閣の日本列島改造計画によってインフレ誘発的な政策がとられていたことに加えて、石油関連製品の売り惜しみや便乗値上げがあったことによって悪化させられた面がある。その結果、七四年の物価上昇率は、卸売物価で三一・六％、消費者物価で二四・四％に達した。「狂乱物価」と形容された異常な物価上昇をまえに、消費者からは厳しい企業批判の声が起きた。また、これを大きな経験として地域生活協同組合の発展に示されるように消費者運動が広がった。

第一次オイル・ショックののち、日本の産業界は、「省資源・省エネルギー」のスローガンのもとに、エネルギー節約技術の開発を進め、石油消費の削減を図った。電力生産においても石油による火力発電の原子力発電への転換が進んだ。原子力発電の全電力生産に対する割合は、七五年には五・三％であったが、八五年には二三・七％に増加した。エネルギー節約技術の進歩や、原子力と天然ガスの比重の増大から、原油輸入量は七五年の二億六三〇〇万キロリットルから八五年には一億九六〇〇万リットルに減少した。

第一次オイル・ショック後に原料価格の高騰や人件費の上昇に直面した産業界は、コスト削減と競争力の回復・強化のために、「減量経営」を推進した。製造業では、下請けを含む生産工程へのNC（数値制御）工作機械や産業ロボットの導入が図られるとともに、男性の時間外労働（残業）の延長と、女性のパートタイム労働者の雇用増が目立つようになった。それと同時にジャスト・イン・タイムのトヨタシステムに代表されるように、製造業の加工組立ラインを中心に生産方法と作業組織の革新が図られた。八〇年代になると生産技術と情報処理技術のME（マイクロエレクトロニクス）化が本格的に進展し始めた。

一九七五―八五年の間に日本の製造業の付加価値でみた労働生産性は六七・三％上昇した。同じ期間にアメリカは二八・六％、西ドイツは三一・二％の上昇にとどまった（日本生産性本部、一九九二）。八〇年代の半ばには、日本企業は、自動車、電機・電子機械、その他のハイテク産業（軍事、航空宇宙、およびソフト産業を除く）において技術的に世界レベルに達し、日本製品は生産効率や労働コストだけでなく品質管理でも国際的な競争で優位を示すようになった。

これらの結果によって、世界経済における日本の相対的地位はかつてなく高まった。世界市場に占める日本の輸出シェアは、七五年の六・八％から八五年の九・八％に拡大した。国別にみれば、日本の最も主要な輸出市場はアメリカである。一九七五年から八五年の間に、日本の対米輸出は一一一億ドルから六六七億ドルに増えた。その結果、日本の総輸出における対米輸出比率は二〇％から三七・二％に上昇した。しかし、日本の総輸入に占めるアメリカからの輸入の割合は、この間に一七％から二一％になったにすぎ

ない。」（以上、オイル・ショック後の日本経済の構造変化についてはMorioka, 1991）

日本のアメリカ市場への輸出の急激な伸びにともなって、八〇年代初めには、日本の経常収支の黒字、とりわけ対米貿易黒字が大きく膨らんだ。それとともに日米間の貿易摩擦が強まり、輸出による市場拡大が引き起こす摩擦を回避するために、自動車メーカーを中心に日本企業が直接投資を通してアメリカに進出して現地生産をする動きが広がった。またこの時期には、日米金利差とアメリカの財政赤字による国債（連邦財務省証券）の増発を背景に、日本からアメリカへの証券投資も急増した。こうして、一九八〇年代の半ばになると、日本は世界最大の債権国家になった。他方、アメリカは国際収支（経常収支）と国家財政の「双子の赤字」を抱えて、世界最大の債務国になった（関下、一九八九、松村、一九九三）。

このように日本は、変動レート制への移行にともなう困難や、二度のオイル・ショックを乗り越えて、一九八〇年代の前半には自他ともに認める経済大国となった。と同時に、日本がアメリカに対して国際収支の大きな不均衡をかかえ、もっぱらドルで保有する外貨準備や海外資産が増え続けた結果、日本は円・ドルレートの変動にますます過敏にならざるをえなくなった。日本は輸出競争力を維持するためには過度の円高を防がねばならず、対外ドル資産を維持するためには過度のドル安を防がねばならない、というディレンマのなかで世界経済の変化に適応することが求められるようになったのである。

くわえていうなら、日本の経済大国化にもかかわらず、変化する国際環境への日本の対応は、基本的にはアメリカの世界戦略への依存という以前からの枠組みを抜け出るものではなかった。それどころか、日本の資産がますますドル資産の形で保有されるようになったことから、ドル体制を維持するために、アメリカの軍事的・経済的ヘゲモニーへの日本の協調と追随は従来以上に強まったとさえ言ってよい。

一九八〇年代前半における日本の対米輸出の急増と国際収支不均衡は、経済問題を超えてある種の政治問題となり、日米間に深刻な摩擦を生み出すことになった。これに対する日本の対応は、基本的には対米協調というより、むしろ対米追随の方向でなされた。以下に見るように、八〇年代後半の日本政府の政策運営が「対外不均衡の是正」のための「内需拡大」と「金融緩和・金融自由化」に大きく傾斜し、バブルを生む金融経済情勢を醸成するに至ったことも、日米経済摩擦の調整がどのような枠組みと方向でなされたかを示唆している。

Ⅲ　規制緩和と金融自由化

一九八〇年代の世界経済は、自由市場と私企業に全幅の信頼をおく市場原理主義の立場から、民営化・規制緩和を求める新自由主義的な政治思潮の台頭とともに幕開けした（二宮、一九九九）。第二次大戦後、先進諸国においては「完全雇用政策」と呼ばれるケインズ主義的な財政政策が採用され、政府支出の拡大によって高水準の雇用と経済成長を達成することが目指された（森岡、一九八二）。また、それに呼応するように社会保障の拡充と福祉国家の建設が時代の流れとなった。しかし、第一次オイル・ショック後の世界的なスタグフレーションと財政危機を背景に、七〇年代末から八〇年代にかけて、新自由主義と呼ばれる保守主義の潮流が台頭し、ビジネスチャンスの拡大を求めて「小さな政府」と「規制緩和」を主張するようになってきた。選挙民のあいだにも、官僚機構の肥大化や、公共部門の非効率や、租税負担の増大を嫌って、公共部門の縮小や労働組合の弱体化を唱える新自由主義に対する支持が広がった。そして、イギリスのサッチャー（一九七九—九〇年）、アメリカのレーガン（一九八〇—八八年）、日本の中曽根（一九八二—八七年）の各政権が誕生した。八〇年代の末における旧ソ連、東欧における社会主義の崩壊とその後の市場経済への移行も、新自由主義の思想的勢いを強める契機となった。これらのことにいまとくに注目するのは、日本のバブル経済とその後の不況は、政策的にはこうした新自由主義の流れと切り離しては説明しえないからである。

日本における規制緩和の流れは、中曽根内閣のもとでの一九八三年から八六年にかけての第一次行政改革推進審議会（行革審）に発している。ここから始まる規制緩和の流れのなかでまずもって目につくのは土地取引あるいは土地利用の規制緩和である。土地利用の規制緩和に関して、経済企画庁五〇年史『戦後日本経済の軌跡』（一九九七年）の資料編から中曽根内閣発足後の政策をひろってみると、八三年四月の「経済対策閣僚会議」の決定には、「規制の緩和等による民間投資の促進」のために、以下の三項目を含む六項目が記されている。

「一　都市中心部の高度な利用のための第一種住宅専用地域の適切な見直し等

二　宅地供給の円滑化のための適切な線引きの見直し等

三　宅地開発指導要領の行き過ぎの是正等」

また、八三年一〇月の「総合経済対策」では、「公共事業分野への民間活力の導入の促進」のために、次の七項目が挙げられている（括弧内も原文）。

「一　国鉄用地等国公有用地の有効活用の一層の推進、推進本部の設置

二　都市再開発の推進（民間活力導入の点から高度利用を図るべき地域地区見直し等）
三　住宅・宅地供給の促進（適切な線引きの見直し等）
四　公共的事業につき民間が主体的に事業を行うシステムの開発等の推進等
五　民間活力の活用によるニューメディア振興等
六　テクノポリス構想の推進（公共事業の重点的投資等）
七　地域中小企業の活性化（ベンチャービジネスの振興等）」

規制緩和による民間企業主導の土地活用の推進は、中曽根行革の基本路線をなしている。地価が上昇の度を強めていた一九八六年の春にも、市街地再開発の促進のための第一種住居専用地域の第二種への指定替えや、線引きのいっそうの見直し等が進められ、八七年には後述するリゾート法の公布・施行があり、土地開発ブームに油を注いだ。中曽根内閣のもとで進められた日本電信電話公社の民営化（八五年、NTT発足）や、国鉄の分割民営化（八七年、JR発足）も、情報・通信や交通・運輸に対する規制緩和にとどまらず、土地利用の規制緩和の側面を有しているとみることができる。

中曽根内閣のもとでの「内需拡大」を中心とする構造調整政策は、土地政策に関しては、同内閣の「民活」（民間活力の活用）を謳い文句にした規制緩和路線と結びつくことによって、地価上昇の促進要因になったと考えられる。この時期に出た「前川レポート」――中曽根首相の私的諮問機関として「国際協調のための経済構造調整研究会」の「報告書」――は、内需拡大策の第一に民間企業主体の住宅対策と都市再開発を掲げ、「線引きの見直し、地方公共団体による宅地開発要綱の緩和、用途地域・容積率等の見直し」を提言していた。

前川レポートに代表されるように、内需拡大のための土地利用の活性化論議が活発になるなかで、金融機関の不動産融資や不動産会社による土地取引に火がつくようになった。またそれと軌を一にして、リゾート開発がある種のブームの観を呈してきた。電鉄会社、観光・旅行会社、商社、不動産会社等の従来からの開発業者だけでなく、構造不況から経営多角化に乗り出した鉄鋼会社や造船会社などもリゾート開発に名乗りをあげるようになった。都道府県自治体の多くも「地域振興」の名のもとに開発プランを策定し、開発主体となる民間企業の呼び込みや第三セクターの組織化に躍起になった。

こうした動きに弾みをつけるように、八七年五月には、いわゆるリゾート法（「総合保養地域整備法」）が成立した。この法律は、リゾート開発を進める企業に対して、税制上の優遇措置、NTT株の売却資金の無利子融資、政府系金融機関による低利融資、地方債の特別措置、公共施設の整備、農地・国有林・港湾の利用に対する規制緩和などさまざまな助成・優遇措置を与え、レクリエーション、スポーツ、教養文化活動などのための総合的なリゾート基地を整備することを意図していた（森岡、一九八九）。リゾート法関連を含め、八〇年代後半のリゾート開発は、投機的な地価上昇期待の土地開発・土地取得に支えられていただけに、バブル崩壊後の開発業者の倒産や撤退により、関連自治体に巨額の負債を残して頓挫した計画が多い。

すでにみたように、バブルにいたる地価の上昇は一九八三年頃に東京都心の商業地から始まった。中曽根政権のもとでの土地利用の規制緩和も一九八三年に起点をもっていた。八三年はまた金融制度における規制緩和、すなわちとりわけ金融自由化にとっても、歴史的な転換点となった。

この時期の金融自由化は、一九八三年一一月にレーガン大統領が来日し、日本の金融市場・資本市場の開放を強く迫ったことによって動き出した。アメリカ側のねらいは、日本の先物為替管理における「実需原則」や「円転換規制」などを撤廃させ、日本への外国資本の流入と内外資本の交流を容易にして、ドル高とアメリカの経常収支の赤字拡大を是正することにあった。その結果として、投機を目的とした先物為替取引を制限してきた実需原則は、八四年四月一日から撤廃された。その後、八四年二月から四月にかけて「日米円ドル委員会」が開催され、五月末には「日米円ドル委員会報告書」と「金融の自由化および円の国際化についての現状と展望」（大蔵省）が発表された。そして六月には、円転換規制が撤廃され、銀行がドルやユーロ円（日本以外で流通する円）などの外貨を取り入れることによって円資金を調達することが可能になった（宮崎、一九九二）。

表1-1にも示されているように、八〇年代半ばから後半にかけて金融・資本市場の自由化・国際化の推進のために、CD（譲渡性預金）発行条件の緩和、CDの証券会社取り扱い解禁、MMC（市場連動型預金）の導入、債権先物の導入、BA（円建銀行引受手形）の創設、大口預金金利の自由化、外国銀行の信託銀行業務への参入、外国証券会社による東京証券取引所会員権取得、ユーロ円債などの発行条件の弾力化など一連の措置が実施に移された。

こうした金融市場・資本市場の開放は、より一般的な市場開放と並行して進められた。そのことを最も端的に示しているのは一九八五年に出た対外経済問題諮問委員会の答申である。中曽根内閣の対外経済政策になったこの答申は、経常収支不均衡に起因する日米経済摩擦の是正に向けて、一層の市場開放を進めるための一連の「アクション・プログラム」（行動計画）を提言している。そのなかには、①関税率の撤廃・引き下げ・見直し、②輸入制限の見直し、③輸入の基準・認証・プロセスの弾力化・簡素化・迅速化、

表 1-1　1980年代の日本の金融自由化（1980年以降）

日　付	事　　　項
1983年頃より	日本の経常収支大幅黒字，経済摩擦の深刻化
1983年10月	「総合経済対策」（内需拡大，市場開放・輸入促進，金融資本市場などの環境整備）→外国為替の実需原則見直し，BA市場創設を検討，等
1983年11月	レーガン大統領訪日にともなう日米蔵相共同発表→CD発行単位切り下げ（5億円から3億円へ），居住者のユーロ円債発行に対する規制の緩和，等
1984年5月	日米円ドル委員会報告書→短期金融市場（TB，FB）の改善，CDの証券会社取り扱い解禁，債権先物などの導入，ユーロ円債発行規制の緩和，CD発行単位の引き下げ，BA市場の創設
1984年11月	円ドル委員会フォローアップ会議（第1回）→米銀の信託業務参入，ユーロ円債，ユーロ円CDの許可制，ユーロ円取引自由化，東京オフショア市場創設（1985年3月の外国為替審議会）
1985年6月	円ドル委員会フォローアップ会議（第2回）→大口定期預金金利の自由化約束（1987年までに）
1985年7月	「アクション・プログラム」→によって債券先物市場創設，証券会社のBA取り扱い，東証会員定数増加，外銀の信託業務参入，一層の金利自由化
1985年12月	円ドル委員会フォローアップ会議（第3回）→短期国債の商品性改善，ユーロ円債発行規制の緩和
1986年9月	円ドル委員会フォローアップ会議（第4回）→大口定期預金金利など一層の金融自由化をアメリカ側が要望
1987年5月	円ドル委員会フォローアップ会議（第5回）→米銀系証券会社の日本市場への参入をアメリカ側が要望
1988年4月	外国証券会社の国債発行市場におけるシェア引き上げ，厚生年金基金の運用業務への参入自由化を要望

（出所）堀内（1996）より。

④政府調達の契約制度・手続きの見直しおよび外国製品調達の拡大、⑤金融・資本市場の自由化促進、⑥外国人弁護士の顧問活動などサービスの自由化、などが含まれている。これらの措置の目的は、日本の輸入、とりわけ製品輸入を促進すること、またそのために日本の貿易・市場にかかわる制限的な制度と慣行を改廃することにある。答申はまた輸入の拡大のためには内需拡大の必要があることを強調し、「原則自由、例外制限」の見地から貿易以外の分野についても規制緩和の推進を謳い、公共事業分野についても民間

活力の導入、土地利用規制・建設規制等の見直しを提言している（内閣官房特命事項担当室・経済企画庁調整室、一九八五）。

Ⅳ　G5プラザ合意後の内需拡大政策と金融緩和

バブル発生の外的環境をみるうえで、いまひとつ見逃せないのは八〇年代半ばの世界経済の転換である。八〇年代の前半は、石油も金利もドルもそろって高い水準にあったが、八五年から八六年にかけて、ドル安に移行し、高い利子率が是正され、原油価格が急落し、国際経済情勢は一変した。

ドル高のドル安への転換の場は、一九八五年九月のニューヨーク・プラザホテルにおけるG5（先進五ヵ国蔵相・中央銀行総裁会議）であった。この会議では、日本からいえば円安・ドル高を円高・ドル安に転換する合意がなされ、その後、円の対ドルレートは劇的に上昇し始めた。G5直前に一ドル二四〇円台であった円は、八ヵ月後の東京サミットが開かれた八六年五月には一ドル一五〇円台にまでなったほどである。

日本政府と財界は当時「円高激震」とまでいわれた急激な円高に直面して、「対外不均衡の是正」のための「内需拡大」に向けて、経済構造調整に取り組まざるえなくなった。東京サミットをまえにした一九八六年五月、中曽根首相は、レーガン大統領への手みやげに「前川レポート」として知られる「国際協調のための経済構造調整研究会」の「報告書」を携えて訪米した。このレポートは、日本経常収支不均衡

（黒字）が「危機的状況」にあることを強調することに力点をおいて、日本経済の置かれた現状を冒頭でこう述べている。

「戦後四〇年間に我が国経済は急速な発展を遂げ、今や国際社会において重要な地位を占めるに至った。国際収支面では、経常収支黒字が一九八〇年代に入って傾向的に増大し、特に一九八五年は、対GNP比が三・六％とかつてない水準まで大幅化している。

我が国の大幅な経常収支不均衡は我が国の経済運営においても、また、世界経済の調和ある発展という観点からも、危機的状況であると認識する必要がある。

今や我が国は、従来の経済政策及び国民生活のあり方を歴史的に転換させるべき時期を迎えている。かかる転換なくして我が国の発展はありえない。」

日米経済摩擦の原因の一半は、アメリカの連邦財政の歳出の膨張に支えられた高い国内需要にある。一九八〇年代には、連邦財政の歳出の増加は巨額の歳入不足をともない、赤字の規模は、八一年度を除き、毎年度一二〇〇億ドルから二二〇〇億ドルに達した。この赤字は、この時期にレーガン政権が企業および高額所得者に対する大規模な減税を行ったことが一つの原因であり、税収減にもかかわらず軍事支出を拡大し続けたことがもう一つの原因である。財政赤字と軍事費の関連は、歳出に対する歳入不足の比率が二六％にのぼった八三年度に、歳出に占める軍事支出の比率も同じく二六％にのぼったことにも示されている。この一致は偶然でしかないが、八四年度から八六年度にかけても、歳入不足率は二六―二七％、軍事支出率は二一―二二％に達し、軍事支出が連邦財政を大きく圧迫していることは否めない（坂井、一九九一）。

アメリカの貿易収支の赤字拡大は、政府支出の膨張だけによるものではない。貿易収支中の製品貿易収支の赤字拡大は、製造業の国際競争力が低下したことによるところが大きい。くわえて家計の貯蓄率が低く、消費性向が高いこともアメリカの製品輸入増を牽引する一因となっている。いずれにせよ、八〇年代におけるアメリカの輸入超過と経常収支の赤字拡大は、アメリカの国家財政をも含む経済構造にも原因があると考えられる。したがって、アメリカが日本に内需拡大を求めるのであれば、日本がアメリカに内需縮小、したがって、たとえば軍事費の削減を含む緊縮財政を求めてもおかしくはないのである。しかし、前川レポートは、日米経済摩擦の基本的要因はアメリカ側より日本の経済構造にあるという認識に立って、日本の「内需拡大」、「産業構造の転換」、「製品輸入の促進」、「金融の自由化と国際化」、「国際協力の推進」などをアメリカに対し公約した。

バブル発生の外的環境を考えるうえで、いま一つ取り上げておくべきは円高への対応策および内需拡大策としてなされた金融緩和である。

一九八五年九月のG5プラザ合意ののち、円高が急激に進んだ局面では、日本経済を牽引する輸出産業が重大な打撃を受けるであろうという懸念から、「円高不況」が大きな問題になった。しかし、八五年秋からの日本経済の動きをみると、「円高不況」といわれて騒がれたわりには生産の落ち込みは軽微であり、完全失業率の上昇や新規求人数の減少からは景気悪化がみられたものの、八七年に入るとあらゆる指標からみて好況に向かった。

にもかかわらず、政府は産業界の要請に応えて以前の不況にもまして大規模な不況対策を実施した。そして、好況に転じても、「対外不均衡の是正」のための「内需拡大」を錦の御旗にして、金融緩和と公共投資の拡大を梃子に景気刺激政策を続けたのである。

この時期の金融緩和を象徴しているのは公定歩合の推移である。[*4] 八三年一〇月以降五%であった公定歩合は、円高の影響による不況が懸念される状況のもとで、八六年一月に四・五%に引き下げられ、つづいて四月に三・五%、一一月に三%になり、八七年二月には景気が好況に転じていたにもかかわらず、当時としては史上最低水準の二・五五%でまで下げられ、それが八九年五月まで据え置かれた。

金融緩和を受けて、マネーサプライも大きく伸びた。M_2（現金通貨＋預金通貨＋準通貨）＋CD（譲渡性預金）の平均残高は、バブル崩壊直前までかなり高い率で増加を続けた。この背景には金利低下のほかに、資産取引の活発化による投機的取引需要の増加や、景気の拡大にともなう実物取引需要の拡大があったと推定される。くわえて大口定期預金金利の自由化など、金融自由化も少なからず影響していると考えられる（『経済白書』一九八八年版、参考資料）。大銀行の貸出活動も活発になり、全国の銀行（都市銀行、地方銀行、信託銀行、長期信用銀行）の貸出金残高は八五年からバブルが崩壊した九一年までにおよそ二倍に増加した。バブル三業種といわれた不動産、建設、ノンバンクへの融資の伸びはこれよりさらに大きかった。

「不況対策」のための公共投資については、政府は、一九八六年九月に公共事業一兆四〇〇〇億円、道路公団一〇〇〇億円、地方単独事業八〇〇〇億円、住宅公庫七〇〇〇億円、計三兆円の公共投資を含む総額三兆六〇〇〇億円の総合経済対策を打ち出した。それだけでなく、八七年五月にも五兆円の事業規模の公共投資を含む、総額六兆円の緊急経済対策を発表した。その結果、補正後の実績値でみると、公共事業の規模は八六年一四兆三一九五億円（対前年比一一・三%増）、八七年度一六兆三五〇〇億円（一三・六%

増）と急増し、その後も増えこそすれ減ることはなかった。公共投資のこうした増加がすでに拡大過程にあった景気をさらに刺激したことはいうまでもない。

いまから振り返えると、多くの論者が指摘しているように、政府が「円高不況」懸念に過剰反応し、金融引き締めのタイミングを見失ったことは明らかである。その理由の一つは、一九八七年一〇月一九日のアメリカの株価暴落（ブラックマンデー）であった。この日アメリカの株価はダウ工業三〇種平均で前日比二二・六％の低下率を記録した。これを受けて翌日の東京株式市場も、低下率一四・九％の暴落となった。株価の下落に連動して、八五年秋から下がり続けてきたドル相場は一段と下落した。こういう情勢下での金利の引き上げは、株価の一層の低下と円の一層の上昇をもたらす恐れがあったことが、金融引き締めの時期を誤らせる一因をつくったことは否めない。

と同時に、一九八五年度に五五〇億ドルあった日本の経常収支黒字は、その後の円高の急進展にもかかわらず、八六年度九四一億ドル、八七年度八四四億ドル、八八年度七七二億ドルと、八五年水準を上回った。このことは経常収支の黒字縮小のための内需拡大政策が期待された効果を上げなかったことを意味する。そうであればあるほど、政府・財界は、日米協調体制の維持を至上命令として、対外不均衡の是正のために、内需拡大政策とそのための金融緩和政策を継続する政策選択をしたといってもよい。

＊4　日本銀行が民間の銀行に貸出をする際の金利を公定歩合という。公定歩合は通常コール・レート（民間銀行間の短期貸借の金利）より低いので民間銀行は可能ならば日銀からの借入を選ぶ。日銀は公定歩合の変更と並行して貸出枠を上下することでマネーサプライを調整するとされている。

日米関係に制約されて日本政府の政策運営の弾力性が損なわれてきたのは金融政策だけではない。財政運営もまた、八〇年代後半から九〇年代にかけては対外不均衡の是正のための内需拡大という使命を負わされてきた。その一例は、日米間の貿易と国際収支調整の構造的障壁を除去する目的で、一九八九年七月に発足した日米構造問題協議（Structural Impediments Initiative）にみることができる。日米間には日米安全保障条約第二条の「締約国は、その国際経済政策におけるくい違いを除くことに努め、また、両国の間の経済的協力を促進する」という定めにもとづいて、両国の政策協調のための定期的・臨時的協議機関がいくつも設置されてきたが、この協議では、従来のどの協議にもまして細かく、日本の商慣行や法制度の改廃問題に立ち入り、内需拡大のための公共投資の規模まで議論された。

そして、一九九〇年六月に発表された日本側最終報告では、九一年度から二〇〇〇年度の一〇年間に「おおむね四三〇兆円の公共投資を行う」（通商産業調査会、一九九〇）ことが明記された。これは公共投資の規模を向こう一〇年間に過去一〇年間の二倍に増やし、総財政支出の一割以上を公共投資に充当することを意味する。この日米構造協議が行われた八九年から九〇年は、日本経済はまさにバブルのピークにあった時期で、バブルを沈静させる必要からも、財政支出を圧縮する必要からも、むしろ公共投資の縮小が求められていた。それにもかかわらず、アメリカの要求に応じて公共投資を一層拡大するという政策選択がなされたのである。

Ⅴ　銀行の不動産関連融資と大企業の財テク活動

序章でも述べたように、第二次大戦後の日本の企業金融にあっては、長らく銀行を通じた短期資金の借入が中心的な位置を占め、資本市場ないし証券市場を通じた資金調達は副次的な位置しかもたなかった。とくに大企業は、特定の都市銀行をメインバンクとして、その銀行から安定的に資金供給を受け、銀行は他行がメインバンク関係にある企業に対しては相互に（銀行同士）で協調融資を行ってきた。しかし、オイル・ショック不況から日本経済が抜け出た七〇年代後半以降、大企業の資本蓄積が進み、豊富な内部留保や減価償却基金をもつ大企業は、自己金融の比率を高めるとともに、銀行からの借入比率を下げ、また、証券市場から株式発行などを通して直接に低コストで資金調達ができるようになった。八〇年代に進んだ金融自由化や、情報・通信技術の発達に支えられた多様な金融商品の登場も、企業が国際金融市場を含め、非銀行系金融機関や証券市場からの資金調達をすることを可能にし、大企業の銀行離れと銀行の地盤沈下を招いた。

八〇年代の金融資本市場でとくに注目されるのは、株価高を背景にした時価発行増資、転換社債、ワラント債（新株引受権付社債）などによる資金調達である。これらは、企業の財務上は株主資本（エクイティ）の増加に結びつくので、エクイティ・ファイナンスと呼ばれている。一九八七―八九年のわずか三年間に、金融機関を含む国内企業が転換社債とワラント債中心のエクイティ・ファイナンスにより調達した資金の総額は五九兆円にのぼった（宮崎、一九九二）。ワラント債の大部分は海外で発行されたが、円高・

ドル安の時期であったために、円建てで計算すると、発行したワラント債に利子を支払ってもお釣りがくる（マイナスの利子がつく）ことさえ少なくなかったと言われている（伊東、一九八九）。これは特別なケースとしても、八〇年代の後半に大企業がエクイティ・ファイナンスによって、銀行借入に比べてきわめて低いコストで大規模に資金調達ができたことが大企業の銀行離れと銀行の事業機会の縮小に拍車をかけたことは疑いない。そういうなかで銀行は、それまで大企業偏重できた都市銀行が先頭になり、新たな営業領域を求めて中小企業金融を拡大し、不動産担保融資に走るようになったのである。

銀行の不動産関連融資の急増を需要側で促したのは、個人の住宅購入である以上に、不動産会社を含む法人部門における活発な不動産投資である（高島、一九九四）。金融緩和や土地取引の規制緩和を背景に、地価の上昇が続き、不動産取引が活発になるにつれて、オフィスビル、マンション、リゾート施設などの建設をめぐる不動産取引が、過大な将来需要予測と地価のいっそうの値上がり期待を背景に、ブームを超えてバブルの様相を呈するようになった。バブルが崩壊して、バブル期に着手された建物・施設が次々に完成し、過剰供給が表面化したときに残ったのは、回収不能か回収が危ぶまれる貸付金にほかならない不良債権の山であった（『経済白書』一九九三年版、一五九―一六八頁）。

銀行の不動産業への貸出は、八五年度から八九年度にかけて、総貸出の年平均伸び率九・二％を大幅に上回る年率一九・九％で伸びた（大蔵省、一九九三）。八六―八七年にかぎれば、全国銀行の貸出の伸び率は約一〇％であったが、不動産貸出の伸び率は約三〇％であった（経済企画庁、一九九七、三五七頁）。バブル三業種といわれた不動産、ノンバンク、建設業向けの融資残高も、八〇年代の後半に銀行の総貸出や名目GDPの伸びを大きく上回って増加しており、この時期の銀行融資の伸び自体がバブルにほかならなかったことを示している。

銀行から企業に目を転ずれば、大企業は八〇年代後半にはエクイティ・ファイナンスなどを通して低コストで調達した過剰な資金を、設備投資だけでなく、キャピタル・ゲインの獲得に振り向け、金融資産の投機的な運用、いわゆる財テクに走った。高騰する株価に引き寄せられて、企業の財テク資金は、信託銀行のファンド・トラスト[*5]や証券会社の営業特金[*6]を通じて、証券市場に投入され、それが株価をいっそう高騰させる要因になった。そればかりか、大企業の多くがキャピタル・ゲインで営業外収益を稼ごうと財テク専門の金融子会社を設立し、バブル崩壊後のバランス・シートの悪化と財テク倒産の一因をつくった。また、この過程では、法人だけでなく、大きな金融資産をもつ富裕な社会層を中心に個人の間でも財テクブームが起こり、株や、土地や、ゴルフ会員権や、絵画や、その他の投機的商品が買いあさられ、高級乗用車などの奢侈的消費が広がった。また、法人部門だけでなく家計部門でも、証券会社、信託銀行を通して、直接・間接に株式投資に乗り出す動きが広がった。これらのこともバブルの膨張を示す現象として記憶にとどめられなければならない。

＊5　信託銀行が企業などから億単位の資金を預かり、自由裁量で公社債や株式などで運用する指定金外信託。
＊6　証券会社に運用がまかされた金銭信託の一種。利回保証をしていたのでバブル崩壊で損失補塡問題が発生し、一九九一年の証券取引法改正で禁止された。

第二章　バブルの崩壊と九〇年代不況

Ⅰ　バブル崩壊と不良債権問題の発生

前章で述べたように、一九八〇年代の後半には、政府は、円高不況が軽微に終わり、明らかに好況に転じたのちも、「対外不均衡の是正」のための「内需拡大」を錦の御旗にして、金融緩和と公共投資の拡大を梃子に景気刺激政策を続けた。一九八三年一〇月以来五％であった公定歩合は、金融緩和政策のもとで、八六年一月四・五％、四月三・五％、一一月三％、八七年二月二・五％と下げられ、八九年五月まで当時では「史上最低」の二・五％に据え置かれた。地価と株価の異常な上昇を押さえるには、金融引き締めに転じる必要があった八七年の秋にも、ブラックマンデー後の株価続落の懸念もあって、引き締めのタイミングを逸してしまった。

一九八七年から八八年にかけて経済活動は明らかにバブルの様相を呈し、大都市圏では、土地付きの住宅価格がサラリーマンの平均年収の七―八倍、ところによっては一〇倍を超えるほどに暴騰して、地価上昇を容認する政府への批判が高まった。そういうなかで政府は、八九年五月にいたってようやく金融の引き締めに踏み切った。その結果、公定歩合は八九年五月三・二五％、一〇月三・七五％、一二月四・二五％、九〇年三月五・二五％、八月六％と五回にわたって引き上げられた。こうして金融環境が変わっても、八九年中は、株価はなお上昇を続け、日経平均株価は八九年一二月に三万八九一五円の最高値をつけたのである。

しかし、九〇年に入ると市場金利（長期金利）が上昇するなかで、株価は同年二月二一日の大幅な下落があったことを皮切りに、四月までの間に数度の暴落が起きた。九一年七月以降、株価対策から数次にわたって公定歩合が引き下げられた。にもかかわらず景気が本格的な下降過程に入っていたために株価の崩壊に歯止めをかけることはできなかった。九〇年の後半から九一年にかけてはおおむね二万円台にあった株価は、九二年四月になると、地価下落による不良債権問題の表面化から銀行株が大幅に下落し、ついに二万円を割り込み、九二年八月には一万四三〇九円まで下げた。

地価は、九一年以降、大都市圏から本格的な下落に転じ、その後、長期にわたって下げ続けてきた。地価の上昇から下落に転ずるうえで重要な契機となったのは、九〇年三月の「総量規制」である。大蔵省通達の形でなされたこの規制では、地価抑制の緊急避難的措置として、不動産業向け融資の伸び率を融資全体の伸び率以下に抑えることが企図された。また、同じく九〇年三月には、同じ目的のために、不動産業、建設業、ノンバンクのいわゆるバブル三業種に対する金融機関の融資の実行状況を大蔵省に報告させる「三業種規制」が実施された。ただし、総量規制の対象からは住宅金融専門会社（住専）[*1]が除外され、三業種規制の対象からは農林系金融機関が除外された。そのために、一般の金融機関が住専から資金を引き揚げる一方で、農林系金融機関が住専に貸し、住専が不動産業に貸すという資金の流れが生まれ、住専各社の不良債権をいたずらに大きくした。

不良債権問題は、都市銀行をはじめとする金融機関のバブル期の常軌を逸した不動産担保融資の産物である。しかし、それが金融システムの根幹を揺るがすような大問題として表面化してくるのは、バブルが崩壊して数年を経た一九九五年からである。この年の一二月には政府は、不動産バブルの尖兵役を演じて破綻した住専七社の不良債権の処理策を発表した。それは住専七社の総額一三兆二〇〇〇億円の債権（融資金）のうち、回収できないことがすでに確定していて、清算にともない直ちに発生するとみられた「一次損失」（約六兆四〇〇〇億円）を処理するために、六八五〇億円の税金を投入するというものであった。[*2]

＊1　住専は住宅金融専門会社というより、実際には「不動産担保ローン会社」というべきである。それというのも、当初は個人住宅金融を中心としていたが、のちに不動産融資にのめり込んでいったからではなく、日本住宅金融（日住金）の例にみるように、当初から定款における事業目的は「不動産及び不動産に関する権利または有価証券を担保とする金銭貸付並びにその他の金銭貸付」と定められていたからである。

＊2　一九九六年七月には、住専関連の不良債権を回収するために預金保険機構のもとに全額政府出資の株式会社として「住宅金融債権管理機構」（住管機構）が設立された。社長には元日本弁護士会会長の中坊公平氏が就任した。住管機構は九九年四月には整理回収銀行と合併して「整理回収機構」（ＲＣＣ）に改組された。住管機構分の九九年度末までの債権回収実績は、譲受債権総額四兆六五五八億円のうちの一兆九八〇六億円（四二・五％）にとどまっている。

Ⅱ　バブル経営と金融破綻

１　日住金のケース

住専最大手の一部上場企業であった日住金は、一九七一年に三和、さくら、あさひ、北海道拓殖、東洋信託、三井信託の六銀行が母体行となって[*3]（その後、横浜、千葉、大和の三銀行が参加）、大蔵省管轄の金融機関として設立された。それから九二年六月まで、社長は、大蔵省銀行局検査部長、日銀政策委員、中小企業金融公庫理事を歴任した庭山慶一郎氏であった。設立当初は個人向け住宅ローンを中心にしていたが、母体行などがこの分野に参入して顧客を奪っていくにつれて、テナントビル、オフィスビル、賃貸マンションなど法人向け不動産担保融資に傾斜し、バブル期には母体行の不動産担保融資の尖兵として、リスク管理上問題の多い不動産企業にも無謀に貸し込んでいった。バブル崩壊後、巨額の不良債権を抱えて経営破綻をきたし、政府の住専処理策[*4]にしたがって住宅金融債権管理機構に営業譲渡された会社は七社あったが、これらのなかでも日住金の経営のお粗末ぶりは、①ずさん融資、②放漫・密室・無責任経営、③虚偽記載・粉飾決算、④大蔵省との馴れあい、⑤役員のインサイダー取引疑惑などの点で際立っていた。

それだけに個人株主の怒りは大きく、一九九六年二月、大阪で設立早々の株主オンブズマンが取り組んだ「銀行・住専株主110番」には、多数の市民および個人株主から二三〇件におよぶ相談、激励、情報提供があった。なかでも最も多かったのは日住金株主から寄せられた「役員の責任を追及してほしい」という怒りの声であった。六月二七日の株主総会までの日住金株主からの電話連絡は延べ一〇〇〇件を超えた。

これらの動きはマスメディアでも「住専個人株主の反乱」（NHK「おはよう日本」一九九六年四月二日）、あるいは「日住金が震える株主の反乱」（『週刊朝日』一九九六年五月二四日）と報道されたほどである。

日住金の経営実態はどのようなものであったか。一九九六年当時の朝日新聞の記事検索で日住金に関して最初に出てくるのは八六年一一月六日の「三三億円詐欺被害」の記事である。同日とその後の一連の報道によれば、同社はバブル初期の八五年に「東京駅前の一等地にある更地同然の土地」という触れ込みの国鉄用地の架空払い下げ話にのせられて、担保も取らず、信用調査もせずに、「手付金」として三三億円をだまし取られた。しかも、同社はこれだけの巨額の金を支出するのに、取締役会さえ開いていなかった。九二年七月から八月の記事によれば、日住金は「群栄化学工業」の株式を大量に買い占めながら、証券取引法に義務づけられた大蔵省への大量保有報告をせず、関係のファイナンス会社などに、買い戻し特約をつけた形式的な「売却」を行って、株価値下がりにともなう売却損約二五億円が出たと税務報告していた。しかし、国税局はこれを所有の実態から見て売却損と認めず、約二四億円の申告漏れがあったとして、加算税を含め約九億円を追徴課税する更正処分を行った（株主オンブズマン、一九九六）。

日住金の経営の顛末は、密室経営がいかに無責任経営に結果するかを示している。日住金の最大の借り手であった不動産会社の末野興産は、従業員の源泉徴収も行わず、雇用保険や労災保険もかけず、また従業員のいないペーパー・カンパニーを利用して資産隠しを行っていた。しかも、同社は、借りた金を返さずにおきながら、関連会社や親族の名義で三七〇億円もの預金を大阪の木津信用組合にもち、それを同信

＊3　母体行は住専の経営権を握り、住専の行う住宅ローンにも参入し、住専から優良借り手を奪うとともに、担保割れや回収不能になる恐れのある危険な貸付については紹介融資の形で住専に押しつけ、住専を不良債権の「ゴミ箱」として利用した。

＊4　政府の住専処理策の内容は、住専七社の約一三兆二〇〇〇億円の債権を、回収不能分約六兆四〇〇〇億円とそれ以外とに分け、回収不能分の処理の仕方として、母体行は約三兆五〇〇〇億円の債権全額を放棄、一般行は債権の一部の約一兆七〇〇〇億円を放棄、農林系金融機関は五三〇〇億円を贈与し、残る六八五〇億円を税金で埋めるというものであった。

組が業務停止命令を受ける前日に引き出すという信じがたい経営を行っていた。

株主オンブズマンは、日住金の融資実態を知るために、日住金株主の申し出を受けて、九六年三月初めに、日住金の取締役会議事録の閲覧・謄写の許可を東京地方裁判所に申し立てた。東京地裁での二回の審訊をつうじて明らかになったのは、大口融資の決定も少数の経営トップで構成される商法に定めのない任意機関の常務会に委ねられており、取締役会の議事録には見るべき記録がほとんどないことであった。審訊では会社側は融資をいちいち取締役会にかけていたのでは金融機関の熾烈な融資競争に迅速に対応することができないと弁明したが、事態の経過は、信用調査や担保評価もなしにほとんど「無審査」で、どんな大口融資も取締役会にかけないで融資競争に走ったことが、巨額の焦げつきとその結果として経営破綻の原因となったことを証明している。[*5]

日住金の株主が声をあげたのは、日住金がこうしたバブル経営のあげくに破綻をきたし、保有する株券が紙屑になったからだけではない。上場企業は、有価証券報告書によって事業概要、営業状況、財務諸表などの企業内容を開示しなければならない。にもかかわらず、日住金はその有価証券報告書において、重大な虚偽記載・粉飾決算を行っていたことが株主の怒りを買ったのである。同社の経営破綻が最後的に表面化したのは九五年から九六年初めにかけてであるが、実質上の破綻はその前から始まっていた。しかし、それを隠すために、九四年度の有価証券報告書においては、当時の大蔵省調査が公表されて明らかになったように、少なくとも八〇〇〇億円以上の回収不能見込額[*6]がありながら、貸倒引当金としてその一割にも満たない七八九億円を計上しただけで、債務超過でないかのようにみせるための粉飾決算を行っていた。そのことは、九六年三月期末の決算にいたって一挙に一兆円（九九七五億円）もの貸倒引当金を計上した

図2-1　日住金の資産・負債・貸倒引当金

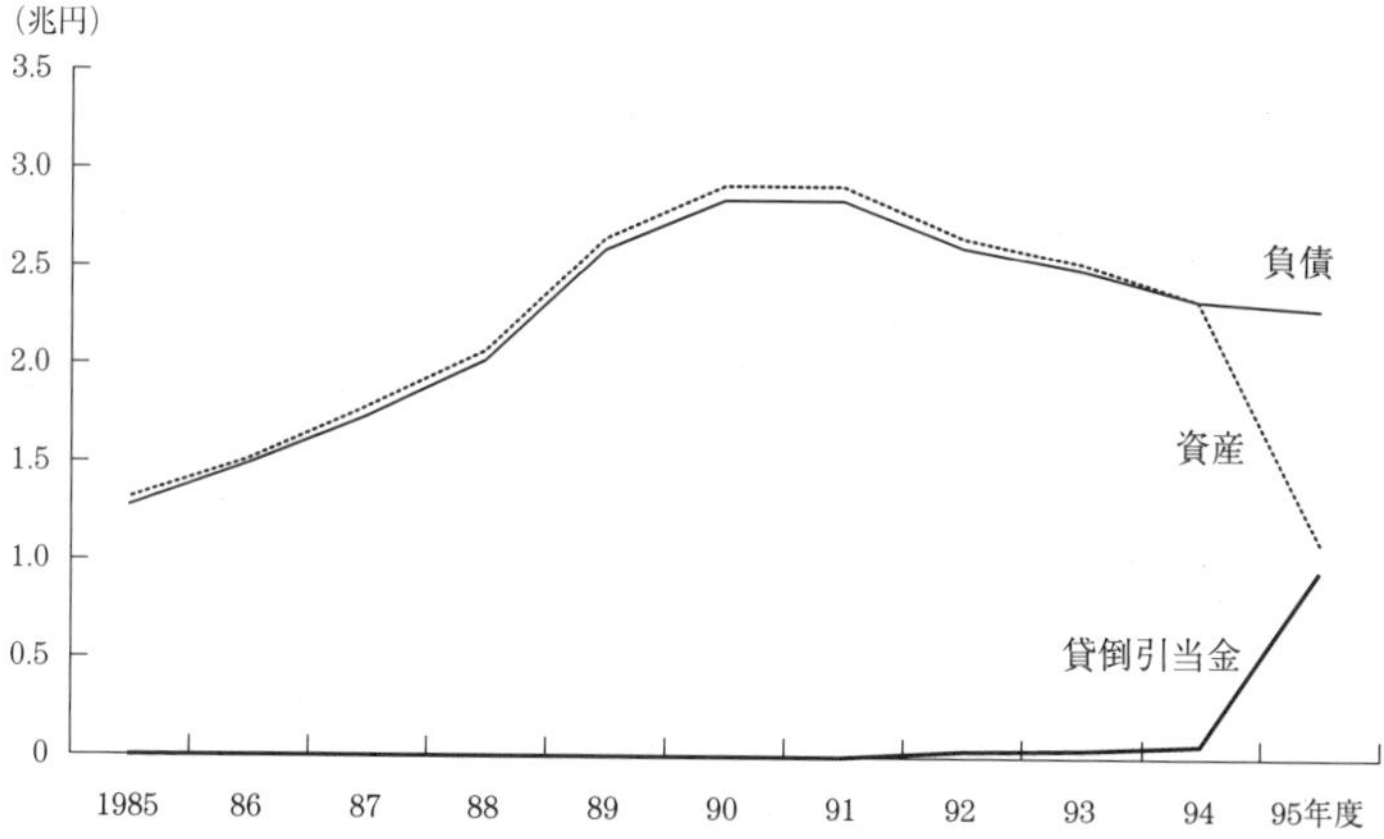

（出所）　日住金「有価証券報告書」各号。

ことからも明らかである。日住金の貸倒引当金の不自然さは有価証券報告書をもとに作成した図2-1からも確認することができる。

日住金の会社解散と営業譲渡が決まった九六年六月二七日の株主総会当日、同社の個人株主三〇名が、粉飾決

＊5　一九九一年一二月三一日を「調査基準日」とする大蔵省の日住金についての調査報告書は、「本部決裁案件を審査する審査役は東西本部に各一名配置されているのみで形骸化している。具体的には、毎月の決裁件数として審査役一人で八〇件前後の融資案件（条件変更・追貸を含む）を処理しているが、時間的に処理が無理なこと、支店において債務者の実態及び各プロジェクトの進捗状況を充分に把握しないこともありほとんど無審査になっている」と述べている。

＊6　日住金母体行の三和銀行が一九九二年五月時点で大蔵省や他の金融機関に出した報告書では、日住金の不良債権は一兆二〇〇〇億円に達していたという（週刊ダイヤモンド編集部、一九九六、一二一―一二九頁）。

算に関与するか見逃した役員と監査法人を相手取り、証券取引法にもとづく損害賠償請求訴訟を提起した。この訴状によれば、日住金の「有価証券報告書」の貸倒引当金は故意に小さく表されていた。そのために、株主らは、粉飾によって不当に高く形成された株価で株式を取得する羽目になった。そして、のちに巨額の回収不能債権のために大幅な債務超過になっていることが明らかになった結果、株主はその株を紙屑同然で売らざるをえなくなった。この場合、証券取引法の規定によれば、粉飾によって株主が被った損害は、その賠償を役員と監査法人に請求できることになっている。

この裁判で期待されているのは、損害賠償それ自体よりも、粉飾決算の責任追及をとおしたディスクロージャーの適正化であり、「有価証券報告書」の信頼性の確保である。弁護士の吉川法生氏によれば、この裁判のように証券取引法の第二四条の四（同法の第二一条および第二二条の規定に関連した「有価証券報告書」についての条項）を根拠条文とする監査法人に対する訴訟例は、これまでない。それだけに本件は粉飾決算の損害賠償請求訴訟のリーディングケースとして注目されている（粉飾決算については森岡、二〇〇〇を参照されたい）。

2　山一証券のケース

一九九七年一一月二四日、創業一〇〇年の歴史を誇る山一証券が営業休止に追い込まれた。日住金の破綻が土地バブルとその崩壊の結果であったとすれば、山一の破綻は株式バブルとその崩壊の結果である。この時期の金融機関の経営破綻では、バブル期にいわゆる財テクの専門会社の役割を演じた金融子会社が、バブル崩壊とともに資金繰りの悪化と不良債権の増加にみまわれている。そのなかで親会社は子会社の破綻を先延ばしするために再建のあてのない支援融資を繰り返して損失を大きくし、自ら破綻に追い込まれたケースが多い。その場合、不良債権ロスを隠すために「飛ばし」の受け皿会社（多くはペーパーカンパニー）がいくつもつくられ、粉飾が重ねられた。

山一証券では、顧客会社から資産の運用を任せてもらう、「営業特金」と呼ばれる一任勘定取引を行っていた。営業特金は利回り保証・損失補塡が約束されていたので、株価下落で顧客会社の保有株に評価損が発生した場合、顧客会社の決算で損失を表面化することを避けるために、決算期末前に他の企業に転売するという「飛ばし」行為を重ねていた。「飛ばし」による損失補塡の方法としては、同社のペーパーカンパニーを含む子会社が「飛ばし」の対象となった株式などを時価を上回る価格で引き取る、また、同社の海外子会社である山一オーストラリアに国内の顧客の含み損を移転する、という巧妙な方法が用いられていた（山一証券社内調査委員会、一九九八、北沢、一九九九、読売新聞社会部、一九九九）。

山一破綻の真相については内部者の証言を含め多くのことが語られている。しかし、山一が営業停止直前に自社株の詐欺的な販売で多数の株主に甚大な被害を与えたことはあまり知られていない。上場企業の突然の経営破綻は株主に甚大な被害をもたらす。粉飾決算があった場合はなおのことである。山一もその例にもれない。それどころか、山一の場合は、不特定多数の銘柄を仲介売買する証券会社でありながら、営業休止直前の数日間は、「山一は大丈夫」「必ず値上がりする」と騙して、全社をあげて山一の株と転換社債を売りまくった。これは沈没しはじめた船に大勢の客を新たに乗せていたずらに犠牲者を増やしたにひとしい。沈む危険があることが知らされていれば、あるいは新しい客を乗せる前に営業を停止していれば、土壇場に山一に騙されて山一株を買い、投資家が虎の子の資産を失ってしまうという悲劇は避けられたはずである。こういう事情があるだけに、山一の最後については、九〇年代不況におけるバブル後遺症と金融破綻の証言として記録にとどめておかねばならない。

　山一が営業停止直後から、山一の株式を購入して損害を被った人々から、株主オンブズマンの事務所にひっきりなしに電話相談が入るようになった。その状況を受けて、株主オンブズマンは、証券・ワラント被害対策弁護団などとともに、九七年の一二月五、六、七日の三日間、「山一110番」を行った。特設された五台の電話はすべて受話器を置くと同時に鳴るような状態で、「電話は何度かけても通じません」とFAXを送ってきた人も多かった。相談者は三日間で約八〇〇名、前後を含めると一〇〇〇名を超えた。

　相談を寄せた株主の共通した声は、「山一に巨額の簿外債務があったことを知らされていたなら山一株を買うことはなかった」、「経営破綻後、粉飾決算をしていたことが明らかになり、憤りを感じている」、というものであった。老後の生活のための退職金を山一株につぎ込んだ人も多い。FAXから一、二そうした声を紹介しておこう。

「この八月、四一年間におよぶ退職金の全額を『四大証券だから大丈夫』『主力銀行がしっかりしているから大丈夫』と大和証券の女性社員にいわれ、山一株一〇万株へ投入した。その結果、三千万円が四ヵ月もたたないうちに約二〇万円になった。すでに歳を重ね、年々給与も下がっていくなかで、老後への不安と山一証券幹部と、簿外債務の報告を受けていた大蔵省、そして、報告後手持ちの株を処分したであろう富士銀行への憎しみが募って夜もゆっくり眠れません。」(奈良市・男性)

「私は三五年務めた会社を三月一五日、リストラで退職しまして、退職金で山一の株二万株を買いました。二六〇〇億円ものかくし損があるなど思いもせず、いずれ株価は上昇するものと思い、約七〇〇万円がなくなってしまいました。前会長、社長等、経営者がすっぱだかになり、私たちも損をするのなら気持ちもおさまりましょうが、彼らはなにも失わない、国は知らなかったでは、告訴して闘いたくなるのは当たり前の気持ちです。よろしくお願いします。」（大分市・男性）

山一が顧客をどのように欺いたかを示す一つの資料がある。被害を受けた株主の一人が送ってきたこの文書は、一九九七年一〇月二三日の『日経金融新聞』のコピーに言及しているところから、山一が営業停止に追い込まれる直前に出たものだと思われる。これも一つの証拠として引用しておかねばならない。

「九七年九月期現在、当社の自己資本は四三一三億です（内訳は資本金一二六六億、法定準備金一四五三億、剰余金一五九四億）。新聞のデータで一目瞭然、当社の剰余金は一五九四億あり、剰余金がマイナスになっている一〇社他と比較しても全く問題はありません。四季報ベースで今期二五〇億の赤字予想となっておりますが、十分余裕があります。当社の財務内容について申し上げますと、九七年九月現在、①自己資本比率は一六・五％と良好な水準です（大和一二・〇％、日航一六・八％、野村一八・五％、メリル四・六％）。②自己資本規制比率は一五〇〇億の山一ファイナンスへの支援拠出金にもかかわらず、二四七・九％です（大和二六七・九％、日興二七七・六％、野村三三七・七％）。当社の流動資産総額は三兆三三四五億（内現金三九四五億）に上り、資産全体に対する流動資産の比率は九〇・七％を占め資産構成は非常に流動性が高いものが中心になっています。④短期的な債務返済能力を測る代表的な指標である流動比率は一一二・五％で、債務支払い能力についてはなんら問題はない（大和一〇六・二％、日興一一〇・六％、野村一〇七・五％）。結論として、十分な自己資本と厚い流動資産を確保していると言えます。」（億円の「円」が抜けているのは原文のママ）。

「山一110番」からアンケート調査を経て、「山一株主被害者の会」が結成された。その後、被害者らは、簿外債務を隠し有価証券報告書に虚偽の記載をして大蔵大臣に届け出た山一証券、巨額の損失を簿外処理で隠して作成された財務諸表を承認した当時の取締役、山一の虚偽記載・粉飾決算を見逃してきた中央監査法人の三者を相手取って、損害賠償請求訴訟を大阪地裁に起こした。提訴に加わった株主は第一次から第三次まで合わせ約一〇〇名にのぼっている（三次にわたる提訴のうち大阪弁護士会が引き受けた第一次提訴は監査法人は除かれている）。

法人としての山一は、九八年一一月にいたって行平前会長、三木前社長をはじめとする八名の元役員らに対し、損害賠償を請求する民事訴訟を東京地裁に起こした。にもかかわらず、監査法人に対する提訴は見送られた。しかし、監査法人の責任はやはり問われなければならないということで、結局、「自主廃業」ができずに「自己破産」を申請して裁判所から選任された山一証券の破産管財人団が、監査法人に対し損害賠償請求を起こすことになった（『日本経済新聞』一九九九年一一月九日）。そして、ほどなく監査法人と監査に携わった社員ら六名に対して総額六〇億円の損害賠償請求訴訟が起こされた（『朝日新聞』一九九九年一二月一四日）。

日本銀行は山一の破綻に際して債務超過でないことを前提に特別融資を実行した。当時の報道でも、大蔵省が山一の飛ばしを知っていたことが確かであったのと同じ程度で、山一が債務超過であることは確かだと考えられていた。債務超過でないことを条件に発動された日銀特融は、ピーク時には一兆二〇〇〇億円にも達した。しかし、九九年五月現在で、山一の債務超過は約一六〇〇億円にのぼっており、債務超過額とほぼ同額の日銀特融が返済不能になっている（『朝日新聞』一九九九年六月六日）。

Ⅲ　不良債権問題と金融危機

住専の不良債権はバブル後遺症としての不良債権全体の一部でしかなかった。一九九六年に住専処理が一区切りついたあとも、不良債権の全容は不明であるか、あるいは隠されたままであった。九七年『経済白書』は「バブル後遺症の清算から自律回復へ」という言葉を使って、早計にも「景気回復宣言」をすることによって橋本内閣の経済失政に加担したことで知られる。この『白書』では不良債権問題はどのようにとらえられていたであろうか。

バブル後遺症に関連しては、『白書』は経済全体のバランス・シート、土地市場の動き、金融機関の不良債権問題の三つを検討していた。そこでは、企業の負債・資産のバランス・シートについて、不動産業の負債比率が著しく悪化していることや、大手建設業者（ゼネコン）の不動産業者などに対する保証債務残高に問題があることを指摘しながらも、実体経済からみるかぎり、バランス・シート調整は進んでいるという判断をくだしていた。そして、金融機関の不良債権額については、預金取扱金融機関の合計として、九六年九月末現在で二九・二兆円（破綻先債権と延滞債権が二三兆八五二〇億円、金利減免等債権が五兆三七六〇億円）という数字を示し、次のような見通しを表明していた。

「これらの不良債権には債権償却特別勘定のほか、担保カバー分や回収可能分が存在することから、大蔵省試算の要処理見込額は、七・三兆円まで減少しており、個別金融機関の経営状況は様々であるが、金融機関全体としては、不良債権問題を克服することは可能と考えられる。」（一〇二頁）

政府は銀行の不良債権処理を進め資本増強を図るために、九八年一〇月には総額六〇兆円もの公的資金枠を用意した。これから見れば、九七年『経済白書』の診断が誤っていたことは多言を要しない。今日までの事態の推移に照らせば、金融機関の不良債権の規模はここにあげられている数字を大きく上回り、銀行業界自身では問題を処理できなかったことは明らかである。とはいえ、不良債権の規模は、適切なディスクロージャーがなされていないことに加えて、景況の悪化によっても増加しうるので、正確な額は知りようもない。また、なにをもって不良債権とするかは、開示基準や、債務者の区分や、貸倒引当金の扱いによっても大きく異ならざるをえない。

一九九八年六月に金融破綻処理と金融危機管理のために総理府の外局として金融再生委員会が設けられ、そのもとに金融監督庁が置かれた。表2-1は、金融監督庁によって発表された一九九八年三月期と九月期の全国銀行（都市銀行、長期信用銀行、信託銀行、地方銀行、第二地方銀行の計一四二行）の自己査定の結果である。この場合の債権ないし資産は、Ⅰ〈以下のⅡ—Ⅳに含まれないもの〉、Ⅱ〈回収について通常の度合いを超える危険を含むと認められ、個別に適切なリスク管理を必要とすると判断されるもの〉、Ⅲ〈最終の回収または価値について重大な懸念が存し、損失の発生の可能性が高いが、損失の発生時期や額の推計が困難なもの〉、Ⅳ〈回収不能または無価値と判定されるもの〉の四つに分類されている。いま便宜的に、Ⅰを「正常先債権」、Ⅱを「要注意先債権」、Ⅲを「重大懸念先債権」、Ⅳを「回収不能債権」と呼べば、最広義の不良債権はⅡ、Ⅲ、Ⅳの合計とみなすことができる。九八年九月期では、その総額は七三兆二七〇億円であった。この額は全国銀行の総与信残高五九八兆七〇億円の一二・二%にあたる。*7

バブル後遺症としての不良債権は圧倒的に建設業と不動産業に絡んでいる。バブル期に大きく膨らんだ

表 2-1　全国銀行の自己査定の状況　（単位：億円）

	総与信額（1998年3月期）					総与信額（1998年9月期）				
		Ⅰ分類	Ⅱ分類	Ⅲ分類	Ⅳ分類		Ⅰ分類	Ⅱ分類	Ⅲ分類	Ⅳ分類
都銀・長信銀・信託計	4,216,970	3,716,070	451,570	48,080	1,250	4,059,400	3,546,290	455,370	56,970	770
除く長銀・日債銀	3,942,080	3,501,150	401,970	37,720	1,250	3,811,870	3,369,720	397,210	44,170	770
地方銀行協会加盟行	1,443,610	1,291,220	144,030	8,330	50	1,421,320	1,268,350	145,540	7,380	60
第二地方銀行協会加盟行	504,370	440,850	59,280	4,240	0	499,350	435,160	59,880	4,280	30
地域銀行計	1,947,980	1,732,070	203,310	12,570	50	1,920,670	1,703,510	205,410	11,660	90
全国銀行計	6,164,950	5,448,140	654,880	60,650	1,300	5,980,070	5,249,800	660,780	68,630	860
除く長銀・日債銀	5,890,060	5,233,220	605,280	50,290	1,300	5,732,530	5,073,230	602,620	55,830	860

（注）1）計数は，億円を四捨五入し，10億円単位にまとめた。
2）総与信とは，貸出金，貸付有価証券，外国為替，支払承諾見返り，未収利息および仮払金をいう。
3）1998年3月期の計数については，7月の発表分について，報告の対象範囲が統一されていなかったことから，再度，上記総与信の範囲で報告を求め，集計したもの。
4）北海道拓殖，徳陽シティ，京都共栄，なにわ，福徳，みどりの各行を除く。
5）1998年9月期の計数については，一部金融機関において部分直接償却（破綻先および破綻懸念先に対する担保・保証付債権について，担保等による回収が不可能な額（第Ⅳ分類債権額）に対し，個別貸倒引当金の計上ではなく，直接償却すること）が行われており，その影響が第Ⅰ分類債権で1兆7130億円ある。
（出所）金融監督庁「金融監督庁の1年」1999年8月。

ノンバンク経由の貸付もその多くは建設業と不動産業に向けられていた。そのことを端的に示しているのが九八年『経済白書』からとった図2-2である。『白書』はこの図を掲げて、バブル三業種といわれた不動産業、ノンバンク、建設業向けの融資残高は、九七年三月末現在で一九〇兆円にのぼっていると指摘し、次のように述べている。

「問題は不良債権の規模が大きいことに加えて、

*7　OECDの最近の『日本経済レポート』は、借り手である建設業や不動産業が莫大な損失を出して貸し手の銀行が抱えることになった不良債権（原文ではnon-performing loans，返済不履行貸付）の一九九八年時点の総額を問題にして、「分析家のなかには、不良債権はいまでも一五〇兆円（GDPの三〇％）に達すると主張するものもいる」（OECD、一九九九、三頁）と指摘している。

図 2-2　金融機関・ノンバンクから建設業・不動産業への資金の流れ

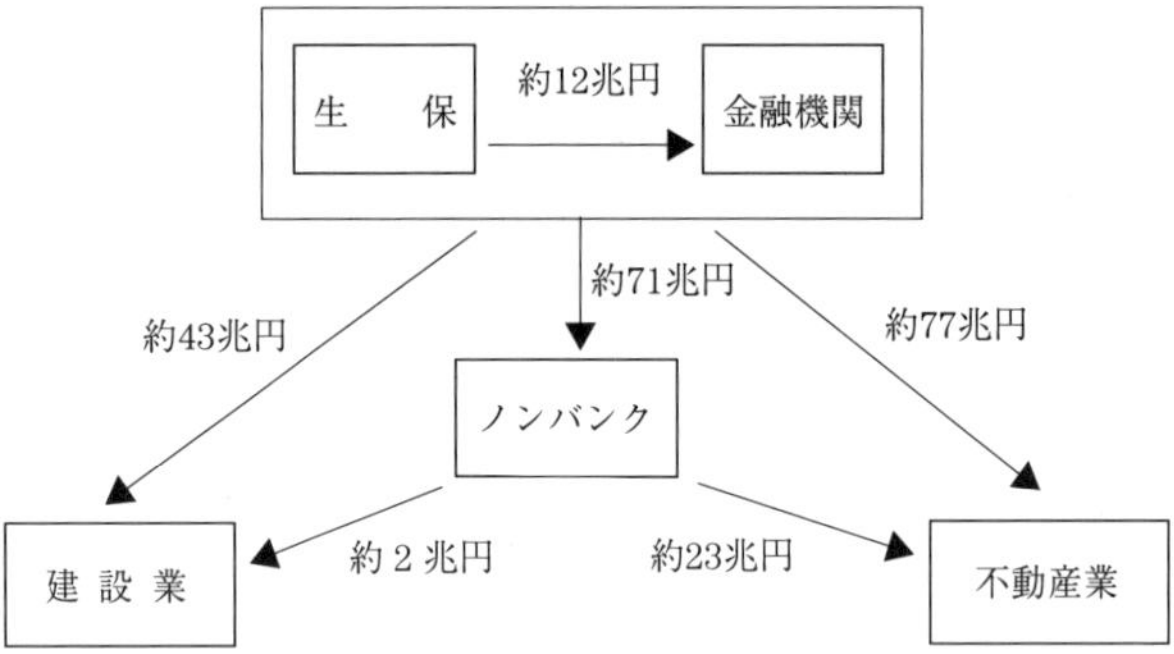

（注）1）日本銀行『経済統計月報』，全国信用金庫連合会「全国信用金庫統計」，全国信用組合中央協会「全国信用組合決算状況」，大蔵省「ノンバンクの貸付金の実態調査」等により作成。
2）1996年度末のデータを用いた（ノンバンクの貸出金は1995年度末）。
3）ノンバンク全社ベースの業種別貸出金のデータがないため，大蔵省「ノンバンクの貸付金の実態調査」の業種別構成比（1996年度末）を用いて試算した。

（出所）経済企画庁『経済白書』1998年版。

その実体が不透明なことである。金融機関の破たんによる新規の資金供給の圧縮ないし停止が、多くの与信先の不良債権化を促す点を勘案する必要はあるが、例えば、破たん後に不良債権額が公表されていた不良債権額の数倍になったケースもある。また銀行以外にも、多額の不動産関連融資を行っているノンバンクや、多額の債務保証を行っていたり完成工事未収金比率が高いゼネコン等で不良債権を抱えているとされている。しかし、その実態について的確かつ信頼性の高いデータが存在するとは言い難い。このように不良債権額が大きいことに加えて、実態が正確につかめないことが、不良債権問題の対応を難しくしている。」（二七九頁）。

一九九七年『経済白書』と同様に、九八年『経済白書』も、金融機関などの不良債権についてて適正なディスクロージャーがなぜなされないのかは問題にしていない。しかも、不良債権処理を先送りさせ、不良債権隠しに自ら手を貸してきた大蔵省の責任は不問に付したままである。それでもなお、九八年『経済白書』に見どころがあるのは、不良債権を抱えた金融機関の九七年秋以降の経営悪化や経営破綻を念頭において、「金融システムの動揺」あるいは「金融システムの安定性への不安」が銀行の貸し渋りを強め、それが実体経済にマイナスの影響を与えていると指摘している点である。

一九九七年秋から不況が悪化するなかで、都市銀行をはじめとする金融機関の「貸し渋り」が問題になってきた。銀行は過去の融資の回収が困難であるほど、また貸出先の経営が悪化して、信用リスクが高まるほど、新規の貸出には慎重になる。くわえてBIS規制[*8]と呼ばれる国際決済銀行の自己資本規制のためにも、新規貸出を抑制せざるをえなくなる。不良債権処理や株価低迷で銀行の自己資本比率が下がる場合にはなおのことである。

＊8　BIS規制というのは国際決済銀行（BIS：Bank for International Settlement）が求める銀行の自己資本比率規制のことで、国際的な業務を行う銀行は自己資本を資産で除した比率が八％以上でなければならないとされている（国内基準採用行は四％）。この場合、自己資本はコアとなる自己資本――資本金（普通株）、準備金、優先株（非累積型）などと、補完的な自己資本――株式含み益の四五％、劣後債、劣後ローン（期限付型・永久型）、貸倒引当金などの二種類からなる。株式含み益（保有株式の時価と取得価格の差）の四五％を自己資本扱いすることを認めているのは、もともと自己資本比率が低く、株式含み益が多かった日本の銀行の特殊事情を考慮してのことである（高尾、一九九四、堀内、一九九八）。BIS規制がアメリカ基準の「世界基準化」であることについては、鳥畑（一九九九）を参照。

銀行が不良債権処理を先送りできなくなり、利益が十分にあがっていないのに不良債権の償却を迫られる場合には、自己資本が減少し、ＢＩＳ規制の八％基準を割り込む恐れがある。また、株価が下がり、株式含み益が減少する場合にも同様のことが生ずる可能性がある。さらに、銀行にとっては貸出の増加は資産の増加でもあるので、新規の貸出を増やせばそれだけ資産が増え、分母が膨らむことによって自己資本比率が低下し、八％基準を維持できなくなる可能性もある（山口、一九九七）。いずれにせよ、銀行は自己資本比率規制の制約があるかぎり、巨額の不良債権を抱え、しかも株価が低迷しているような状況下では、新規の貸出に慎重になって貸出を渋るだけでなく、「貸し剥がし」といわれるように、従前の貸出まで新たな担保を求めるか、あるいは貸付金を引き揚げるようになる。銀行の貸し渋りは、貸出先の企業の経営を悪化させ、あるいは倒産を招いてあらたな不良債権を発生させる危険性をはらんでいる。

貸し渋りの影響は、銀行借入以外には資金調達のチャンネルのない中小企業においてとくに深刻である。九八年『中小企業白書』によれば、中小企業の資金繰りは規模を問わず九七年後半から悪化している。中小企業における資金繰り悪化企業の割合は、九七年一〇―一二月期には、三四・八％と八五年以降では最も高い割合となった。九八年に入ってからは、自己資本が低下した銀行に対し公的資金が注入されるようになったが、それによっても中小企業に対する貸し渋りは解消していない。帝国データバンクによれば、九七年から九九年までの三年間の貸し渋り倒産の累計は一二九五件、負債総額は四兆九七〇五億円にのぼっている。これらの倒産企業の大半は、資本金一億円未満の中小企業である。

貸し渋り問題を別にしても、中小企業の場合は、不況による売上げ不振、売上げ単価の低下、納品単価の切下げ、受注量の減少、受注の途絶、資金繰り悪化などの影響は、大企業以上に深刻である。中小企業とともに、商工業の自営業も深刻な経営危機のなかにあり、年々多数の自営業主が廃業に追い込まれている。「労働力調査」によれば、農林業を除く自営業主の総数は、八八年から九九年までに七〇三万人から六〇二万人へと一〇一万人減少した。また同じ期間に、農林業を除く自営業の家族従業者の総数は、三四三万人から二三四万人へと一〇九万人減少した。小売商業では流通大手のフランチャイズ方式によるコンビニエンスストアの急激な店舗展開が在来の零細小売商の経営を困難にしてきた事情も見逃せない。これは在来の商店街の衰退や荒廃の一因にもなっており、地域の景観や安全にも深刻な影響を及ぼしている。

Ⅳ　不況のなかの失業増と消費低迷

1　企業倒産の増加と失業問題の深刻化

一九九七年秋からの不況の特徴の一つは、企業の倒産が目立って増えていることである。帝国データバンクの企業倒産集計によると、九七年の全国企業倒産は一万六三六五件で前年の一万四五四四件を大きく上回り、八六年以来一一年ぶりに高水準を記録した。不況型倒産は全体の倒産件数の約三分の二を占めている。負債総額は一四兆二〇九億円と、前年の約一・八倍に達し、戦後最悪となった（帝国データバンク、二〇〇〇）。九七年には、持ち帰り寿司・レストランの京樽、ゼネコンの東海興業、多田建設、大都工業、スーパーのヤオハンジャパン、総合食品商社の東食、証券準大手の三洋証券など、上場企業の経営破綻と倒産が異常に多かった。

倒産は一九九八年に入ってさらに増加した。同じく帝国データバンクによれば、九八年度の倒産件数は、一万九一七一件を数え、前年度を大きく上回った。負債総額一四兆三八一二億円もわずかながら前年度を上回り、戦後最悪の記録を更新した。業種別では九八年に続き建設業の倒産が多かった。建設業の倒産は九七年四七八五件（二九・二％）に続き九八年も五四四〇件（二八・四％）も全体の三割近くを占めた。これは不動産業の倒産とともにバブル後遺症の倒産とみてよいが、九八年は不況の悪化を反映して、販売不振や売掛金の回収難など不況型倒産が増え、一万三五七二件と、全体の件数の七〇・一％を占めた。また最近の金融危機を反映して、いわゆる貸し渋り倒産が急増して、前年比三・四倍の七五九件となった[*9]（帝国データバンク、二〇〇〇）。

企業の倒産はそこに働く人々にとっては失業を意味する。倒産企業の従業員数は一九九八年には約一七万人、九七―九九年の三年間では、約四二万人にのぼる。失業は倒産・解雇だけでなく、生産の減少、販売不振、リストラ、その他の理由による人員削減や、新規学卒者や新規求職者の採用抑制と就職難によっても増加し続けている。序章でも述べたように、最近は大手金融機関だけでなく製造業の大企業でも、従業員の一割を超える、人数にして数千人から一万人あるいは二万人にものぼる大規模な人員削減を含むリストラ計画が相次いで発表されている。リストラにともなう大規模な「雇用調整」は「採用抑制による自然減」だけで行いうる範囲を超えており、希望退職や指名解雇による失業を生まざるをえない。また、採用抑制は新規の就職を困難にすることによって、失業率を高めずにはおかない。

総務庁「労働力調査」の一九九九年結果によれば、九〇年に二・一％であった完全失業率[*10]は、九六年には三・二％になり、九八年には四・一％、九九年には四・七％となった。九九年の完全失業者は三一七万人、

図 2-3　年齢別失業率

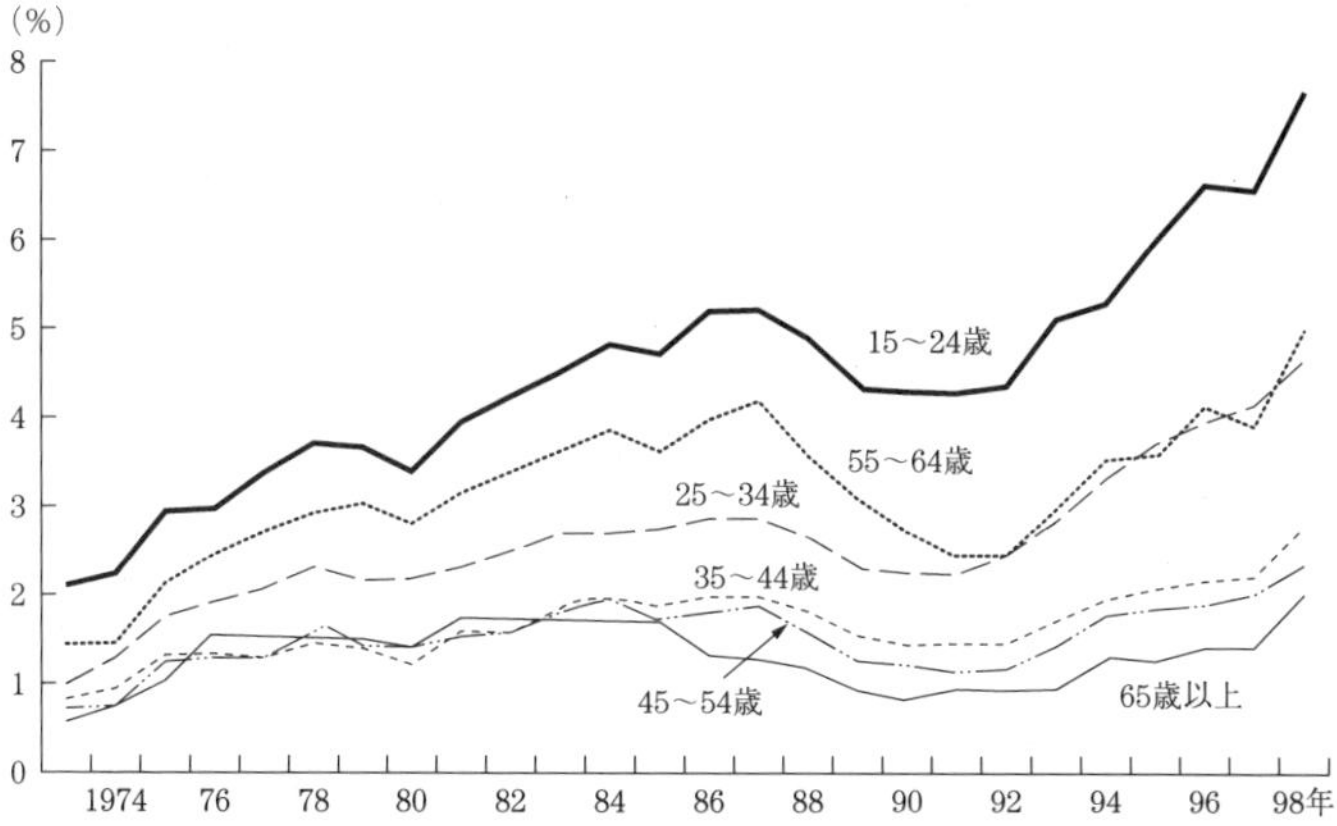

（注）1998年は8月までの失業率。
（出所）総務庁「労働力調査」。OECD（1999）。

九九年について年齢一〇歳階級別の完全失業率をみれば、一五―二四歳が九・一％で最も高く、若年層の失業と就職難がかつてなく深刻化していることが

＊9　帝国データバンクの集計にいう企業倒産件数は、「更生法」、「和議」、「破産」、「特別清算」、「商法整理」、「任意整理」のいずれかの法形式で処理をした件数の合計である。九七年には北海道拓殖銀行と山一証券の経営破綻があったが、拓銀の場合は「営業譲渡」であり、山一の場合は「自主廃業」の予定であったために、ここでの倒産件数や負債総額には含まれていない。なお、山一は、九九年の六月一日に東京地裁に自己破産を申請し、翌二日、同地裁より破産宣告を受けた。そのため、九九年になって同年の大型倒産企業のトップにリストアップされた。

＊10　調査対象期間の月末一週間（一二月は二〇日から二六日）において、少しも仕事をしなかった者のうち、求職活動をしているか、過去の求職活動の結果を待っている者を「完全失業者」といい、労働力人口（一五歳人口のうちの就業者と完全失業者）に占める完全失業者の割合を「完全失業率」という。

わかる（年齢別失業率の長期的動きについては図2－3を参照）。二〇〇〇年になっても事態は悪化こそすれよくなってはいない。同年三月末では完全失業率は二月に続き過去最悪の四・九％となり、男性は五・二％でこれも過去最悪となった。完全失業者数も三四九万人と過去最多を記録した。同年二月の「労働力調査特別調査」によると、再就職の容易でない現状を反映して、完全失業者三二七万人のうち失業期間が六ヵ月以上の失業者は一五二万人（全体の四六・五％）、一年以上の失業者は八二万人（二五・一％）にのぼっている。

2　勤労者の家計収入と消費動向

労働省「毎月勤労統計調査」一九九九年分結果速報によれば、労働者の現金給与総額（規模五人以上、調査産業計）は名目で九八年、九九年とも一・三％の減で二年連続のマイナスとなった。実質賃金指数でみても、九八年マイナス二％、九九年マイナス〇・九％と二年連続の減少となっている。現金給与総額の変動の内訳をみると「特別に支払われた給与」（主にボーナス）の減少が大きく、九八年マイナス五％、九九年マイナス五・八％となった。それを反映して、国民経済計算における雇用者所得も、九八年、九九年と減少傾向が続いている。

マクロ的には、勤労者の家計収入は、賃金率、就業者数、就業時間数の積で決定される。現在のように実質賃金が下がり、失業者が増え、就業時間が減っている局面では、家計収入が減少するのは当然である。多くの場合、家計は収入が減ればそれに応じて消費支出も減らす。しかし、注意を要することに、九七年秋から九八年にかけての不況悪化の過程では、個人消費は家計収入が減少した以上に減少した。[*11] それは、

表 2-2　不況のなかの消費低迷

	96Ⅲ	96Ⅳ	97Ⅰ	97Ⅱ	97Ⅲ	97Ⅳ	98Ⅰ	98Ⅱ	98Ⅲ	98Ⅳ	99Ⅰ	99Ⅱ	99Ⅲ	99Ⅳ
消費水準指数	−1.7	0.5	3.5	−2.7	1.4	−2.3	−4.7	−0.8	−1.9	0.2	−0.9	0.8	−1.9	−1.8
全国百貨店売上高	−0.5	0.3	7.9	−6.3	−1.3	−3	−9.8	0.6	−4.5	−4.5	−4.2	−2.6	−1.8	−0.6
チェーンストア売上高	−0.7	0.2	3	−4.8	−3.6	−5.3	−7	0.3	−2.5	−1.4	−1.4	−4.7	−0.5	−2.1
乗用車新車登録台数（除軽）	6	15.3	16.2	−9.2	−10.3	−13.7	−21.5	−2.1	−1.8	−8.6	2.4	−3	−4.7	2.5
家電販売額（大型店ベース）	—	—	14.9	−8.3	−3.7	−4.5	−14.1	3.6	8.2	10.1	10.4	9.7	1.8	3.3
旅行取扱額（主要50社）	5.8	2.9	3	0.7	2.2	1.2	−6.2	−2.8	−3.2	−7	−2.6	−3.6	2.2	−4.5

（出所）　日本銀行『金融経済月報』より作成。

雇用や賃金や社会保障における勤労者の将来不安の増大が、消費マインドを悪化させ、人々が私的な生活防衛のために、貯蓄を増やし、消費を切り詰める行動をとるようになったからである。九八年の『経済白書』も、この点を問題にして、「将来所得に対する不確実性が高まると、家計は自らの将来所得をより割り引いて少な目に見積もって考えるようになり、その分だけ現在の消費を抑制し貯蓄を増やそうとする可能性がある」（二〇頁）と指摘している。

近年の消費の冷え込みとそれを反映した小売業販売額の低落は、日本銀行『金融経済月報』からとった**表2-2**からも明らかである。百貨店やスーパーなどの売上げは、前年同期に消費税率の引き上げによる駆け込み的

＊11　総務庁の「家計調査報告」（一九九九年度平均）によると、勤労者世帯の一ヵ月消費支出は三四万五一二一円で、前年度比名目マイナス一・九％、実質マイナス一・三％となった。実収入は実質マイナス二・五％、可処分所得は実質マイナス二・二％であったので、九九年度については家計収入の減少以上に消費支出が減少したとはいえない。しかし、それにしても、家計消費支出が九七年度マイナス二・三％、九八年度マイナス〇・九％、九九年度マイナス一・三％（いずれも実質）と減少し続けていることは、戦後では過去に例を見ないことである。

図 2-4　現在関心を持っている経済問題

（三つまでの複数回答）

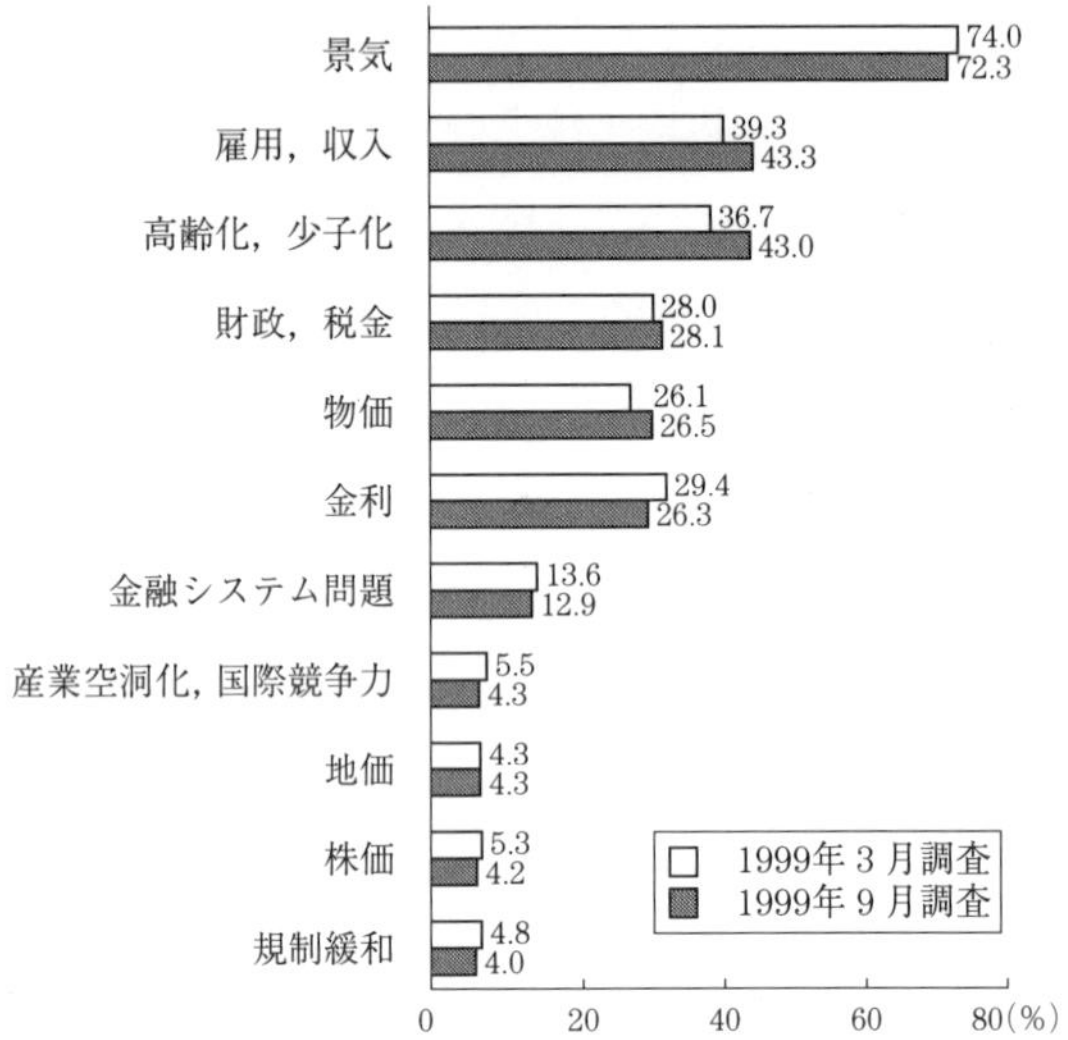

（出所）　日本銀行「生活意識に関するアンケート調査」（第 9 回）1999 年 9 月実施。

需要増があった一九九八年一—三月期だけでなく、その後においても減少が続いている。耐久消費財のなかでも最も大きな比重を占める乗用車の販売不振からみても、余暇需要の指標である旅行社の旅行取扱額からみても、個人消費の低迷は否定できない。

消費の低迷には家計の負債が大きな影を落としている。住宅ローンや消費者ローンなど家計が抱える負債は、バブルが進行しはじめる以前は、可処分所得の九〇%前後で比較的安定していたが、バブルの高進につれて、家計は企業と同様に、借入を増やして不動産や金融資産を購入する動きを強めた。しかし、バブルの崩壊後は、地価や株価の下落で資産が減ったほどには負債は減らず、家計のバランス・シートが悪化してきた。経済企画庁の「国民経済計算」によると、可処分所得を一〇〇としたときの家計の負債は、九七年末に一〇七・二となり、八七年以来、一一年連続で負債が可処分所得を上回る状態が続き、消費の回復を遅らせている（『日本経済新聞』一九九九年一月一八日）。

日本銀行は一九九三年以降、二〇歳以上の全国の男女四〇〇〇人を対象に「生活意識に関するアンケート調査」を実施している。その九九年九月の調査結果によれば、**図2-4**のように、人々は、景気の動向とともに、雇用や老後や税金に大きな関心を抱いており、政府が力を入れている株価対策や規制緩和への関心はきわめて低い。二〇〇〇年三月の調査結果によれば、景気の見方（景況感）については、**図2-5**のように、どん底状態にあった九八年当時とはちがって、「良くなっていると思う」がわずかながら増えているが、なお圧倒的多数の人が「変わらない」か「悪くなっている」と思っている。そのことは、図には示さないが、暮らし向きについて、「苦しくなってきた」と、「どちらとも言えない」がそれぞれ全体の半数近くを占め、「ゆとりが出てきたと思う」は五・一%にとどまっていることや、収入について、「減った」が四三・一%、「変わらない」が五〇・八%を占め、「増えた」は六%にとどまっていることに照応している。

　二〇〇〇年三月調査で興味深いのは、雇用不安と支出に関する回答である。**図2-6**に

図 2-5　景況感——現在と 1 年前を比べて

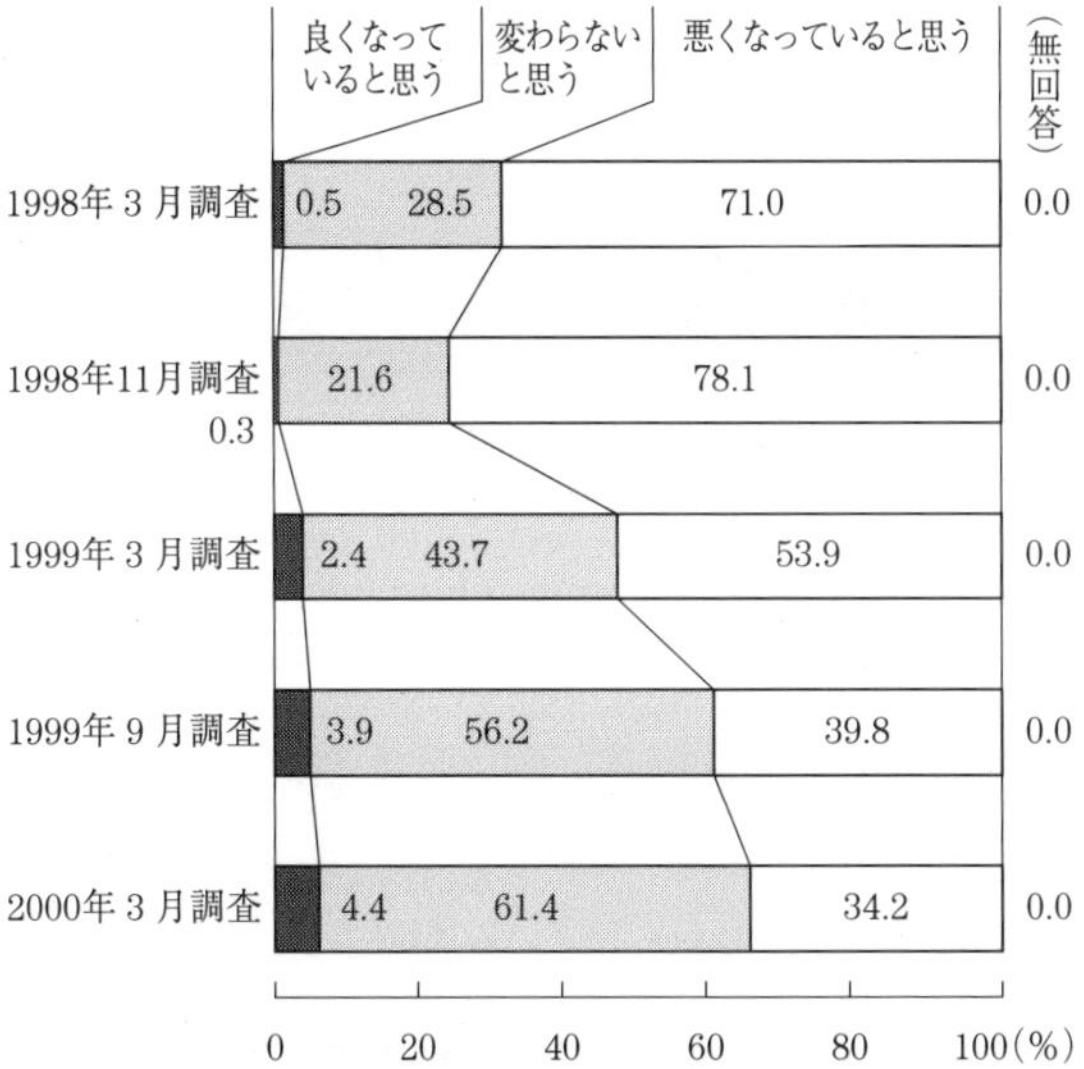

（出所）　日本銀行「生活意識に関するアンケート調査」（第10回）2000年 3 月実施。

図 2-6　勤め先での雇用・処遇についての不安(勤労者)

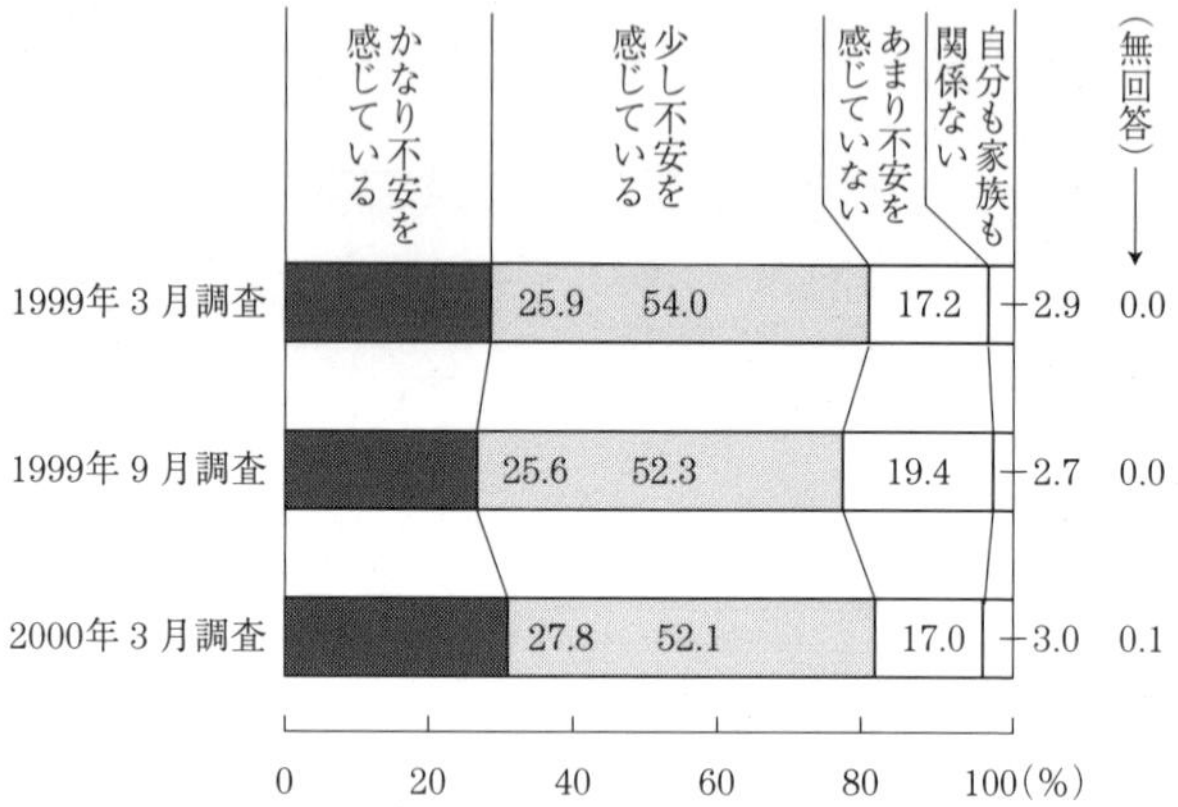

(出所)　図 2-5 に同じ。

図 2-7　支出を減らしている理由(複数回答)

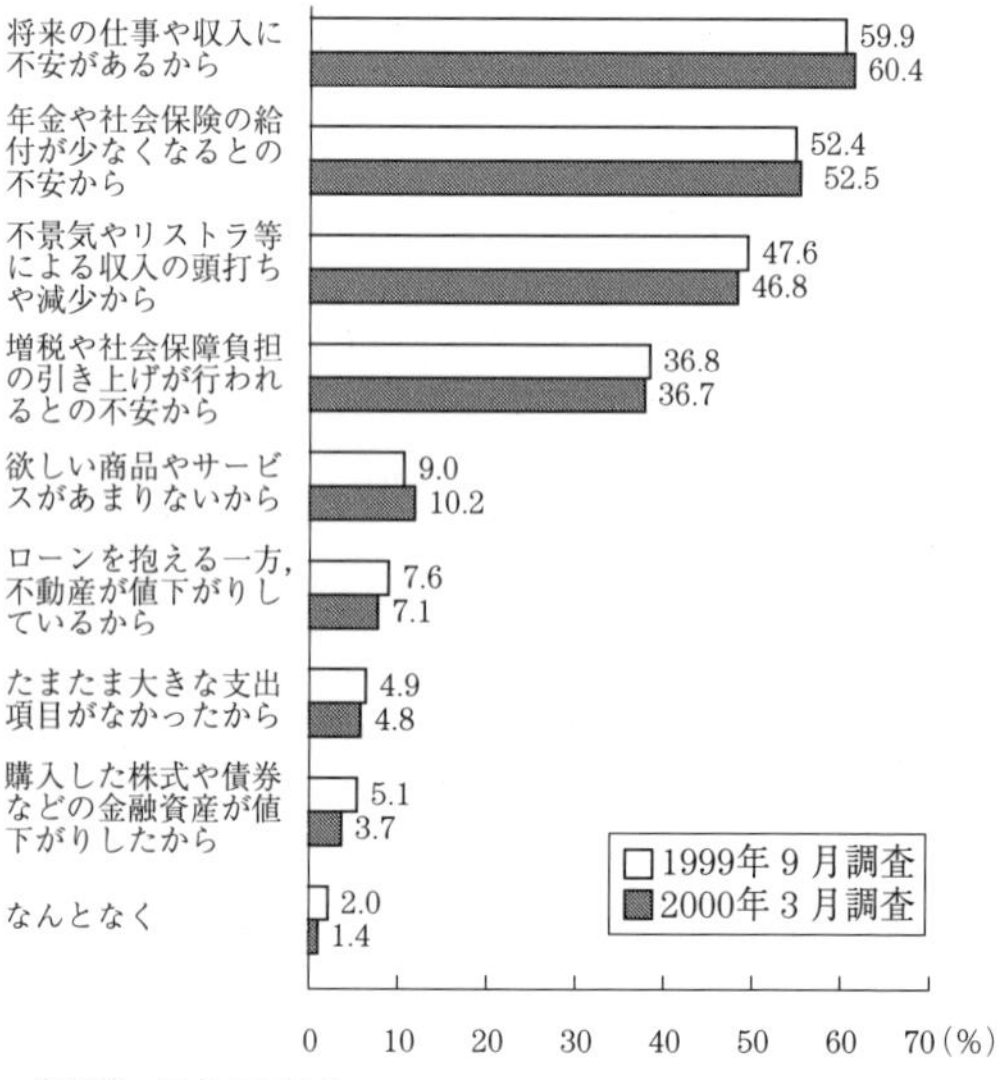

(出所)　図 2-5 に同じ。

見るように、勤労者のなかで、勤め先の雇用と処遇について不安を感じている人は、「かなり不安を感じている」二七・八％と「少し不安を感じている」五二・一％を合わせて、八割に達している。多数の人が雇用不安を感じているもとでは、支出は減ることはあっても増えることは期待できない。支出についての調査もそれを裏づけており、一年前と比べて支出を「増やしている」は六・三％にすぎず、五二・〇％は「変えていない」、四一・七％は「減らしている」。支出を減らしている理由としては、図2-7に示されているように、「将来の仕事や収入に不安があるから」、「年金や社会保険の給付が少なくなるとの不安から」、「不景気やリストラ等による収入の頭打ちや減少から」、「増税や社会保障負担の引き上げが行われるとの不安から」が目につく。

序章でも触れたことだが、現在の消費不況の背景には雇用と賃金に対する将来不安の高まりがある。この不安は、高齢化や財政危機の進行で、社会保障水準が切り下げられ、税金などの非消費支出が増大する不安や恐れによって増幅されている。これらの不安が拭われないかぎり、本格的な景気回復も、経済の持続的安定もありえないだろう。

V　「システム不況」としての九〇年代不況

故宮崎義一氏は、九〇年代不況をいち早く分析して、金融資産（ストック）の調整過程が先行し、それによって実質GNP（フロー）のマイナス成長が誘発されるという形で、長期的不良債権処理と短期的在庫調整とが連動して進行する「複合不況」として説明した（宮崎、一九九二）。これに異を唱える立場から、佗美光彦氏は、アメリカの一九三〇年代の大恐慌の経過と対比し、日本の九〇年代不況を、生産の減少、失業の増大、利潤の減少という景気後退現象にとどまらず、銀行恐慌と物価水準の下落をともなっている点で「『大恐慌型』不況」として説明している（佗美、一九九四、一九九八）。佗美氏によるデフレスパイラルの考察は示唆に富むが、宮崎説と佗美説を対比するかぎりでは、私は、アメリカ主導の金融自由化の影響とともに、企業金融の変化にともなう不良債権問題に注目している点で、宮崎説を支持したい。と同時に、私自身は九〇年代不況を、日本的経営システムの危機と変容をともない、コーポレート・ガバナンス（企業統治）の欠陥によって増幅されてきたことに着目して、いってみれば「システム不況」あるいは「ガバナンス不況」の側面をもっていることを強調したい。*12

九〇年代不況の原因と帰結が日本的経営システムの行き詰まりと変容に深くかかわっていることは、九八年『経済白書』でも問題にされている。『白書』は第一章「景気停滞が長引く日本経済」に続く、第二章「成長力回復のための構造改革」において、「企業システムの改革」を取り上げ、「戦後日本の産業社会においては、株式持合いやメインバンクに代表される日本的金融システム、長期継続的取引関係に代表される企業間関係、終身雇用・年功序列型賃金・企業別労働組合に代表される雇用慣行、の三つの要素が相互に影響し合う日本的経営システムの存在が指摘されてきた」（二〇四頁）という。

九八年『経済白書』がこのことをことさら問題にするのは、「九〇年代以降の日本経済の不況は企業に対するガバナンスのメカニズムの不適切さが招来したガバナンス不況だとする主張」があり、「日本的経営システムにいわゆる制度疲労が起こっているのではないかという見方が広がっている」（二〇五頁）からである。同『白書』はこうした主張や見方が誰によって語られているかは明らかにしていない。しかし、すでに序章と第一章で見てきたように、バブル期における企業活動は、一般企業の金融的収益を重視した投機的な資産運用への傾斜、金融機関によるずさんで無謀な不動産担保融資の膨張、ディスクローズのあるべき姿からはほど遠い銀行による不良債権額の自己査定、経営破綻企業における「有価証券報告書」の虚偽記載と粉飾決算などをともなっていた。これらのことを直視するかぎり、誰であろうと、九〇年代の日本経済の不況が、日本的経営システムに内在する、「企業に対するガバナンスのメカニズムの不適切さ」と密接に関係していることは認めないわけにはいかないだろう。

ここでのコーポレート・ガバナンスの問題は、メインバンク制や株式相互持合いと関連している点で、金融システムの危機の問題に帰着する。しかし、九〇年代不況がシステム不況であるということは、金融

＊12　伊藤誠氏は、日本の九〇年代不況を「大恐慌型」不況と規定する佗美説に対して、現在の日本の不況では、かつてのアメリカの恐慌のように、独占価格の維持とその生産調整が中心問題とはならず、通貨・金融危機の作用や様相も当時とは異なるところがあるとして疑問を投げかけている。そして、不況要因のフロー面を「短期的在庫調整」とみる宮崎説に対しては、現実資本の過剰な生産能力をめぐる実体経済面での不況圧力を軽視している点で不十分さ指摘している（伊藤、一九九九）。この批判には私も同意する。

井村喜代子氏は、バブル破綻を膨大な不良債権と経営危機と金融不安を生んだ点で「九〇年代大不況」の重要な構成要因とみながらも、バブル破綻を九〇年代大不況の基本的原因とする見解を一面的誤りだと批判している。井村氏によれば、九〇年代大不況は、戦後の多年にわたるアメリカの世界戦略と日本の蓄積体制の展開過程を前史として、八〇年代から九〇年代にかけての、アメリカの優位性の再構築と、国際金融市場の投機性の拡大と、日本の輸出依存的成長の破綻によって引き起こされたとされている。ここでは「システム」という言葉が使われているわけではないが、内容的には、私がいう意味よりはるかに広い意味で、「九〇年代大不況」が戦後の日本経済を規定してきたシステムの行き詰まりの所産としてとらえられている（井村、二〇〇〇）。

システムの危機にとどまらず、雇用システムの危機をも含意している。すでに述べたように、日本企業は従業員の年齢構成の高度化への対応や、労働市場の弾力化の必要などに迫られて、「終身雇用制」や「年功序列賃金制」に象徴される雇用慣行を維持できなくなっていた。そのことは不況やリストラの影響に加えて、人々のあいだに、雇用不安にとどまらない将来不安を引き起こし、消費の停滞に拍車をかけてきた。こうして、日本経済は、金融システムの面からも、雇用システムの面からも、自己否定的な矛盾を抱え込んで、長期の深刻な不況に陥ったのである。

第三章　日本的生産システムを問い直す

I　ある作業長の過労死から

一九八〇年代と九〇年代とでは、日本的経営をめぐる評価は一八〇度変わった観がある。八〇年代だけでなく、九〇年代に入ってからもしばらくの間は、論壇でもアカデミズムでも日本的生産システムをもてはやす議論が広く行われた。しかし、今日から振り返れば、日本的生産システムの成功が疑いのないものとみえた八〇年代後半は、実は九〇年代の「失われた一〇年」を準備した時期であった。バブルの環境のもとで金融も生産も過熱して、過労死が社会問題化したのも八〇年代末のことであった。

八〇年代には日本だけでなく広く世界的に日本的生産システムが注目された。日本的生産システムといわれるものは、それが賛美された八〇年代に実際の工場ではいかなる実態にあったのか。また、そのシステムが有効に機能するうえで作業長はどのような能力を要求され、どれだけの労働時間を強いられたのか。本章では、こうした疑問を念頭におきながら、過労死した作業長の労働実態に関する資料をもとに、日本的生産システムの特徴を考察する。

本章で用いる資料を提供してくれたのは前記の作業長の妻であった女性である。二人のことは過労死問題を扱った出版物にすでに実名で出ている（全国過労死を考える家族の会編、一九九一、森岡、一九九五a）。

ここでも実名を用いることを許していただけば、夫の要田和彦はスナック菓子メーカーとして有名なカルビー各務原工場の包装工程の作業長であったが、長時間の不規則な過重労働が原因で、三四歳の若さで八八年四月に死亡した。それから一年半後の八九年一一月に妻の手で岐阜労働基準監督署に労災申請がなされ、九一年七月に過重な業務による死亡、つまり過労死であることが認められた。

労使関係や労働実態の研究では、客観的な評価を導くに十分なサンプル数の聞き取り調査やアンケート調査が重要視される。その点からいえば、一工場の一技術者の労働実態に関する要田資料から語りうることは限られているといえなくはない。しかしながら、要田資料は、日本企業の現場作業組織の要に位置する作業長の目から見た作業管理と労務管理の具体的な記録である点でも、また作業長の妻が夫の働いた工場の現場関係者に行った多数の聞き取り（労災申請のための二〇項目・延べ二三〇人の証言集）を含んでいる点でも、独自の情報的価値を有している。

そこで本章では、要田資料[*1]によりながら、一人の技術者が働いた生産現場に立ち入り、工場外の彼の生活をも視野に入れて、彼の作業長としての働き方・働かされ方から、日本的生産システムの一断面を探ることにする。とはいえ、問題の所在をいま少し明確にするためには、要田資料に立ち入るに先立って、近年の研究において、アメリカ的生産システムとの対比において、日本的生産システムがどのように把握されてきたかをあらかじめ概観しておくほうが便利だろう。

＊1　本章で利用する要田資料には次のものが含まれている。

(1) 要田和彦の労災申請に際しての要田志信の「陳述書」
(2) 要田の死亡直前の労働態様と労働実態に関する職場関係者の証言
(3) 前原直樹「要田和彦の業務の過重性と過労、急性心不全による死亡についての労働医学的見解」(労災申請に際しての労働科学研究所医師の意見書)
(4) 要田の死亡時の受診、診断、業務と疾病との因果関係についての担当医の意見書二通
(5) 河合良房・矢島潤一郎・高橋典明・池田直樹の四弁護士の、岐阜労働基準監督署宛の要田の労災申請の意見書三通(八九年一一月、九〇年八月、九一年三月)
(6) カルビー社内報(八〇年六月—八八年四月のQC、IE関連を中心に)
(7) 各務原IE・PROJECT「PACマニュアル」一、二
(8) 各務原工場包装工程の作業内容マニュアル
(9) 要田の取得資格一覧および関連合格証・認定証
(10) 要田の入社後の経歴、通信教育、資格取得年表
(11) 要田の仕事関連のノート、メモ、手記
(12) 要田の勤務表(八八年一月—四月)
(13) カルビー就業規則
(14) カルビー人事制度のあらましおよび職位制度別表
(15) カルビー社員自己啓発資料「あなたの自己啓発のために」
(16) 各務原工場「時間外労働・休日労働に関する協定届」
(17) PAC週間総評(八八年一月—四月の八回分)およびPAC関連議事録(八八年二月—四月の四回分)
(18) 要田が関与した工程の発明・改良関係の説明図および説明書
(19) 要田の健康診断個人票
(20) カルビー・パンフレット「ようこそカルビーへ」、「CALBEE」

Ⅱ　日本的生産システムはどう説明されているか

1　日本的生産システムと現場主義

安保哲夫ほか『アメリカに生きる日本的生産システム』（東洋経済新報社、一九九一年）と安保哲夫編著『日本的経営・生産システムとアメリカ』（ミネルヴァ書房、一九九四年）は、日本的生産システムについての九〇年代前半の代表的研究に数えることができる。

安保氏によれば、資本主義世界経済におけるアメリカの地位後退と日本の台頭の結果、製造業の生産システムにおける国際的な競争優位は、一九七〇年代を境に、アメリカから日本にシフトした。八〇年代になると、もともとは第二次大戦後、日本的なものにアメリカ的なものが入り込んで形成された日本の生産システムが、アメリカに再移転されるようになった。その再移転の実態の現地調査をもとに「日本的生産システム」の諸特徴を多面的に考察したのが安保氏らによる上記の共同研究である。

安保氏らの研究が対象にしているのは、自動車産業と電機産業の工場である。これらの工場と本章が取り扱うようなスナックメーカーの工場とを単純に比較することはできない。しかし、それでもなお、安保氏らの研究は日本的生産システムの「現場作業組織の管理運営の核」に作業長を位置づけ、作業長のうちに「日本的現場主義の一つの集約的表現」を見ている点で、作業長であった要田の役割、責任範囲、仕事内容などを考察するうえで参考になる。

安保氏らの日本的生産システム論のキーワードは「現場主義」である。安保「システム移転からみた日米比較」（安保編著、一九九四、第一章）によると、「現場主義」の特徴は、「組織原理」と「生産技術・技能」の二側面からみることができる。

現場主義を特徴とする日本企業における組織のつくり方・動かし方の基礎は、「全員参加型のチーム方式」にある。労働者の間では「企業組織への長期的コミットメントを前提に各メンバーが責任範囲を広めに引き受けながら協調と競争を展開し、様々な変化に対してきめ細かく柔軟な対応能力が形成される」（同前、五頁）。この場合、日本の工場では、個々の作業員の職務区分は、あらかじめ決まっているわけではなく、作業の割り当てや要員の配置は、時々の状況に応じて弾力的に作業長が決定する（同前、四〇頁）。

他方、生産技術・技能についていうと、その現場主義的特徴は、「開発から販売まで、そして技術者から一般作業者にいたるまで、企業活動の『現場』にかかわる各レベルの人々が〃改善〃に参加し（全員参加型）、こまごました試みやアイデアを積み重ねて製品やことに製造上の技術、ノウハウの向上に結びつけていく」「『蓄積・改良型』の製品・製造技術」（同前、五頁）にある。注意すべきことに、ここではソフトウエアないしヒトにかかわるとされる組織の側面だけでなく、ハードウエアないしモノにかかわるとされる技術の側面も、ヒトにかかわる技能として認識されている。安保氏は日本的生産システムのもつ競争優位のあらわれを「作業効率と品質管理の格段に高い水準」にみているが、それも結局は労働手段に客体化された技術というより、「人的要素の役割や密接な組織間関係を重視した『現場主義』的管理運営」（同前）の所産として理解されている。

さきに述べた職務区分の日米の違いは、賃金支払方式や昇進制度の違いにも対応している。安保氏によれば、アメリカ（およびヨーロッパ諸国）の企業では、賃金、報酬の支払方式は明確に定められた責任範囲と仕事内容に対して支払われる「職対応型」になっているのに対し、日本の企業では、年功に職務遂行能力や業績の評価を加味した「人対応型」になっている（同前、一五頁）。この「人対応型」が工場レベルで有効に働くためには、現場の下級、中級管理者による人事査定が「えこひいきや判定ミスを最小限にとどめつつ」なされなければならない。この場合、第一次査定は「一般に職場の最小単位の班を構成する十数人の作業者を管理する作業長」の仕事となる（同前、一六頁）。

これに比して、アメリカの職場では、工場労働者に対する人事査定の採用は困難である。氏はその理由として次の四点を挙げている。①作業員の構成が同質的でない。②ものごとの評価に「客観的」で明確なルールが要求される。③外部市場型のキャリア形成に影響されて作業長の職務範囲が限定されている。④労働組合がそのメンバーに対する強い規制力をもち、経営側の査定に介入する。アメリカの企業でも、半導体や情報通信などの新分野では、ホワイトカラーに例をみるような人事査定を採用しているところがないわけではないが、その場合も「決まったフォームにより、明確な評価項目について、評価される側の同意（サイン）を必要とする」という点で、日本の工場のそれとはかなり違ったものになっていると指摘している（同前）。

賃金支払制度や昇進制度におけるこうした差異とならんで、日米の大きな違いをなしているのは、ジョブ・ローテーションと教育訓練の制度である。日本では柔軟な対応力をもった「多能工」的熟練を形成するためのジョブ・ローテーションが計画的かつ広範に行われているが、アメリカでは日本ほど広くは行われていない。これは日本企業の教育訓練の基本方式が長期雇用を前提とした企業内の現場主義的なＯＪＴ（On-the-Job-training）中心であるのに対して、アメリカ企業のそれは外部の学校や教育機関に重要な部分を依存していることに密接な関係がある（同前、一七―一八頁）。

こうした日本的現場主義は、品質管理の日本的特質にもみてとることができる。品質管理のアメリカ的方式では、工程のあとででき上がった製品を品質検査専門要員だけでチェックする。これに対し、日本の工場では「工程での品質の作り込み」が求められ、ラインの最後だけでなく、製造現場も品質チェックに責任を負う。そうすることによって、工程途中の不良発生率を抑えるとともに、ライン最後の品質検査要員数を絞り込むことができる。こうして、日本の品質管理は、「全員参加方式をベースとしたダブルチェック」といってよいほどに、「製造部、そして多かれ少なかれ製造現場の作業員までもが、その取り扱う製品の品質について関心をもち第一次的な責任を負っている」のである（同前、二六頁）。

工場の設備を正常に稼働させるためには機械等の労働手段のメインテナンス（保守・保全）が欠かせない。このメインテナンスにおいても、日本の工場では上述の現場主義が貫かれている。アメリカの工場ではメインテナンスの作業は企業の外部の教育訓練機関で養成された専門技能者によって行われる。しかし、日本の工場では、ＯＪＴを通じて経験を積んだ現場作業者の一般オペレーターや「簡単な保全マン」が、それぞれのレベルに応じて専門技能者の機能を果たすことによって、保全専門部隊の数が可能な限り切り詰められる。それほどに「日本のメインテナンスの仕方は、品質管理以上に何重ものオーバーラップしたコミットメントがあり、現場主義的である」（同前、二六頁）。

2　日本的現場主義の集約的表現としての作業長

以上にみてきたような日米の生産システムの違いは、作業長の機能の違いに端的に表れる。作業長の機能は作業管理と労務管理に分けてとらえることができる。作業管理の技法自体は、日米の別を問わず、テイラー主義を取り入れた大量生産工場ではどこでも確立されている一般的方法であり、「製品の生産に要する諸作業を職務分析して作成された、各工程ごとの標準作業と標準時間（ＳＴ：Standard Time）を基準として、そのときどきの生産計画に沿って要員を配置し、工場における操業を遂行する」（安保編著、一九九四、一八頁）。作業管理に関して日米間で決定的に異なるのは、その技法ではなく、その担い手である。対比的にいえば、アメリカの工場では、「ＩＥ（Industrial Engineer）と呼ばれる専門技術者が工場外のオフィスで標準作業やそれに要する標準時間を分析し、それを組み合わせて個々の作業要員の作業内容を指示した職務表を作成し工場に渡す」。しかし、日本の工場では、「工場の管理運営の基準である標準作業・時間の分析、職務内容の規定といったレベルにおいて、すでに作業長などベテラン作業者がＩＥに協力し、現場で蓄積された技術・ノウハウがフィードバックされる」という違いがある（同前、一八―一九頁）。

安保氏によれば、日本の工場においては、作業長は「職場のオールマイティ」（同前、一八頁）である。なぜなら、作業長は、自らが統括する作業班の「すべての職務を経験して熟知し、かつ標準作業の作成にもコミットしている」からであり、したがってまた、「欠員の一時応援やＯＪＴの場での作業員の指導などができる」（同前、一九頁）からである。作業長は、市場の変動など状況に即応して要員を再配置、再訓練なども行うとともに、ＱＣサークル活動にみるように、「自ら〝改善〟など小集団活動を主導して全員参加的な生産性、品質向上に努める」（同前）。そればかりか、日本の工場では作業長は従業員の苦情処理にも深くかかわらざるをえない。というのは、アメリカでは苦情処理は労働組合（あるいは組合に代わる従業員代表組織）があたり、組合主導で処理が困難な場合は地域の公的な仲裁委員会に持ち込まれるが、日本では作業長を中心に職制主導で職場において「現場主義」的に処理されるからである（同前、一二五頁）。

こうして、作業管理にかかわるIEが工場外の専門技術者によって担われているアメリカの工場では、作業長は作業管理と労務管理という二つの機能のうち、主として労務管理機能を果たせばすむが、IEを自ら担い、QCサークル活動を推進し、苦情処理にもあたる日本の作業長には、「技術・技能の作業管理能力」だけでなく、「集団主義的な人間管理、〃生活管理〃の面も含めた労務管理能力」が求められることになる。それゆえに作業長は、安保氏によって「日本的現場主義の一つの集約的表現」であるとされ、「内部昇進者でなければ勤まらない」といわれるのである（同前、一九頁）。またそれゆえに、安保氏はジョブ・ローテーションとOJT中心の教育訓練に注目して、日本工場の作業長を「〃教育・訓練主義〃的日本システムが生んだ最高の傑作であり、現場作業のチーム組織（班）を管理運営する現場主義の中核である」（同前、四三頁）と評しているのである。

日本的生産システムの特質を「現場主義」に求める点では、日米の生産システム比較に関する共同研究者の一員である板垣博氏も、ほぼ同様の見解を述べている（同前、第二章）。板垣氏は日本の自動車・電機工場を日本工場のモデルとして、現場主義の特徴を、①モノづくりにおける経営者、技術者、現場従業員の一体性、②生産現場と経営の上層部との双方向のスムーズな情報の流れ、③現場の高い自律性に支えられた参画型の経営スタイル、の三点に整理し、「生産現場に蓄積された情報と知識が、高い製品品質と生産効率を実現する上で大きな役割を果たしていることが、現場主義の重要なポイントである」（板垣、一九九四、六二頁）と指摘している。

板垣氏において注目されるのは、自動車、電機（家電）、半導体のいくつかの工場調査にもとづいて、

表 3-1　作業長の役割と権限

役割と権限		具体的内容
1．作業管理	①日程計画の検討	スタッフの作成した日程計画を検討し，問題点や意見を係長に具申する。
	②部品・材料の確保	部品・材料の手配と入手の状況を確認し，納期が遅れる恐れのある場合，不良品が出た場合には，必要な措置をとる。
	③作業の割当	係長から与えられた生産計画の枠内で，所属する作業員を適切なポジションに配置し，各作業員に作業および機械・治工具を割り当てる。
	④作業状況の把握	管轄内の作業状況，作業能率，作業標準の遵守状況などを把握して工程を維持しながら，必要な指示や指導を行なう。
	⑤機械設置の保全	管轄内の機械設備を点検し，補修が必要な場合には適切な措置をとる。
	⑥品質の維持	定められた品質管理基準の徹底を計る。
2．改善・訓練	①改善の実施	日常の作業の中から浮かび上がる効率・品質・安全面にわたる問題点を吸い上げ，作業の改善を指導，援助する。例えば，標準時間の遂行に努めるだけでなく，標準時間と実働時間に差が出た場合には，その原因の究明と解決を目指す。「改善活動の要としての役割が，労務管理を除く仕事の8割を占める」（F自動車Y工場）とする工場もある。
	②教育・訓練	現場でのオン・ザ・ジョブ・トレーニング（OJT）を主体とする作業員の訓練をジョブ・ローテーションなどを通じて実施し，技能の向上に努める。
3．労務管理	①人事考課	所属する作業員の，昇進，昇給，ボーナスなどに関する第一次考課を行なう。
	②要員の配置	作業場単位内の要員の配置はもちろん，適正な人員の配分について係長に意見を具申する。
	③時間外勤務の命令	係長の指示にもとづいて，所属作業員の時間外勤務，休日出勤を命令する。
	④職場規律の維持	就業規則や職場規律に関する規定や指示を所属作業員に徹底・遵守させる。
	⑤良好な人間関係の維持	職場内の苦情を処理し，良好な人間関係の維持に努めるとともに，必要な生活指導を行なう。

（出所）　板垣（1994）。

作業長の役割と権限および仕事内容について表3-1にみるような細かな整理を行っていることである。ここには作業長の役割と仕事内容が、部品・材料の確保、作業の段取り、メインテナンス、IEと不可分の改善活動、教育・訓練、人事考課、要員配置、残業・休日出勤の命令、苦情処理にいたるまで実に多岐にわたっていることが示されている。

以下では、安保氏らの共同研究の要約を日本的生産システムの特徴と作業長の機能についての予備知識として、要田資料をもとに、安保氏らの議論が要田の働いた生産現場と彼の労働にどこまで妥当するかを検討していこう。

Ⅲ　ポテトチップス工場のQCサークルと作業長

1　全社的なQCサークル推進運動

要田和彦が働いたカルビー株式会社は、「かっぱえびせん」や「ポテトチップス」で知られるスナック菓子メーカーである。要田が働いた時期に焦点を合わせて、その沿革と事業概要を紹介すれば、同社は、広島で創業されたようかん屋と穀粉製造・飼料業の前史をもち、小麦粉から「かっぱあられ」の製造に成功した一九五四年に、社名をカルシウムとビタミンを重ねて「カルビー製菓株式会社」とした。六四年に「かっぱえびせん」の製品化に成功し、急成長を遂げる。その後、営業所を全国に広げ、生産拠点も広島工場にとどまらず、宇都宮工場（操業開始六八年）、千歳工場（六九年）、名古屋工場（七二年）、鹿児島工場

（七五年）、滋賀工場（七六年）、下妻工場（八一年）、各務原工場（八三年）、広島西工場（八六年）と全国に広げてきた。その間、七三年には社名を「カルビー株式会社」に変更し、七五年には、「ポテトチップス」の発売を開始した。社内報によれば、シェアは八四年には出荷額でスナック業界の三四％、スライスチップス市場の七〇％を占め、要田が死亡した八八年の会社資料では、売上高八六三億円（八七年実績）、従業員約二〇〇〇名となっている。

社内報と要田資料から作成した表3-2に見るように、要田は七六年三月、福岡工業大学（電子工学専攻）を卒業後、カルビー株式会社に就職した。はじめ広島本社で研修したのち、七六年四月から宇都宮工場に配属、七七年一〇月には下妻工場に勤務し、七八年五月に再び宇都宮工場に戻り、七九年二月から千歳工場に転勤した。二年半後の八一年一〇月に結婚し、八三年一〇月に操業開始間もない各務原工場に包装の班長として配属され、八五年一二月一二日、主担Ⅱ、八七年一〇月一六日、主担Ⅰに昇格した。各務原工場では最初から死亡時まで包装工程の作業長であった。

要田が入社して在職死するまでの間のカルビーの社内報をたどってなによりも目につくことは、全社的なQCサークル運動の展開である。七七年一〇月の社内報には、電通十訓を引用した「カルビー鬼十訓」が載っており、その一項目に「取り組んだら放すな。殺されても放すな。目的完遂までは……」という心得が挙がっている。実際、この「殺されても放すな」の言葉どおり、[*2] 要田はスライスチップスの包装工場の作業長として、QC（Quality Control）サークルを指導し、IE（Industrial Engineering）プロジェクトに取り組むなかで、若い命を奪われた。

QCサークルに代表される職場の小集団活動は、マンネリズムや沈滞を避け、活動を活性化するために、

表 3-2　カルビーの事業展開と要田和彦の職場生活（1976～88年）

年	カルビーの事業展開とQC運動	要田和彦の経歴	自己研修・資格取得
76	前年ポテトチップス発売開始 滋賀工場完成（11）	大学卒業（３） カルビー入社・広島工場で研修（3～9） 宇都宮工場配属（10）	電波音響技術認定証（２） 特殊無線技師（３）
77	鹿児島ポテトチップス工場完成	宇都宮より下妻製造所転勤（10）	
78	本社，広島から東京に移転 千葉ポテトチップス工場完成（7）	0災全員参加運動推進研究会参加（３） 宇都宮工場勤務に戻る（５） 77年度皆勤表彰・下妻製作所（６） 東京国際包装展見学（９） 千歳工場出張（11）	危険物取扱者乙４類（２） 電話級アマチュア無線技師 フォークリフト（９） ボイラー２級（11）
79		宇都宮より千歳工場転勤（２） 指導員・包装（チップ）	
80	カルビーポテト㈱設立	石田衡器・滋賀研修（12）	
81	下妻工場操業開始 第１回 QC 全国発表会	（結婚10月18日）	４級小型船舶操縦士（７） ボイラー１級（10）
82	第２回 QC 全国発表会（３）	QC チームワーク賞受賞（３） 石田衡器研修（９） ケース印字装置開発	電子計算機講座６ヵ月 消防設備士乙１，乙４（10）
83	各務原工場操業開始（７）	千歳より各務原応援出張（7～9） 副主任昇格試験東京出張・合格（９） 各務原工場転勤・班長（10）	ガス溶接（１） 公害防止管理者講座（1～6） 危険物保安講習（７） 環境計量士受験不合格 研削といし取扱業務（1～6） 消防設備士乙６（12）
84	第３回 QC 全国発表会（６） アルミパック化	ケース印字装置を各務原でも実用化 大阪フクトク経営研究所で研修（１） 滋賀工場出張（４） 名古屋包装食品機械展見学（４） QC 大会発表賞受賞（６） 大卒新入社員研修・包装担当者（７） 全国優良機械展見学（10） QC サークル東海支部地区大会出席	労働安全講座４ヵ月
85	営業活動事例発表会（１） 第４回 QC 全国発表会（６） JUMP 85 成果発表全国大会（８）	名古屋パック85見学 アルミ包装で社長賞受賞（４） ジュニア・リーダー洋上研修事前合宿（11） 主担Ⅱに昇格	実践管理者コース６ヵ月 一般計量士講習会（11）
86	広島西工場操業開始	ジュニア・リーダー洋上研修（２） QC 各務原事務局（４） IE 担当（６） IE 関係，滋賀工場出張（７） IE 研修東京出張（11）	一般計量士不合格（３） IE・MTM 技術者講習・東京（７） IE・MTM ２技術者合格（７）
87	ST-A C チーム登録運動 第５回 QC 全国発表会（６） 社長交替（７）	味付警報装置開発（月日不明） QC 最優秀賞・各務原工場（６） 不良ゼロ生産実践セミナー・東京（６） 主担Ⅰに昇格 （涼介生まれる３月14日）	一般計量士試験（３） 一般計量士合格（５）
88		つなぎテープ発見装置開発（3～4） 死亡（４月10日）	戦略型管理者コース４ヵ月

（注）（　）内の数字は該当する月を示す。

また、従業員の「わが社意識」を発揚するために、時々にいろいろな名称で呼ばれる。八〇年六月のカルビーの社内報は、「ACC(オール・カルビー・キャンペーン)運動」の名のもとに推進された前年一二月から同年三月までのQCサークルの改善活動では、改善提案参加者が九〇〇名を超えたということを伝えて、次のように述べている。

「今日私達のそれぞれの仕事は細分化され、機械化され、歯車の一個でしかないようになってしまっています。しかし、我々の仕事は、まさに生きている私たちの主体によって運動され、働くのだというういうことを、このキャンペーンは回復させたのです。」(社内報、八〇年六月)

これはQC運動の会社による評価であるが、研究者による日本的生産システムの評価では、たいてい日本的経営が現場作業者の「やる気」を引き出すことに成功している側面だけが強調されがちである。しかし、実際には、労働者はラインでの単純な定型的・反復的作業のなかで一個の歯車のように働くことからなんらかの疎外感を抱いており、経営者もそれが作業管理と労務管理の最大の問題であることを承知している。それだからこそ、経営の側は、「生きている主体」のやる気を「回復」させるための運動を絶えず労働者に提起せざるをえないのである。*3

八二年三月の第二回QC全国発表会(「工場改善事例発表全国大会」)を前に出た社内報の記事では、小集団活動の意義は、「カルビーのひとりひとりの構成員が、より一層強烈にカルビーという世界の基盤強化に参加することの楽しさと苦しさとを知る」、「カルビーを構成するひとりひとりの技能・技術を高めてゆく」という二点に求められ、「毎日繰り返される定型的な作業を見直し、作業の方法、作業の環境、作業のための機械の具合のよくないところを見つけ出し、これを改善していく活動」の重要性が強調されている（社内報、八二年一月）。八三年六月にはカルビーの本社会議室で「TQC（Total Quality Control）の世界的権威・石川馨先生」による講演会が開催された。同年九月の社内報によれば、そのときの講師は、日本的QCの特徴を、①全社的、②QCの教育と訓練、③QCサークル、④QCの社長診断、⑤統計手法の活用、⑥全国的QC推進運動（石川、一九八四）の六点に整理している（社内報、八三年九月）。カルビーのQCも全社的に取り組まれ、全国的な推進運動として展開されてきた点で、まさしく日本的QCであったといってよい。要田も、職場の他の一線労働者とともに、こうした運動を担った一員であった。八四年七月の第三回QC全国発表会では、全国九工場、一一〇〇余名で組織されているQCサークルのなかから一三チームが表彰され、要田の属する各務原工場からは、彼と他の一名を代表者とするサークルが「発表賞」を受賞した。

＊2　二〇〇〇年三月二四日、最高裁は、電通青年社員過労自殺訴訟で、遺族側の訴えを全面的に認め、労働者に過重労働を強い、心身に対する健康配慮義務を怠った電通側を厳しくとがめる判決をくだした。電通は「殺されても放すな」を社員への戒めとしながら、大卒二年目の社員を過労自殺に追いやった責任が裁判で問われると、体調が悪いのなら休めばよかった、休まなかった本人に責任がある、と主張した（川人、二〇〇〇）。

＊3　企業サイドのIE解説書の一つは、「製造工業の自動化は、作業者にとってただでさえ単調なこれまでの労働をますます単純労働に追い込み、高学歴化しつつある技能者に人間性疎外感を与えて、モラール低下の一因ともなっている」（小野、一九八一、三頁）と述べている。

2　QCサークル活動と作業長

要田は、現場のたたきあげの熟練工ではなく、工学部卒の電子工学の専門的な知識をもった機械に強い技術者であった。彼は人一倍の努力家で実に多くの資格を取得している。彼がもつ免許・認定証・資格の類は、在学中に取得した家庭電器修理技士、自動二輪、普通免許、大型免許を別としても、前出の表3-2にも示されているように一五に達する。これらの多くは自らの興味というより、会社での必要に迫られて取らざるをえなかったものである。彼は八一年にボイラー一級の資格を取得している。各務原工場の開設時のボイラー技師は要田の名前で登録されたはずだと聞く。また、彼は八五年から八六年にかけては、一般計量士資格の講習を受けた。その年は不合格になり、八七年に再受験して資格を得た。この資格は包装ラインでは誰かがもつ必要があったが、有資格者がいないということで、当時の生産部長の指示で要田が取得したものである。こうした特別の要請があった場合にかぎらず、会社が社員に広く各種の資格取得を奨励したことは、社内報でも確かめることができる。あるときの社内報では「資格時代に備えて」という見出しのもとに、事業所（工場）別資格保有率（延べ資格数／社員の在籍人員）を示し、取得することが望ましい資格の例として、危険物取扱主任者、ボイラー技士、公害防止管理者、電気主任技術者、エネルギー管理士をあげ、それぞれの問い合わせ先や試験期日を記している。

要田は通信教育にもきわめて熱心であって、会社の業務の必要から受講した講座は、①電子計算機講座（八二年、六ヵ月、日本経済青年協議会）、②公害防止管理者・水質コース（八三年、六ヵ月、環境科学研究所）、③労働安全講座（八四年、四ヵ月、日本マンパワー）、④実践管理者コース（八五年、六ヵ月）、⑤ニュー・マネージメント・マスター・コース（八七年、一〇ヵ月、総合労働研究所）、⑥戦略型管理者コース（八八年、四ヵ月、産業能率大学）と多岐にわたっている。会社はこれらについて、仕事熱心で強い義務感をもつ要田が自主的にやったことで、強制したことはないというかもしれない。[*4] しかし、入社三年後の七九年には指導員、八三年には班長となり、以後、作業長として、現場の作業管理と労務管理のすべてに責任を負わされ、現場IEマンの役割も担うという要田の工場内の位置・役割を考えると、それらの通信教育は半ば強制的に受講させられたといったほうが適切であろう。

これに関連して一言しておくべきは、教育・訓練の問題である。日本的生産システムの特徴の一つとされる徹底した〝教育・訓練主義〟は、後述のPAC（Performance Analysis & Control）にも実例をみるように、要田の工場にもみられる。しかし、彼の場合の教育・訓練において目につくのは、現場主義的なOJTが工場外の個人生活を犠牲にした自宅学習・自己研修と不可分に結合していることである。

要田が亡くなった年の八八年四月の社内報では、社長が、「長年の活動を経て転機にさしかかっていた」小集団活動（QCサークル）を「カルビー自前の小集団活動にし、活性化するために」という触れ込みのもとに、「STA-C活動」（Small-Team-Activity in Calbee の略）への社員の参加を呼びかけている。そこでは、八六年にIEプロジェクトとして導入されたPACシステムの意義に触れて、それが「命令系統や責任権限の明確化」や、作業効率の高度化や能率向上のための「作業の標準化」を通して、「職制の職務遂

＊4　さきに触れた電通青年過労自殺裁判では、会社側は過労自殺した社員の仕事熱心で強い義務感をもつという性格を自殺の心因的要因として考慮すべきだと主張して、責任を逃れようとした。しかし、最高裁は、犠牲者の性格は「労働者の個性の多様さ」の範囲内にあるものとして、会社側の主張を退けた。

行の中で達成されるべき目標」を示し、成果を評価するものであることを指摘したうえで、「品質、鮮度及び納期に重大な決定力をもつのは実際に仕事をし、製品を作り出す第一線職場で働く従業員」であることを強調している。そして、このように一方でPACシステムにおける達成度や成果の重要性をいいつつも、他方で、STA-C活動は「〔達成度や成果ではなく〕プロセスを重視する自主管理活動」であると言い、STA-C活動では「他からの押しつけでなく、主体性・自発性が最も重要な要件」となるとして、①「楽しさの演出」(Enjoyment)、②「面白さの工夫」(Entertainment)、③「興奮づくり」(Excitement)の必要性を説いている。しかし、自主性が尊重されるはずのSTA-C活動であっても、一般作業員と立場を異にする作業長には、「業務」としてこの活動を正しく導く「責任」がある。すなわち、「STA-Cは自主管理活動とはいっても、組織の中で、業務として行われる職場の課題達成をする為の活動ですから、職場の管理者である長がこれを放任したり、無関心であることは許されません」(社内報、八八年四月)というのである。このことからいって、STA-Cを支援する作業長の任にあった要田にとっては、PACだけでなくSTA-Cも、文字どおり強制であって、その任にあるかぎり逃れることは許されなかったのである。

八四年七月の社内報には、「なぜ生産数量や生産品種が変わるのか、なぜ時短休日の変更が行われるのか」をテーマに全国の生産事業所で、生販合同説明会が開かれたという記事が出ている。それによれば、製品鮮度(製造日付)に対する消費者ニーズの高まり、スナック業界の多発乱入、小売店のバイイング・パワーによる厳しい要求などによって、「発注ロットも小口化、多頻度化」し、「必要なものを、必要な時に、必要なだけ届ける」要請が強まってきた。そこで、「売れるものを売れる時に売れるだけ作る」ことが最大の課題となり、「現有設備・人員の工夫改善・多能工化などにより生産の増減に弾力的に対応するよう全従業員の深い理解と尚一層の努力」が求められている。八五年五月の社内報では、流通サービス業務における諸悪の根元が「欠品」であること、正しい納期に欠品なく届けるための「ＴＱＣ・納期の管理」がいわれ、さらに八六年一二月の社内報では、「不良品ゼロの品質保証体制の実現」をめざして、「製造から消費まで澱みない流れを作り、その流れの中を完全に品質の保証された商品だけを流していく」必要が説かれている。ここにみるのは、日本的生産システムの代名詞ともなっているＪＩＴ（Just in Time）システムである。このシステムが、不良品を出さないための品質管理や、欠品を出さないための納期管理や、需要変動への弾力的対応、といったある種の市場の強制力を梃子として労働者に押しつけられている点では、他の産業におけるＪＩＴシステムと大差はない。しかし、もし、ＪＩＴシステムの特徴を、日本的生産システム論においていわれるように、現場作業員の権限や責任範囲があらかじめ決まっておらず、作業長が生産数量や生産品種の変化に応じて弾力的に決めるという点に求めるとすれば、カルビーの八〇年代の後半での工場では、それとは異なる特徴がみられた。それがなんであったかをいうためには、要田の作業長としての業務内容とともに、ＩＥプロジェクトとして導入されたＰＡＣシステムの検討に進まなければならない。

Ⅳ　日本的ＩＥとしてのＰＡＣシステム

1　現場作業組織のネオ・テイラー主義的再編

要田が死亡した当時、彼が働いていたカルビー各務原工場には、ポテトチップスの二つのラインが稼働していた。これらのラインでは、工場に搬入されたじゃがいもは、洗浄、皮むき、トリミング（選別・芽取り）、スライス、フライ、味付け、ピッキング（揚げすぎ除去）等の前加工がなされたのち、包装（計量、パック、封緘）されて製品となる。このうち、要田が担当した包装の工程は、Ａ、Ｂの二班に分かれ、要田は包装Ｂ班の主担すなわち、フォアマン（作業長）であった。会社マニュアルの「フォアマン職務分担」によれば、要田はＰＡＣシステムのもとではフォアマンとして次のような業務を行うことになっていた（専門技術職で現場管理者であった要田には、これらのほかにＱＣの指導や、メインテナンスや、修理や、工程の技術的改良や、応援作業の業務があったことを忘れてはならない）。

(1)　作業指導
(2)　作業分配・作業指示・応援手配
(3)　新人教育
(4)　残業・休日出勤の指示
(5)　打ち合わせ連絡
(6)　勤務表チェック

(7)　有給休暇承認
(8)　昇給・昇格・賞与の査定事項
(9)　報告書事務
(10)　稟議書・少額伺書起案または承認
(11)　クレーム票処理
(12)　生産本部等からの依頼事項処理

ＰＡＣシステムは、ＩＥにもとづく生産管理および現場管理者管理の技法として、八六年にカルビーの各工場に導入された。「各務原ＩＥ・ＰＲＯＪＥＣＴ」の「ＰＡＣマニュアル」によれば、ＰＡＣシステムの目的は、工場に投入された労働力（人×時間）のすべてが有効な生産に結びついているとはいえない現状で、種々のパフォーマンス・ロスに適切に対処し、ムダになっていた労働力を有効な生産に振り向けさせるために、きめられた製造方式と作業方法にしたがって働く作業員の能率を測定し、管理することにある。その際に重要な意味をもっているのは、テイラー主義的な作業測定手法であるＭＴＭ（Methods-Time Measurement）による「標準時間の設定」であり、それを物差しとする作業パフォーマンス（働きぶり）の測定と、それを引き上げるためのパフォーマンス管理である。[*5] しかし、この場合、当の「標準時間」は、時計を使って作業者の動作を細かく分析して新たに設定されるわけではなく、ＭＴＭによって国際的

＊5　生産管理技法としてのＩＥがＦ・Ｗ・テイラーの科学的管理法に始まること、そして今日のＩＥもテイラー主義のそれであることについては、八巻（一九七九）および小野（一九八一）を参照。

に前もって定められている時間をあてはめるにすぎない。*6 具体的実施にあたっては、各務原工場のＩＥ関係者が、一定の研修を経てＭＴＭ協会から認定証をもらうことによって、ＭＴＭの定める標準時間の利用が可能になる。要田が包装のフォアマンとして、ＰＡＣシステムが導入された八六年の七月にＩＥの「ＭＴＭ2技術者」の資格を得たのもそのためである。

ＰＡＣシステムでは、あらかじめ設けられた標準時間と実際の作業に要した時間とが対比され、作業パフォーマンス（標準時間に対する達成度）が測定される。*7 そして、作業パフォーマンスから現場作業者の仕事が綿密に検討され、現場作業者に対する動機づけや、作業訓練や、技能訓練が行われる。さきのマニュアルによれば、「このような生産向上活動の中心となり成果を上げることができるのは、現場の経営者ともいえるフォアマンである」。それは「常に現場にいて、部下や生産の状況をよくつかみ、その時々に起こる問題に正確に対処できるのはフォアマン以外にはいない」からである（各務原ＩＥ・ＰＲＯＪＥＣＴ、一九八六、一七頁）。ここから当然、ＰＡＣシステムもその「運用上の要」はフォアマンによって担われることになる。

このシステムによって現場作業組織がどのように再編されたかは明らかではないが、ＰＡＣ導入のためのマニュアルでは、現場組織再編の目的と主たる改善項目が次のように示されている。

現場作業組織の再編目的	主たる改善項目
一　迅速且つ正確な上意下達システムの構築	一　管理階層の簡素化
二　役割分担の整備	二　職分制度と身分制度の二元化
三　責任区分の明確化	三　管理スパンの見直し

四　フォアマンの地位の強化	四　フォアマン二直体制化
五　変動要因の調整システムの構築	五　機動グループの新設

ここに示した「再編目的」および「改善項目」に、さきに示した「フォアマン職務分担」を重ねてみれば、PACシステムでは、テイラーの科学的管理法において計画部門がもつとされているさまざまな機能のうち、工程管理、雇用管理、人事管理、給与管理、情報管理（報告・記録）の機能の一部または全部をフォアマンが現場において担うものとされていることがわかる。現場作業組織の「再編目的」の一つに「フォアマンの地位の強化」があげられているのもそのためである。これはテイラー主義を否定するものではなく、作業員の低い技能水準や、短い経験年数や、女性主力のパート・アルバイト依存などの諸問題を抱えた職場の実状にそくして、現場作業組織を命令系統や、役割分担や、責任区分を明確にする方向で

＊6　MTMはIEの作業測定におけるPTS（Predetermined Time Standard）の一つの手法で、基本動作を、手を延ばす（reach）、運ぶ（move）、まわす（turn）、圧す（apply, pressure）、つかむ（grasp）、定置する（position）、放す（release, load）、引き離す（disengage）、目の移動（eye travel）、目の焦点合わせ（eye focus）などの動作に分けて、それぞれの標準時間を設定している。時間単位一TMUは一〇万分の一時間、約〇・〇〇三六秒である。これを「本をとって運ぶ」という作業で例示すれば、「手を本まで二〇インチ延ばす」は一九・六TMU、「本をつかむ」は三・五TMU、「本を一八インチ運ぶ」は二〇・一TMUという具合いである（甲斐、一九八五、千住・師岡、一九七三）。

＊7　このPACシステムでは、作業パフォーマンスだけでなく、工場全体の労働生産性を分析する総合パフォーマンス、設備パフォーマンス、フォアマン責任稼働率、課長責任稼働率、工場長責任稼働率などについても、それぞれ計算式が定義されている。

ネオ・テイラー主義的に再編しようとするものである。

2 PACシステムの過重負担と作業長

要田がこのシステムのもとでいかなる責任と負担を背負わされたかは、PAC関係の会議録や報告書からも知ることができる。たとえば、八七年四月七日付の「第一五回実績検討会議議事録」は、「変化に対応してパフォーマンス一一〇%の復活を！」を全体テーマに、それぞれフォアマンごとの作業指導のテーマを示している。また、「基本動作を徹底的に思い起こそう！」を全体テーマにした八七年一一月一七日付の「第四四回実績検討会議議事録」は、たとえば要田フォアマンのテーマとして、㈠新入社員への指導、㈡カード貼り機の操作方法の指導の二点をあげている。二つの日付からみるとPACの実績検討会議は週一回の頻度で開かれていることになる。これに対応して、フォアマンからの報告も週ごとに総括される。この報告は各種帳票や集計表および日報をもとに作成されるという点で、きわめて煩雑なものと思われるが、要田はそれを几帳面に実行した。

PACシステムにおける作業パフォーマンスは、その報告・記録手続きからみれば、現場作業員の作業管理の手段である以上に、フォアマンという現場管理者の管理の手段である。要田の遺品のなかにあったPACの指導書はこの点を次のように述べている。「三〇—四〇名という、多数作業員の、集団としての潜在能力が、職場ごとに二割も三割も違っているはずはない。この数字こそ、その職場の監督者が、部下の能力をどこまで抽き出したかを、示しているはずだ。したがって作業パフォーマンスは、作業員の成績というよりも、監督者自身の成績と考えられる……」（門田、一九八五、一六九頁）。したがって、八八年四月一〇日（日）に死んだ要田にとって最後の週となった八八年四月四日（月）―八日（金）の作業パフォーマンスについての「総評」に、「今週作業パフォーマンス七七％と、前週比較で六％のダウンとなった。原料悪化によりオペレーターのピッキング工数、保守の味付け後の振動コンベヤー上でのピッキング工数が多くなり、普段と異なった作業体制となった」（工数は人数×時間でみた投入労働量）とあるとき、彼はフォアマンとしての自らの好ましくない成績を上司の課長や工場長に報告しているのである。

注意すべきことに、要田は専門的なIEマンとしてではなく、現場マンとしてIE技法を身につけ現場IEの中心的役割を担わされたが、IEの積極的推進者ではなかった。彼の同僚のいく人かは、「要田さんはIEには向いていない」、「要田さんはIEには反対だった」、「IEがつらいといっていた」と口々に証言している。要田の妻によれば、彼は「IEは労働強化になりかねないと常々反対であった」し、「死の直前にも、IE反対のレポートを出した」。彼女が書いた労災申請の陳述書によれば、要田は「機械さえ日によって調子良い日悪い日があるのにどうして人間を数字で比べられるのか、人間的ではない、性格に合わない」と言っている。PACでは作業パフォーマンスを測定する労働時間などの仕事量はコンピュータで計算されることになっていたが、同僚の一人は、要田は「コンピュータで計算する仕事量を手で計算して間違いを指摘していた」と証言している。

要田の過労死は、長期間におよぶ長時間の不規則勤務で蓄積された疲労の上に、PACシステムの導入にともなうフォアマンとしてのIE業務のストレスが重なるなかで起こった。彼の過労死にPACシステムが深くかかわっていることは、要田の労災認定を支援するために弁護士四人が岐阜労働基準監督署に提出した意見書でも、次のように指摘されている。

「現場作業及び機械設備の稼働に直接の責任をもつフォアマンとしての要田は、つねにPACシステムの所定の報告、分析、討議を行いつつ、日々の生産計画に応じて、最も合理的な人員配置をし、現場作業員を指導監督し、応援するとともに、ライン稼働率を高め、作業パフォーマンスを向上させるために、常に機械の正常作動を保証しなければならなかった。このことが要田の業務を過重なものした大きな要因であるとともに、反生理的、非人間的な管理を嫌う現場と、日々数字で実績を評価しその向上を求める管理部門との中間で、多大な精神的ストレスを日常的に抱えることにつながった。そして、現場の不満を吸収するためにも、要田は、自らも日常的にラインに入って作業を行うとともに、より機械の調整に神経をとがらせることとなったのである。」

フォアマンであった要田の負担を大きくしたのは、上に述べたことだけではない。要田が反対直の班も含めて責任を持たされた包装のラインは、彼のメモによると「約五〇名、うち男性八名」となっている。PACマニュアルにある八六年九月現在の人数表（出荷、管理課その他を除く）によれば、各務原工場には包装と前加工を合わせて男性二三名、女性七〇名がいた。これから判断して、五〇人中四二名がパートタイム労働者を含む女性である包装ラインは、前加工のライン以上に女性比およびパート比の高いラインであることがわかる。そのためもあって、要田は自分のノートやメモのなかに、「エキスパートがいない」、「欠勤率が高い」、「社員の質が低い」、「包装工程において現在最も大きな問題は人材づくりにある」と書いている。

こうした労働力問題は、ラインの増設時や、新入社員の採用時や、アルバイト導入時にとくに深刻になる。要田は、死の約五ヵ月前に各務原工場に新たに二号ラインが増設され、そのラインに味付け不良や不具合いが再三起きて、その対応に追われていたうえに、アルバイトへの指導でも苦慮することが多かった。死亡一ヵ月前の八八年二月二九日から三月四日の週のPACの「総評」に「今週は3／1、3／2の両日に、次週からの二号ライン増産体制の為アルバイト〔派遣〕が四〇数名入社した。現在のパート勤務者も含め、今まで以上に人の把握が難しくなってきた」とあるのも、要田の職場がかかえた労働力問題を示唆している。

要田がこうした問題で悩んでいたことは、彼の妻が夫の労災申請に際して岐阜労働基準監督署に提出した陳述書で次のように述べていることからもわかる。

「〔主人は〕死ぬ直前の会議中に工場長とケンカしたと言って帰りました。各務原工場では前年位からパートの人手不足で、何度も新聞にチラシが入り、それでも人が集まらず、人材派遣会社から人をまわしてもらっているそうで、そういう人はカルビーに入りたくて来たのではないので、会社、仕事に対しての熱意が少なく、新規採用になった男性もいくら仕事を教えてもやる気がなく、仕事中にぶらぶらしているということで、会議中その議題になり、主人は『事務所はもっと人を見る目を持って、やる気のある人を採用して欲しい。その為の面接ではないのか。やる気のない人間を入れて人数だけ増やしても仕事にならない』と言うと、工場長は『どんな人間でもそれを働けるように指導するのがお前の仕事だろう』と言ったそうで、家に帰ってきてからも、『初めからすぐに仕事のできる人はいないが、せめて働く意欲のある人を入れてもらわないとやる気がなくてぶらぶらする人がいたのでは他の人にも悪影響だ。その人柄を見て採用を決めるのが事務所の仕事だろうに無責任だ』ときつい口調で言うのです。新入社員が入り、不慣れな人が多い中で、精神的ストレスも高まっていたのでしょう。」

長期間にわたる長時間の不規則勤務に、こうしたストレスやさきに述べたＰＡＣの過重負担が重なれば、どんなに健康であった人でも容易に健康を害し、さらには生命維持機能に破綻をきたすであろう。そう思われる要田の働きぶりであるが、彼を過労死に追いやった要因をより全面的に明らかにするには、彼の死亡前の労働時間をみておかなければならない。

Ⅴ　作業長の勤務体制と労働時間

1　要田の勤務体制と労働態様

要田が遺したメモのなかには、社長賞を受けたポテトチップスのアルミパック化をはじめ、彼が発明あるいは改良したいくつもの装置の設計図や回路図とともに、包装工程の作業員への折々（新年や結婚式など）の挨拶の原稿や、職場の改善課題や検討課題についての覚書のようなものが含まれている。それらのうちで、文中の「実践管理者コース」という通信教育のコース名からおそらく八五年の夏に書かれたと思われる作文の下書きは、要田自身が彼の労働と生活の様子を証言したものとして貴重な意味をもっている。

「最近思うことを書いて見ます。私自身、仕事、仕事、仕事で毎日追われています。Ⅰ直の時は、朝二時四〇分起床。帰りが夕方四時から五時になります。Ⅱ直の時は、一二：〇〇頃出勤し、帰りが夜中の一二：〇〇を回ります。世の中のきびしい風を受けて、カルビーもそれにどの様に対応していくか試行錯誤の連続です。上司から多くの課題を受けて、私自身、家に仕事を持ち帰ってもなかなかノルマを達成できるまでにいたりません。仕事だけではありません。会社指示の通信教育も受けねばなりません。今回私は、『実践管理者コース』を受講しました。終了までに六ヶ月かかります。最近まで二ヶ月分のレポート提出が遅れていました。私は『自分は頭が悪いのだから、人の二倍三倍も時間をかけて学習しないと人並みにならない事』はよくわかっているつもりです。だから、Ⅱ直の時は、朝早く起きて学習にはげみます。日曜日も時間が許せば学習するように努力しています。しかし、ここでひとつ大きな問題が発生しました。『家庭にだんらんの時間がない』という事です。私は、私に与えられた時間を最大限に利用して、会社に、家庭にと努力しているつもりです。しかし、妻には、私と二人の『ボアーとした時間』がもっとたくさん必要なのでしょう。『ボアーとした時間』＝何もしない時間……。ゆとりがほしいのだと思いますが、私にはその時間がもったいなくて仕方ありません。

私は、もっとたくさんの時間がほしい！

私は上司から、会社のレクレーションにはできるだけ参加しなくては管理者とは言えない。レクレーションを通じて部下とのコミュニケーションをはかっていかなければならない〔と言われる〕……。しかし、休日までレクレーションに参加していると、ますます家庭への時間がなくなる。妻の『おこる』顔が目にうかぶ。部下とのコミュニケーションがなくなっても、ある程度仕事がこなせなくても、家庭の時間をもつ様にしなければならないとは思うのですが、立場上むつかしい。平社員の方がよほど気が楽だ。

このような状態で家庭がまずくなるのであれば、カルビーを退職しようかとも考えた。広島に帰って新たに就職しようか？　そうすると今の収入の2／3～1／2にはなるだろう。すると志信にも働いてもらわなければいけなくなる。むつかしい問題だ。つまり私にうまく時間を使いこなす能力があれば良いのだ。これは努力のみしかないだろう。」

私は拙著（森岡、一九九五a）において過労死犠牲者の手記の一つとして要田のこの文章を引用した。これはまた弁護士の宮地光子氏によっても引用されている（宮地、一九九六）。要田がこれを書いたのはPACシステム導入の一年前である。PACの導入後には、事態はこれよりもっと悪くなったに違いない。過労死の労災認定に大きな意味をもっているのは死亡前数ヵ月の労働時間である。要田の死後に彼の妻が再現した死亡前三ヵ月の労働時間は、八八年一月が出勤日数一七日で拘束二四六時間、実働二一九時間、二月が出勤日数二一日で拘束三〇七時間、実働二八六時間、三月が出勤日数二三日で拘束三三六・五時間、実働三一三・五時間となっている。この間の要田の労働時間は、一日あたりでは拘束一四・六時間、実働一三・六時間、一年あたりでは拘束三五五八時間、実働三三一四時間[*8]となる。「過労死110番」の相談事例では、実労働時間でみて年間二九〇〇時間以上のところで過労死が起きているが、実働で年間三三〇〇時間にもなる要田の労働時間はこの臨界点をはるかに超えていた。しかも、そのうえ、要田には平日で一―一・五時間、休日で四―八時間の持ち帰り仕事と自宅学習があったことを明記しておかなければならない。

いま、要田の労災申請の代理人となった弁護士らの意見書を参考にしながら、彼の労働時間を具体的にみると、まずI直の場合、午前五時一五分が定時の始業であるが、彼は午前三時には工場に行き、三時二〇分ごろから、当日の生産計画を作成するとともに、包装ラインの機械設備の点検を行う。このときの作業には、前日の工事内容の点検や残り作業の遂行のほかに、当日の生産の段取りおよびメインテナンスとして、圧縮空気圧の確認、室内温度の確認、包装機、計量器、封緘機、金属探知機など各種機械の点検と起動、試験と調整などが含まれる。これらは不良品を出さない、ライン稼働率を高める、食品に金属片やネジ等が絶対入らないようにする、などのために欠かせないものであった。それだけに要田にとっては相当に神経を使う作業であったと思われる。要田がⅠ直（早番）のとき、誰よりも早く出勤し、Ⅱ直（遅番）のとき誰よりも遅くまで残っていた一つの理由は、専門技術職および現場責任者として、ラインの各種機械のスムーズな稼働を保証するためだったのである。

これらの準備作業ののちには、包装の人員や機動班の人員のラインへの割り当てを行い、保守勉強会や新入社員指導にそなえて資料作成の準備等を行う。そして午前五時一五分（Ⅰ直）または午後一時三五分（Ⅱ直）のライン始動時以降は、品質管理に目を配りながら、機械設備の運転状況と労働者の作業状況を全体的に監視・監督する。そして、必要に応じて、機械の故障の修理や、製品不良の処理や、工程の異常への対処などを行うとともに、箱詰め作業などの応援を適宜行う。その一方では、日報などの文書事務にもたずさわり、前述のＰＡＣ関係の報告書など上司や本部への各種レポートを作成する。また、工具部品の在庫調査と注文を行う。Ⅰ直の場合、午後一時四〇分にⅡ直にラインを引き継いだあとは、週三回のＰＡＣ関係の会議やメインテナンスの勉強会、新入社員教育、ＱＣ運動などでライン終了後も二時間程度は

＊8　要田は作業長としての職責から「休けいもあまりとれなかった」、「食後休む間もなく仕事にかかっていた」（前出要田資料(2)「証言」一六頁）。ここからは要田の場合は、休憩時間もかなりの部分が労働時間になっていたと考えられるが、ここでは通常の慣行にしたがって一日につき一時間の休憩時間として実働時間を計算した。

つねに残業することとなり、帰宅は午後四時から五時、帰宅後も報告書作成等を行う。

Ⅱ直の場合は、午前一一時頃に出勤し、当日の生産計画の確認、人員割り振り、会議準備を行う。この場合は、Ⅰ直の引き継ぎなので機械の事前点検や機動作業はない。ライン稼働中の作業についてはすでに述べた。午後一〇時にラインがストップすると、運転中にできなかった機械修理や翌日の機動のための点検や調整を行い、翌日の生産計画表を作成する。また、保守勉強会の資料を準備したり、QCレポートに目を通したりして、工場で最も遅く、翌朝午前二時ごろ出門し帰宅する。

このように要田は、一日一四―一五時間におよぶ超長時間の過密労働を、深夜出勤のⅠ直が一週間続いたあとには深夜退勤のⅡ直が一週間続くというサイクルで繰り返した。そして、こうした過酷なスケジュールは彼の死の前日まで続いた。

表3-3は、要田資料によって、要田の死亡前四〇日の労働時間をみたものである。この勤務時間表は、上に述べた過酷なスケジュールをビジュアルに示している。これを要田の妻の陳述書や弁護士の意見書を参考に、日を追ってみていくと、三月九日の説明に「イモ悪い」とある。これは原料のジャガイモのことで、春は毎年イモの状態が良くなく、包装担当者の頭の痛い時期であるが、要田の亡くなった年は、例年より早くからイモが悪かったようだ。反対直の班長は一年ほど前に包装工程に来た人で包装の経験と知識に乏しく、要田のような技術職員でもなかった。そのために普段から要田が反対直の作業管理にも責任を負っていたうえに、新設の二号ラインのメインテナンスの責任も負わされていたが、三月一五日からの週は、その反対直の班長が風疹で休んだために、要田の負担がいつも以上に大きくなった。しかもその週の一六日には新入社員歓迎会があり、新入社員研修が始まった。

表 3-3　要田和彦　勤務表（1988年３月１日～４月10日）

	0時　3　6　9　12　15　18　21　24	シフト	拘束労働時間	自宅労働時間
3月1 火	通信教育提出　地域事業部発表会の件　(パート・アルバイト問題) PAC	1直	14.5	1
2 水	ボーリング大会打ち合わせ13：05～	1直	15.5	1
3 木	勉強会13：45不良0の件	1直	14.5	1
4 金	QCミニ発表会1：45～	1直	14.5	1
5 土	有休1人振休1人	1直	14.5	1
6 日		休		6.5
7 月		2直	15	4.5
8 火	2号ライン作業延長	2直	15	1.5
9 水	イモ悪い　PAC　新卒入り負担増	2直	15	1.5
10 木		2直	15	1.5
11 金	総括会議13：45～15：15	2直	15	1.5
12 土	ボーリング大会	B直休		3.5
13 日		休		8.5
14 月		プ休		7.5
15 火	反対直の班長風疹で1週間休み	1直	13	1
16 水	新入社員歓迎式　12：10～13：30	1直	14.5	1
17 木	新入社員研修　13：00～13：40	1直	14.5	1
18 金	2号ライン不具合　新入社員研修　13：00～13：40	1直	14.5	1
19 土	新卒研修スケジュール	1直	14.5	1
20 日		休		4.5
21 月		休		7
22 火		2直	15.5	4.5
23 水	トラブル対応マニュアル　工場長へPAC　新卒研修スケジュール	2直	15.5	1
24 木		2直	15	1.5
25 金		2直	15	1.5
26 土	家で　ボーナス査定	休		7
27 日		休		7
28 月	2号ライン改善の件	1直	14	1
29 火	PAC	1直	14	1.5
30 水		1直	14	1.5
31 木	封緘ライン改善打ち合わせ	1直	14	1.5
4月1 金	保守勉強会　包装システム	1直	14	1.5
2 土	ロス置き場工事開始　4月2日～20日	1直	14	1.5
3 日	工事を見るため休日出勤	休	3.5	6
4 月		2直	15	4.5
5 火	通信教育提出PAC　新卒研修スケジュール	2直	15	1.5
6 水	人事考課　主任までシステムについて問題点をあげる	2直	16	1
7 木	クレーム会議（包装クレーム多し）	2直	16	1
8 金	味付け不良　パトライト設置却下	2直	15.5	1
9 土	午前中医院で心電図を撮る　総括会議15～15：30　新入女子社員慰留	2直	14	
10 日	救急車で病院へ　午後4時8分死亡	休		

（注）1）——は拘束労働時間，………は自宅労働時間（持ち帰り仕事・自宅研修）を指す。
2）定時は１直（早番）5：15～13：40，２直（遅番）13：35～22：00で各１時間の休憩を含んでいる。
3）「B直休」は要田の所属するB班の休日，「プ休」は労働協約にもとづくプール休日を指す。

死亡した日にごく近いところでみれば、四月八日には二号ラインで味付け不良の事故が生じている。このラインでの味付け不良事故は、一、二月にはしばしば生じており、要田は頭を痛めていた。しかし、三月以降は味付けに関しては、比較的順調だったようであるので、四月八日の不良事故は、要田を相当落胆させた可能性が大きい。

同じ四月八日には「パトライト設置却下」とある。パトライトとは、コンベアーで流れてくるチップスの量を測り、多くなり過ぎると警報を出す装置である。これが設置されればライン作業を中断して上にあがってチップスの量を調べる必要がなくなるため、作業ロスが少なくなり、作業員の負担も減ると考えられていた。そのため要田はこの装置の設置を上に要望し、課長レベルの承諾は得たものの、おそらくコスト面の制約から工場長によって死亡二日前にそれが却下され、ある女性作業員の証言では「それを知らせに来てくれた要田さんはすごく疲れていてしゃがみこんでしまった」という。

要田は死亡前日の四月九日の午前中は体に異常を覚えて、近くの医者に診てもらい心電図を撮った。しかし、その日も午後からは出勤して、翌日、すなわち亡くなる日の午前二時まで勤務している。この日、工場では、二号ラインの保守担当者の証言によれば、同ラインの溶接箇所がはずれるというトラブルが生じた。そのうえに、事務員の証言では、「やめたいという子がいて、要田さんが話を聞きに行った」。彼の妻の証言では、亡くなった日の午前二時頃、遅番明けで帰宅後、夜食をとりながら「新入りの女の子がホームシックで淋しいと言って泣くのだが、どうしてあげたらいいだろうかと心配そうに言っていた」。

このようにみてくると要田はまさに現場の責任を一身に背負い込まされて仕事によって殺されたことがわかる。過労死問題では、労働時間が異常に長いこと、深夜勤や交替勤務など勤務形態が不規則なこと、顕著な過重負荷や強度のストレスがあることなどが指摘されてきた。要田事件では、それらのすべてが重なり合い、しかもそれらのすべてについてそれぞれ証拠となる記録や証言がある。過労死事件で過労死を生んだ生産システムについてこれだけ資料のそろった事例を私はほかに知らない。そればかりか、要田事件と要田資料は、スナック菓子メーカーのスライスチップス工場における個別的な事例でありながら、これまでになされてきた自動車工場や電機工場のケース・スタディとは違った角度から、「日本的生産システムと作業長」という研究テーマにも得難い反省材料を提供してくれている。

2　日本的生産システムと殺人的労働時間

要田の異常なまでの長時間労働は日本的生産システムの作業長ゆえのものであった。そのことを確認するうえでは、「過労死110番」を通して労災認定を受け、遺族が健康配慮義務を怠った企業の責任を追及して裁判を起こし、完全勝利和解（一九九四年一一月）をかちとった平岡悟のケースが参考になる。

平岡は、高校卒業後、一九五九年に椿本精工（九六年に中島製作所を吸収合併して「ツバキ・ナカシマ」と社名変更）に入社したのち、同社葛城工場に二八年間勤め続けて、八八年二月二三日に四八歳で死亡した。彼は作業長（班長）として、ベアリング用鋼球の製造にかかわる五つの工程の作業管理に責任を負い、約三〇名の部下のライン作業の監督指導と人事考課などの労務管理にあたりながら、自らライン作業にも従事する日本的「多能工」のプレイングマネジャーであった（内橋、一九九二）。作業長としての責任から、彼は欠員や欠勤や残業人員の不足などが生じた場合は、自ら残業や休日出勤を引き受けることによって穴埋めをしていた。裁判資料として提出された平岡のタイムカードから彼の死亡前一年間（八七年二月二四日―八八年二月二三日）の労働時間をみると、拘束四〇三八時間、実働三六六三時間、所定内二二六三時間、残業一三九九時間、うち支払残業一〇一五時間である（森岡、一九九五a、第四章）。

会社は健康診断によって平岡に心疾患（冠不全）のあったことを承知していた。労働安全衛生法の規定からいうと、この場合、深夜勤務の回避や残業時間の制限や労働時間の短縮など、過重業務の軽減のためになんらかの措置を講ずべきであったにもかかわらず、安全管理あるいは健康保持に関して会社はなんの配慮も払わなかった。それればかりか、八四年一一月の健康診断では「冠不全治療中、心臓治療中」という記載が認められながら、翌年には給与明細書に明記された支払残業にかぎっても、年間一七一五時間もの残業を行わせている。

なぜ平岡はこれほど長い残業を余儀なくされたのか。会社側は裁判で平岡が「残業手当による収入を重視して」「自身の都合で率先して自主的に」残業したのであって、会社が残業を強制したことはなく、会社に従業員の率先労働を阻止する義務もないと主張した。しかし、平岡を超長時間残業と過労死に追い込んだのは、残業収入への依存ではなく、平岡が働いた工場の生産システムである。当時、平岡の工場では、トヨタシステムを生んだ自動車産業に見られたような二組二交代制による二四時間フル操業の生産体制が定着していた。この制度では、昼勤から夜勤への交代時の三時間も、夜勤から昼勤への交代時の三時間も、ラインが動いている以上、必ず一定の人員がラインについて作業を行わねばならない。予備要員がいなければ、引き継ぎ作業がそっくり残業になるのは避けられないことである。平岡の班では三〇人のうちおよそ二〇人が引き継ぎ残業にあたっていたが、班長職にあって生産の継続と人員の確保に責任を負っていた平岡は、しばしば一日に（昼勤から夜勤へ、夜勤から昼勤へと）二度の引き継ぎ残業を行った。

このような勤務体制が許されるのは三六協定と呼ばれる時間外労働協定のためである。労基法の第三六条によると、使用者は事業場の過半数の労働者で組織する労働組合か労働者の過半数を代表する者との間で協定を締結し、労働基準監督署に届け出れば、法定時間外および法定休日に働かせても処罰をまぬかれることができる。平岡の死亡当時、彼の工場の三六協定は、「一日について延長することができる労働時間」を全業務について「男子五時間、女子二時間」とし、但し書で「男子の場合は、生産工程の都合、機械の修理、保全等により一五時間以内の時間外労働をさせることがある」と断っていた。裁判で会社の労務部長は、従業員に残業志向が強く、労働組合も長時間の残業を望んでいることをいうために、時間外労働については「青天井」の三六協定を結んでいると証言した。実際、これは平常でも法定八時間＋休憩一時間＋延長一五時間として、一日二四時間拘束することも可能な青天井の協定である。この協定は日曜日についても全職種「八時→一七時。但し生産工程の状況により、八時以前、一七時以後の労働をさせることがある」と、まったく無際限になっている。平岡の場合、死亡前一年間の休日日数はわずか三七日であっただけでなく、そのうち次の勤務まで二四時間確保された休日は二七日にすぎなかった。八八年一月四日から死亡するまでの五一日間にかぎると、暦日の休日は一日もなかった。

要田や平岡のような作業長と同様に、研究・開発部門のチーム・リーダーも超長時間労働を強いられて、過労死する危険の高い職種の一つである。要田は三四歳で死亡したが、コンピュータ・システム（ソフト）開発のチーム・リーダーの過労死事件で参考になるのは、要田の死より二年後の一九九〇年五月に極度の疲労からくる脳幹部出血によって三三歳で亡くなった原田英樹のケースである。

弁護士の川人博氏らを代理人とする訴状によると、原田は、一九七九年三月、日本大学文理学部応用数学科を卒業し、同年、システム・コンサルタント株式会社というコンピュータ・ソフトウエアの開発会社に入社し、システム開発の業務に従事してきた。八三年五月にはチーフに昇任し、死亡当時は、日本債権信用銀行総合システム（日債銀の子会社）が発注元となったシステム開発に携わっており、そのプロジェクト・チームのチーム・リーダー、つまり現場責任者であった。その業務は、第一に、発注元に対して、交渉窓口としてシステムの内容についての打ち合わせをし、追加要求および仕様書変更要求への対応や、苦情処理等を行う。第二に、プロジェクトチーム内部に対して、各メンバーの仕事の進行および内容を管理し、自らも仕様書作成、プログラミング、テストなどの作業にあたる。第三に、所属会社に対して、プロジェクトの進捗状況を報告し、進行・内容についての所属会社の指示を実行する。

これらの業務は、所定労働時間（拘束九時間、実働八時間）のなかではとうていこなせるような量ではなかった。原田の時間外労働時間（残業）は、彼が八九年五月に上記プロジェクトのチーム・リーダーとなって以降増加し、同年の八月から一〇月にかけては、月八〇時間から一〇〇時間を超えるまでになった。死亡直前の九〇年三月には、一三六時間、四月は一一四時間というようにさらに増えている。死亡前一年間については、所定労働時間二〇一六時間のところが、実労働時間二九七二・五時間、時間外労働時間（休日出勤を含む）一〇〇四・五時間となっている。死亡前三ヵ月は、所定四八四時間のところが、実働八二八・五時間、時間外三四〇・五時間となっている。この場合、一年あたりに換算すると、実労働時間は三三一四時間にもなるほどの超長時間労働である。

訴状が指摘するように、システム開発のプログラミングやテスト等のコンピュータ関連業務は、たえず納期に追われる点でも、ミスのないことが要求される点でも、精神的にも肉体的にも負担の大きい仕事である。なかでもチーム・リーダーは、チーム・メンバーの行う通常の業務にも従事しながら、現場の要としての責任を負い、発注元と会社の双方の要求と指示に応えなければならないストレスの多いポジションであった。

過労死は、すでに述べたように、長期にわたる長時間労働で疲労が蓄積しているところに、なにかトラブル（異常）が発生して、特別な負荷が加わるなかで発生・発症することが多い。原田の場合も、死亡二日前の九〇年五月一八日（金）の午後一一時頃、システムのテストをしていたその日の当番から、トラブル発生の電話連絡が自宅に入り、休日のはずであった一九日（土）に出勤して、当番の者と二人で九時から二二時まで一三時間の勤務に就いた。そして、深夜帰宅しその翌日死亡したのである。

製造業と情報産業の違いはあるが、作業長であった要田および平岡と、チーム・リーダーであった原田の労働態様には現場責任者としての共通性がある。

Ⅵ　むすびにかえて——日本的生産システムと作業長

1　殺人的超長時間労働で購われた作業長の全能性

すでにみたように、安保氏は、自動車および電機産業の工場を主要な対象とした日米の生産システムの比較から、「全員参加型のチーム方式」や、「多能的熟練の形成のためのジョブ・ローテーション」や、「長期雇用を前提とした企業内のＯＪＴ」などをともなった日本的生産システムの最大の特徴を、「組織原理」と「生産技術・技能」の両面から「現場主義」に求めている。この見地からは、工場の現場作業組織の第一線監督者である作業長は、「日本的現場主義の職場のオールマイティ」、「〝教育・訓練主義的〟日本的システムの最高の傑作」と位置づけられる。安保氏によれば、日本的生産システムが「様々な変化への柔軟な対応力」をもち「高い製品品質や生産効率」を実現し、製造業における国際的な競争優位をつくりだすことができたのも、ひとえに作業長の機能に集約的に表現される「現場主義」のゆえである。

安保氏とともに板垣氏が、日本の工業現場の作業長について、「経営意志を生産現場に伝える経営の末端としての役割」と「現場の実態を熟知して現場の意見を吸い上げてそれを経営組織の上層に伝えるパイプ役」とを同時に担う存在として位置づけ、「工程全体の理解の深さは現場主義的な生産システムの核となる作業長にとって不可欠の要素である」というときも、その認識は安保氏と共有されているとみなしてよい。

本章の考察は、安保氏や板垣氏の研究とは違って、日本のスナック菓子会社のスライスチップス製造工場の一九八〇年代の包装工程に関する資料を主要な材料にしている。きわめてミクロ的な個別事例をもとにした研究にすぎないとはいえ、本章の考察もまた、日本的生産システムの特徴のひとつが、職場小集団活動の全社的推進、現場管理者によって担われたＩＥ、現場レベルでの技術改良の積み重ねなどからみて、「現場主義」にあること、そしてその現場主義の集約的表現が現場ライン作業の第一線監督者、すなわち作業長であることを確認するものである。しかし、私が本章において日本的生産システムの特徴を指していうときの「現場主義」は、日本的生産システムの賛美論がいう「現場主義」とは相当にその意味合いを異にしている。とすれば、作業長の生産システムにおける位置・役割のとらえ方も当然に異なってこざるをえない。

要田の作業長としての労働について最も特徴的なことは、過労死させられるほどの超長時間労働である。さきにみた平岡のケースと同様に、要田の殺人的長時間労働も、三六協定によって制度的に容認されていた。彼の工場の労働組合支部長と工場長（代理）との間で取り交わされ岐阜労働基準監督署に届け出られた三六協定によると、「需要が殺到し、増産せざるを得ないとき」「機械設備等の据付、メンテナンス及びその他業務スケジュール達成上やむを得ないとき」という事由を付して、一日七時間までの労働時間の延長を認めていた。「日曜日及び祭日」についても交代勤務については、月三日は「Ⅰ直五：一五～一三：四〇、Ⅱ直一三：三五～二二：〇〇、Ⅲ直二一：〇五～五：三〇」として、日祝日にも二四時間フル操業がありうることを想定していた。このような労働者の能動的活動時間のすべてを労働時間に転化させうるような、したがって労働者にとっては、「会社のための時間」と「自分と家族のための時間」の区別さえないような「無際限」の労働時間があってはじめて、要田や平岡の作業長としての殺人的な超長時間労働がありえたのである。二人がそれぞれに「職場のオールマイティ」であったとすれば、それはすでにみたような殺人的な超長時間労働によって購われたものだといわなければならない。

総務庁「労働力調査」によれば、二人が過労死した一九八八年には、日本には週六〇時間（年間約三一〇〇時間）以上働く超長時間労働者が約七七七万人（男性六八五万人、女性九二万人）いた。このことは、製造業にかぎらず全産業において、日本的生産システムが異常に長い労働時間を条件ないし外枠として成立し作動してきたことを意味している。ところが、一般に流布している日本的生産システム論においては、まさにこの点がほとんど無視されるか極端に軽視されている。そのことは本章で検討した安保氏や板垣氏の所論にもうかがえるが、彼らが依拠している小池和男氏の『仕事の経済学』（東洋経済新報社、一九九一年）においてとくにいちじるしい。一九八〇年代の生産システムや労使関係の研究に大きな影響を与えてきた小池氏の一連の著作を土台に書かれたこの概説書は、野村正實氏が指摘しているように「労働時間や過労死の問題などについて……まったくふれていない」（野村、一九九三a、四九頁）。

2　日本的経営の存立基盤としての性別分業

近年の日本において過労死は女性労働者にも広がってきたが、過労死予備軍ともいえる週六〇時間以上の超長時間労働者の数では依然として男性が圧倒的に多い。日本の企業では男性正社員の多くが、能動的活動時間のほとんどすべてを会社のために捧げるような働き方を要求され、かつ実際にそういう働き方をさせられている。日本的経営においてそれができるのは、「男は仕事、女は家庭」あるいは「男は残業、女はパート」の日本的な性別役割分業のゆえである。要田や平岡もそうした性別分業のもとで働いていた。すでにみたように、要田の死亡直前三ヵ月の労働時間から計算した一日の労働時間は拘束一四・六時間であった。これに毎日三〇分程度の車通勤の時間と少なくとも一時間の持ち帰り仕事か自宅学習の時間が加わるので、一日の仕事関連時間はゆうに一六時間に達する。この場合、一日について残る時間は八時間しかないことになる。しかし、八時間では、睡眠、食事、入浴などの生活必需時間にも満たず、炊事、洗濯、掃除、買い物、育児などのための家事労働の余地はまったくない。人々の生活には家事労働に加えて、地域コミュニティのニーズを満たすためのこまごまとした共同業務がついてまわるが、そうした地域の奉仕活動の時間的余地もこの場合はもちろん存在しない。要田ができない分、しない分はすべて彼の妻の仕事となる。要田にかぎらず、日本の多くの男たちが起きて活動する時間のほとんどすべてを会社の仕事のために費やすことができるのは、家族や地域のための仕事を女たちに押しつけてすませることができるからである。

日本の企業社会を支えるこうした性別分業のことは、主流的な日本的生産システム論では無視されるか見失われている。男性を会社人間にし、女性を彼女が雇用労働にたずさわる場合にも家事奴隷にする性別分業は、日本的生産システムにとって、たんなる環境条件ではない。それは家事労働や地域生活への参加を不可能にするほどの異常に長い労働時間が日本的生産システムの存立基盤であるというのとまさに同じ意味において、日本的経営の存立基盤である。

問題は家族や地域のニーズを誰が担うのかという問題にとどまらず、男女の企業内分業の問題にもつながっている。要田の工場の、彼が作業長であった包装工程はパートを含む作業員のほとんどが女性で、増産体制をとるときには人材派遣会社から多数のアルバイトが導入されることもあり、要田は「エキスパートがいない」「欠勤率が高い」「社員の質が低い」といった問題にも悩まされていたということは、すでに指摘した。ここには労働力の性別分業があるが、こうした企業内分業のことも、主流的な生産システム論ではほとんど触れられていない。本章が参考にした安保氏の研究は、言葉の上では「男女のさまざまな格差」に触れてはいるが、その場合も、日本企業の組織原則の特徴を、内部の同質的一体性を保持するために「外」を利用するという点に求めており、「男女の性的差異」は「企業内の分業」ではなく、「企業内にできるだけ女性の職場をつくらない」ために、企業の「外」の「社会的分業」のかたちをとると考えている（安保編者、一九九四、四五頁）。安保氏が現場の女性作業員がきわめて少ない自動車工場だけでなく、作業員の女性比の高い電機工場をも調査対象としていながら、こういう主張をする理由は判然としない。しかし、熊沢誠氏が指摘しているように、日本的経営は、単純労働の担い手として、また景気変動に応じた雇用数量の優先的調整要員として、不熟練、短勤続、低賃金の女性労働者を大量に利用している。職場でそういう役割を担い、なおかつ労働力の再生産の場である家庭や地域に欠かせない役割も一手に引き受ける女たちの存在があればこそ、日本的経営は男たちに会社が求める最高レベルの要請に応えるような働かせ方ができるのである（熊沢、一九九五、森岡、一九九五b）。

3　企業内分業とテイラー主義

企業内分業に関連してフォード主義とその労働編成原理であるテイラー主義について、ここで一言しておかなければならない。一九八〇年代に日本的生産システムが世界的に関心を集めたのは、それが多くの研究者によって、それまで世界の製造業において支配的であったフォード主義の名で知られるアメリカ的生産システムを超える新しい生産システムとみなされたからであった。アメリカのマーティン・ケニーとリチャード・フロリダの研究もそうした立場からなされている（Kenny and Florida, 1988; 1993）。フランスのレギュラシオン学派がトヨタシステムに代表される日本的生産システムに注目したのも、トヨタシステムをテイラー主義を超えるものと評価しているからである*9（コリア、一九九二）。

しかし、こうした見解に対する批判もある。たとえば、野村（一九九三b、一三七頁）は、テイラー主義の特徴を、企画（構想）と実行の分離、および企画と実行のさまざまな段階における分業に求め、単純な手作業に携わる多数の女性パートを企業内分業に組み込んでいるテレビ生産工場の事例研究から、日本の生産システムは企業内の労働編成原理においてテイラー主義を超えていないと主張している。[*10] これを一般化するにはなお多くの事例で確かめる必要があるにしても、少なくとも本章が問題にした要田の工場は、作業場内の男女の固定的分業とＩＥ技法（標準時間）による作業管理の二点において、作業組織がテイラー主義的に編成された工場であった。要田が過労死する直前の二年間の工場あげてのＰＡＣの導入・推進は、一九八〇年代に関するかぎり、テイラー主義を否定するものではなく、女性のパートタイム労働者を多数含む現場作業組織を、命令系統や役割分担や責任区分を明確にする方向で、ネオ・テイラー主義的に再編しようとするものであった。

最後に本章の中心論点である、日本的生産システムにおける作業長の位置づけに戻れば、私は作業長を安保氏のように「〝教育・訓練主義的〟日本システムが生んだ最高の傑作」と評価することはできない。要田の事例も示しているように、作業長と現場作業者との間には、そしてまた現場管理者である上位管理者との間には、作業管理と労務管理をめぐってさまざまな摩擦と軋轢があり、それが作業長に職場のストレスがとくに重くのしかかる要因となる。要田におけるＩＥ負担、工程の改善や技術の改良に費やされた努力、そして殺人的超長時間労働などを考慮すると、作業長は単純な表現ではあるが「日本的過重労働の

＊9　レギュラシオン理論については若森（一九九六）を、またそれを含む現代資本主義論の諸潮流については北原・伊藤・山田（一九九七）および森岡（一九九七ｂ）を参照されたい。
＊10　日本的生産システムがテイラー主義およびフォード主義を超えていないことについては成瀬（一九九二）と青木（一九九四）を、また、日本企業における経営優位の労務管理については福田（一九九八）を参照されたい。

集中的表現」といわざるをえない。日本的生産システムが八〇年代末から九〇年代前半にかけて手直しを迫られ、部分的にせよ過重労働を軽減するような勤務体系を取り入れることを余儀なくされたのは、ひとつには、過重労働によりかかってきた日本的生産システムが過労死の社会問題化を契機にその限界を露呈したからである。

第四章　日本的企業システムと労働時間

Ⅰ　日本の雇用システムと労働時間

日本経済は最近の十数年間に、株価と地価のバブルをともなった景気の過熱と、バブルの崩壊にともなう戦後最大の不況を経験した。経済学の分野ではこの期間にバブルと不況が多くの議論を呼んできたことはいうまでもないが、本章で注目したいのは、同じ時期に、バブルや不況の議論と交錯するかたちで、日本の社会システムとその根幹をなす企業システムをめぐって、広狭二重の意味で「企業社会」をキーワードとする議論が経済学、経営学にとどまらず、社会学、政治学等を含む社会科学の諸分野で展開されてきたことである。

近年の日本において、企業社会論が噴出した背景にはいくつかの事情がある。第一に、バブルの発生と崩壊をともなったこの時期には、日本がいよいよ経済大国、というより企業大国となり、経済生活はもとより、社会生活においても政治生活においても、企業の影響力がかつてなく大きくなった。第二に、この時期には、働き過ぎと過労死が社会問題となり、また失業問題と就職難をともなう雇用リストラが進行し、個人生活を犠牲にした企業活動に対する人々の疑問と批判が広がった。第三に、この時期には、男女雇用機会均等法の施行と改訂があり、政府が男女共同参画型社会の実現を唱え始めたにもかかわらず、雇用の場における性差別の是正が進まず、ジェンダー視点からも社会システムと企業システムのあり方が問われるようになった。第四に、この時期には企業の不祥事や違法行為が相次いで露見し、従業員の側からも、株主の側からも、企業経営のゆがみが問題になってきた。

企業システムを考察するには、雇用と労働の側面だけでなく、所有と経営の側面をも視野に入れなければならない。後者については、すでにはじめの三つの章で取り上げた。また、日本企業のコーポレート・ガバナンスや企業改革を問題にするあとの諸章でも論ずる機会をもつ。本章では、現代日本の企業システムを、雇用と労働のありようを規定する労働時間に焦点を合わせて見ていくことにする。以下では、まず過労死とサービス残業を生む労働時間の構造から日本企業の労働の特質を照らし出し、ついで生活時間のジェンダー・ギャップから労働力の性別分業を問い、最後に近年流行の規制緩和論への疑問にからめて労働時間から見た企業改革の課題を提示しよう。

Ⅱ　労働時間と企業システム

戦後日本の労働時間は、高度成長が始まって最初の数年間は増加を続けた。一九六〇年にピークに達してからは短縮に向かいはじめ、時短を求める労働組合の運動もあって、七〇年代の初めには最も長かった時期に比べ年間三〇〇時間近く減少した。七三年秋に起きたオイル・ショックを引金とする七四―七五年の不況は、工業生産の低下を招き、日本経済に戦後はじめてのマイナス成長をもたらした。そのため、労働時間も一時的に急な落ち込みを記録した。成長率が年率平均一〇％を超えた六〇年代に比べれば、七〇年代後半以降の日本経済が低成長の時代に入ったことは否定しようがない。しかし、それにもかかわらず、欧米の資本主義国と比べれば、七五年以降も日本はなお高率の成長を維持した。とくにバブル期を含む八〇年代には、工業生産は六〇年代の高度成長の再現を思わせるような伸びを示した。

労働時間の推移に戻れば、高度成長期の六〇年代に時短が進んだのとは対照的に、八〇年代は時短の逆行現象を生み出した。八〇年代後半のバブルをともなった景気拡大は、八五年G5プラザ合意後の円高圧力によって徹底した人員削減が図られているもとで急激に生じたために、労働時間の延長に対する企業の衝動をこれまで以上に強めずにはおかなかった。バブル期のキャピタル・ゲインをねらった金融の暴走も、企業の経済活動を過熱させ、あらゆる産業での残業の増加と労働時間の延長に拍車をかけた。[*1]

九〇年代に入ると労働時間は顕著な減少を示すようになる。しかし、これを労働組合の時短運動や政府の時短政策の影響によるものとみることはできない。この一〇年の労働時間の減少は、戦後最大最長といわれる不況の圧力と、女性パートタイム労働者の一層の増加によるものである。

＊1　一九八〇年代の後半に時短が進まず、むしろ働き過ぎが強まった要因として無視できないのは、労働組合の交渉力の低下である。労働争議件数が激減し、日本がほとんどストライキのない国になった八〇年代後半には、一般に生産が急増し、失業率が下がり、人手不足がいわれる状況さえ現出したにもかかわらず、現金給与総額指数で見た一人あたり実質賃金はほとんど上昇しないという、経済学の常識に反する現象が起きている。この時期に初任給は一時上昇したが、全体の賃金水準には大きくは影響しなかった。

図 4-1　年間労働時間の推移

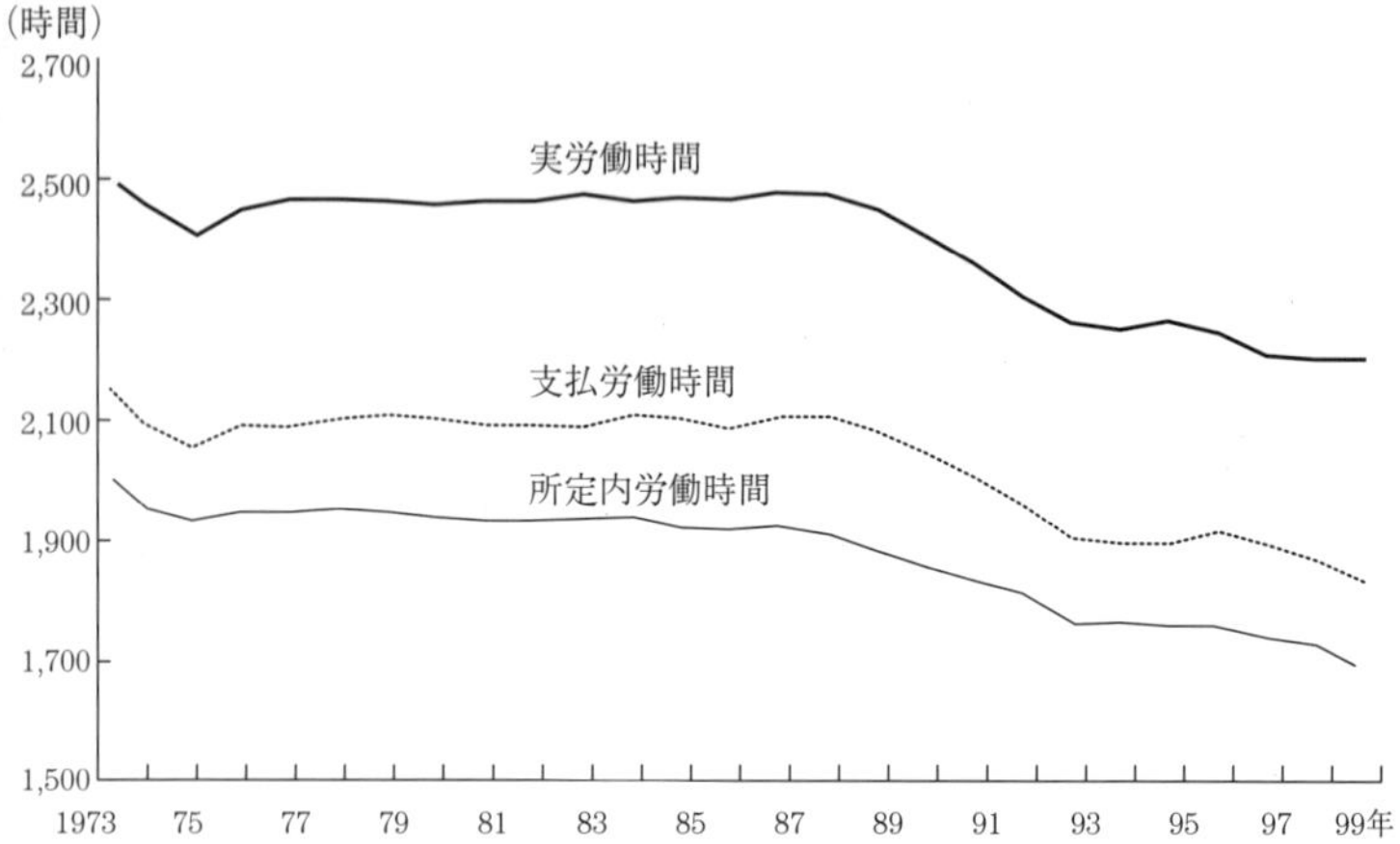

（注）　年間労働時間は「毎月勤労統計調査」の月労働時間を12倍，「労働力調査」の週労働時間を52倍して算出。

（出所）　労働省「毎月勤労統計調査」，総務庁「労働力調査」。

景気動向に対応した労働時間の趨勢は、労働省「毎月勤労統計調査」（『毎勤』）と総務庁「労働力調査」（『労調』）とから作成した図4-1によっても確認できる。これによれば、『毎勤』と『労調』のいずれをとろうと、六〇年代に減少をしてきた労働時間は、七四―七五年のオイル・ショック不況の時期に一時急な落ち込みを示したのち、減量経営がいわれ始めた七〇年代後半に増加に転じ、その後ほぼ八〇年代いっぱい高原状態で横ばいを続けた。九〇年代に入ってからは大きく減少し、九四年以降は再び横ばいから微減になっている。

図4-1において、八〇年代の労働時間が横ばいになっているのはなにを意味しているのだろう。注意すべきことに、横ばいに推移したのは男女計の全労働者の平均労働時間であって、男女で分けてみると、まったく違った動きが浮かび上がってくる。性別および時間階級別の数字が得られる『労調』から作成した図4-2をみてほしい。この

図4-2　性別労働時間の推移

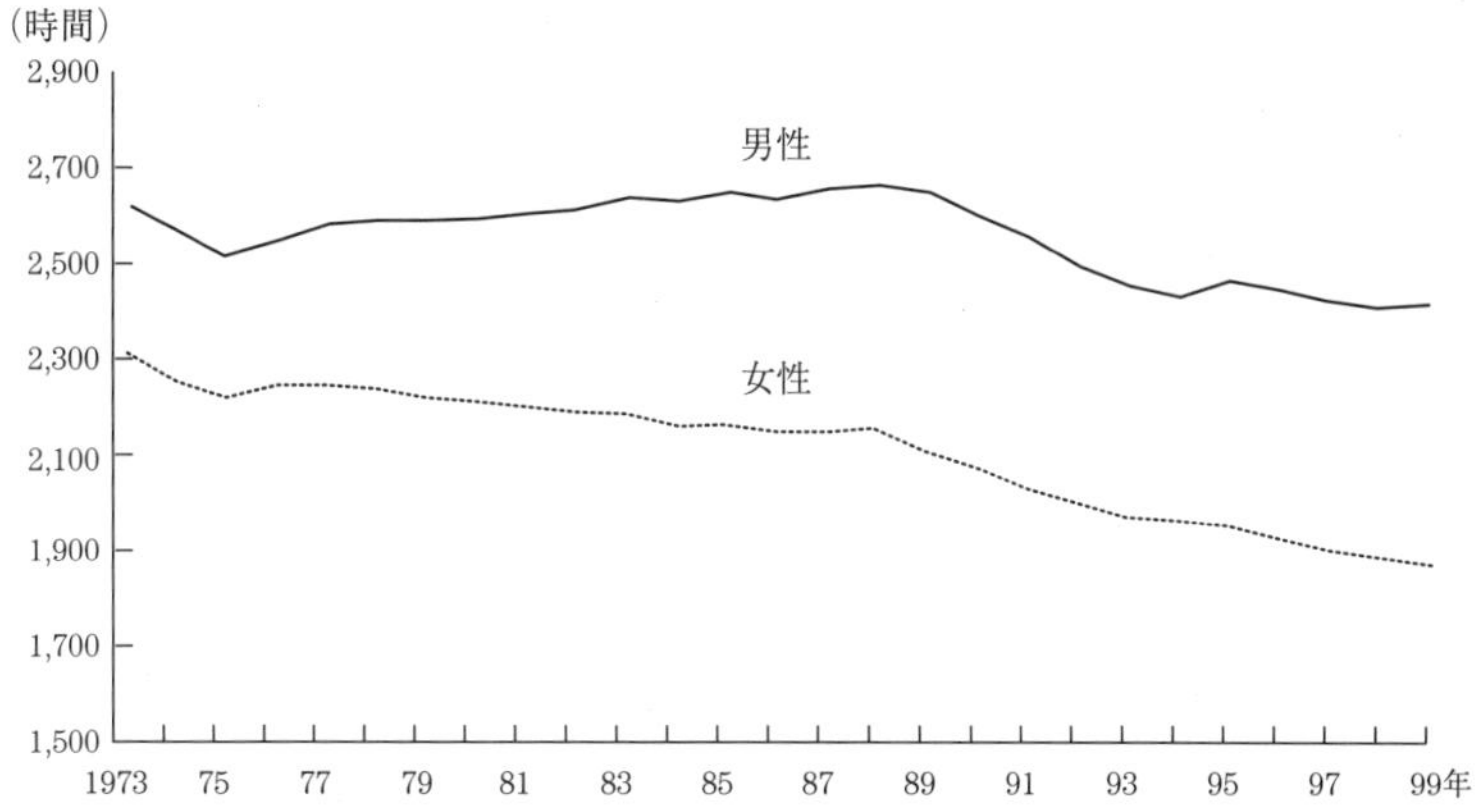

(出所)　総務庁「労働力調査」より作成。

図に明瞭なように、八〇年代末までの労働時間は男性では増加、女性では減少という対照的な動きを示している。実数でいうなら、男性の年間労働時間は、オイル・ショック不況のボトムの七五年からバブル経済のピークの八八年に、二五〇一時間から二六七二時間に増加した。ところが同じ期間に女性の年間労働時間は、二二二〇時間から二一五三時間に減少した。

男女の労働時間の対照的な動きを一層はっきりと示しているのは図4-3である。週六〇時間以上の男性の超長時間労働者と、週三五時間未満の女性の短時間労働者とに分けて、労働時間の推移をみたこの図は、七五年から八八年の間に関するかぎり、週六〇時間以上の男性労働者と週三五時間未満の女性労働者はほとんど同じ勢いで増え続けたことを物語っている。これは主要には男性における残業の増加と、女性におけるパートタイム労働者の増加に起因するものである。

週労働時間の変化を時間階級別にさらに細かく区分けしてみると、男性については図4-4に示したように、

図 4-3　性別・時間別雇用者数の推移

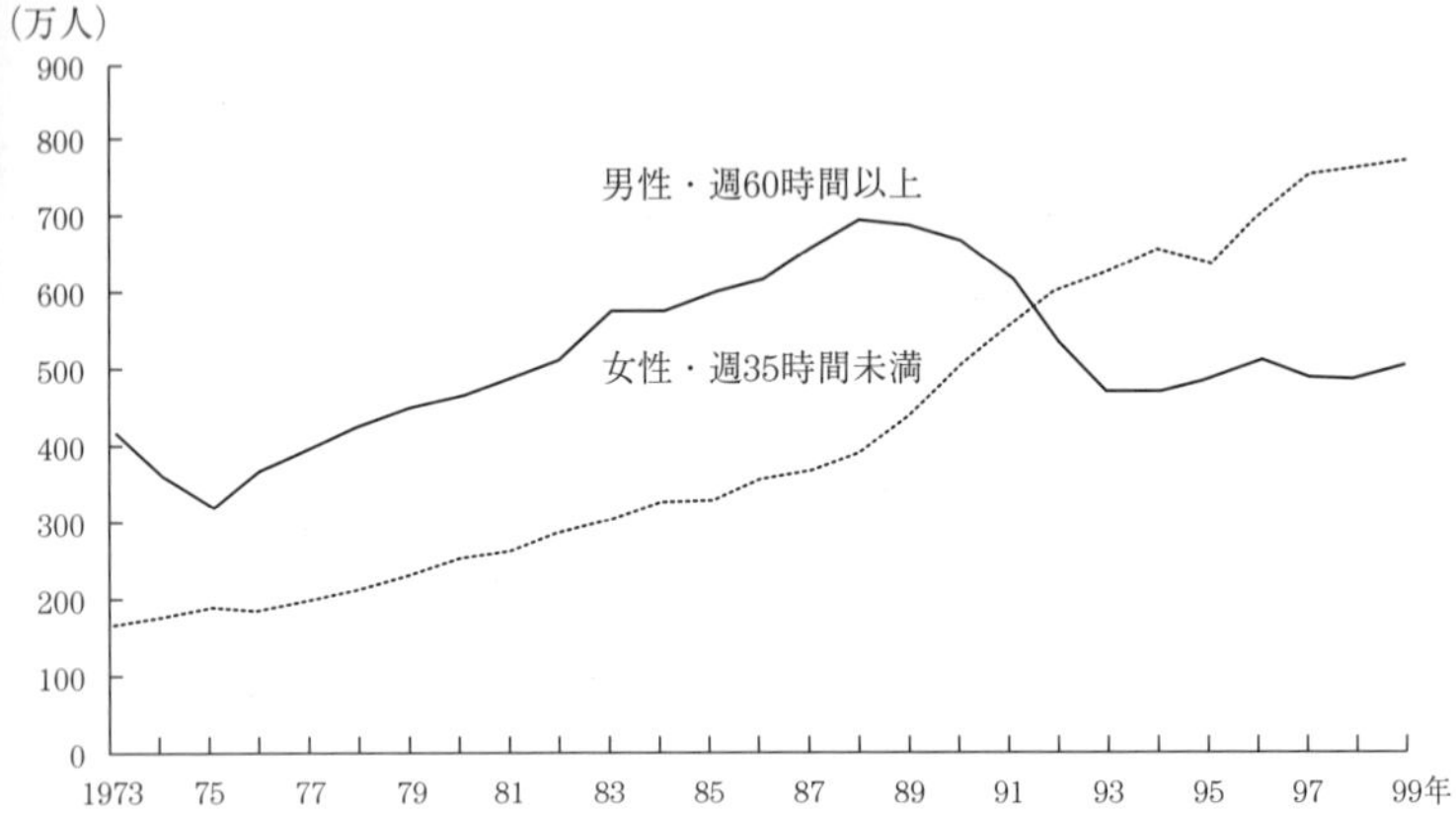

(出所)　図 4-2 に同じ。

七五年から八八年の間は、三五時間未満の労働者は一〇〇万人から一五〇万人の間にあってほぼ横ばいで推移したが、三五―四二時間および四三―四八時間の労働者は大きく減少し、四九―五九時間および六〇時間以上の労働者は大きく増加した。女性については、図4-5に見るように、同じ期間に、四三―四八時間、四九―五九時間、および六〇時間以上の労働者はほぼ横這ないし微増で推移したが、週三五時間未満および週三五―四二時間の労働者は顕著な増加を示した。このことは男性では労働時間のより長い者が増え、女性では労働時間のより短い者が増え、労働時間の二極化が進行したことを意味している。

九〇年代に入ってからの変化で目につくことは、男性では週六〇時間以上の労働者が減少している一方で、女性では週三五時間未満の労働者が八〇年代の増加テンポを上回る勢いで増え続けていることである。これは、男性は不況で仕事量が減ったことを反映して残業が減り、女性は企業が不況でパート依存を強めてきた結果、短時

図 4-4　男性・週労働時間別労働者数

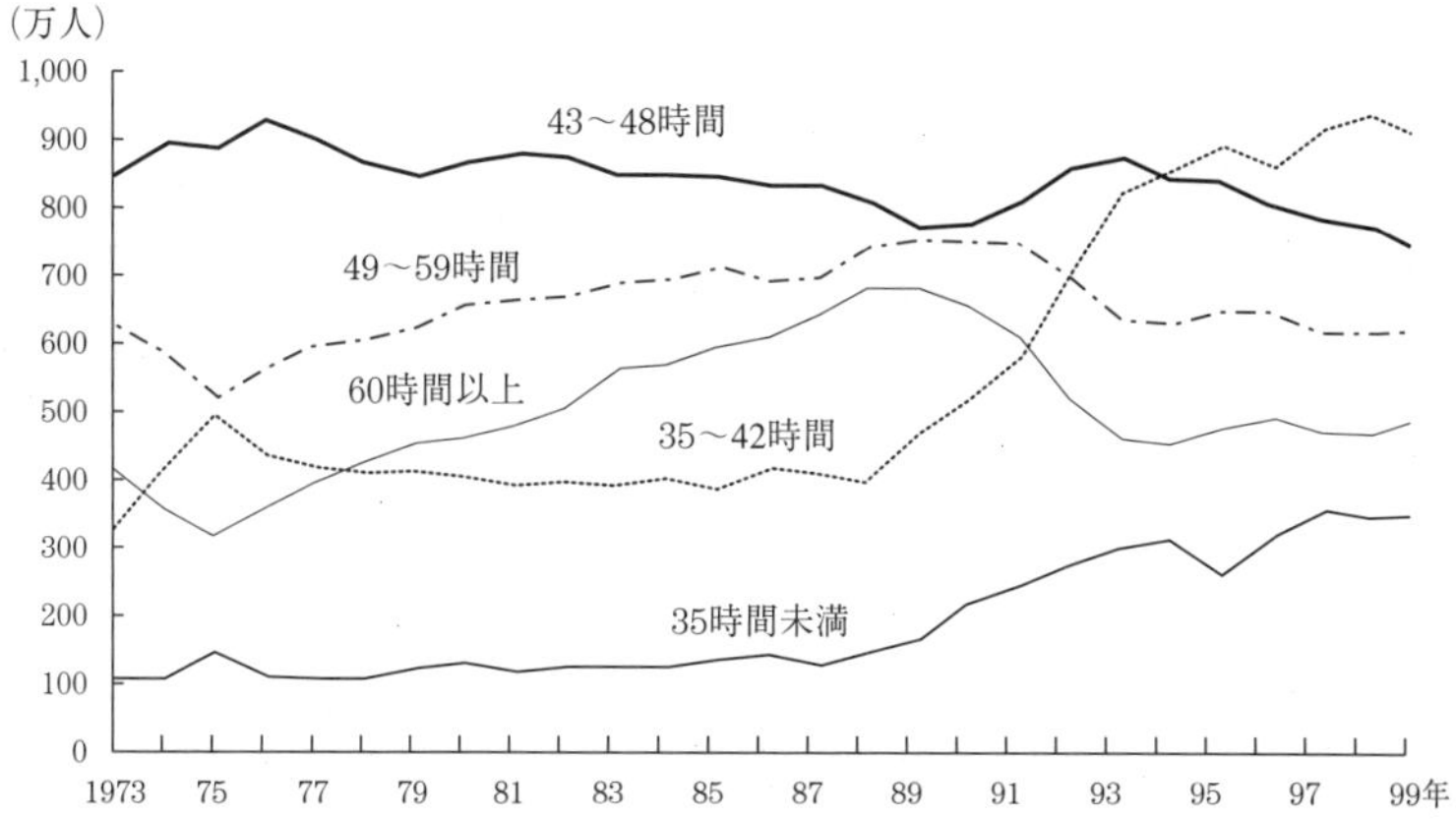

(出所)　図 4-2 に同じ。

図 4-5　女性・週労働時間別労働者数

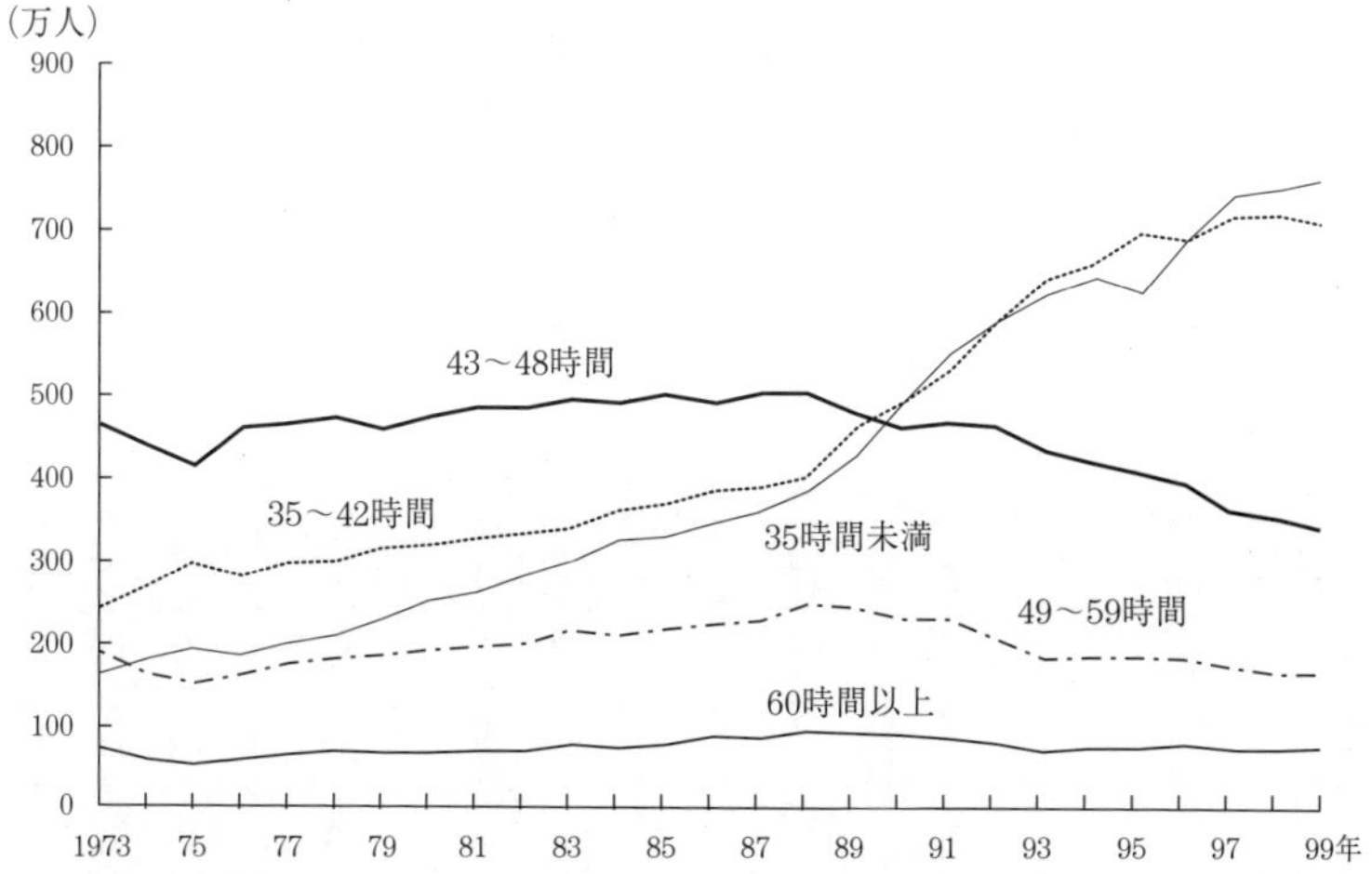

(出所)　図 4-2 に同じ。

間労働者が増えたということであろう。九〇年代の後半、とくに不況が強まった九七年からの動きについてみれば、「労働力調査」の時間区分からみて、男女とも正規雇用が多いとみなされる時間数の労働者（週四三―四八時間、週四九―五九時間、および週六〇時間以上）の割合が下がっている。その一方で、多くは非正規雇用とみなされる時間数の労働者（週三五時間未満および週三五時間）の割合は男女とも高まっている。これは不況下で雇用形態の多様化と労働市場の流動化が進み、正規雇用から非正規雇用への置き換えが進んでいることの反映だと考えられる。

のちにあらためてみるように、女性にも深刻な働き過ぎ問題があるが、労働時間統計で超長時間労働とみなされる「週六〇時間以上」の労働者の大多数は男性である。『労調』によれば、オイル・ショック不況のボトムの七五年には三二三万人（非農林業男性雇用者の一三・四％）いた超長時間男性労働者は、バブル経済のピークの八八年には六八五万人（同二四・三％）に増加し、男性労働者のほぼ四人に一人を占めるまでになった。男性の労働時間が異常に長くなったのは、同じ時期に所定労働時間は微減傾向にあったことからみて、所定外労働時間、すなわち残業が増えたからにほかならない。週六〇時間以上というのは年間に換算すればざっと三一〇〇時間以上になる。八八年についてみた場合、これはざっと所定労働時間一九〇〇時間、残業一二〇〇時間以上を意味する（所定外労働時間は『毎勤』による）。この場合、残業は月一〇〇時間以上、週二五時間以上にものぼることになる。

八〇年代の末には過労死が大きな社会問題になった。今日の日本において、年間の犠牲者数で交通事故死を上回ると推定されるほどに過労死が多発するマクロ経済的背景には、年間三一〇〇時間以上働く超長時間労働者が数百万人もいるという事実が横たわっている。不況が深刻化して労働時間が減少した九七年でも、『労調』によれば、週三五時間以上就業した男性労働者の一七%、六人に一人は週六〇時間以上、年間三一〇〇時間以上働いており、過労死弁護団が設けている全国の「過労死110番」の相談件数は、バブルのピーク時よりは減っているとはいえ、なお毎年二〇〇件前後にのぼっている。

こうした労働時間の実態は、政府・労働省が労働時間の国際比較で用いている『毎勤』ではとらえることはできない。なぜなら、それは事業所が従業員に賃金を支払った時間数を賃金台帳をもとに記入する方法で集計されており、従業員が所定外の早出や居残りや持ち帰り仕事等で実際に労働しながら賃金が支払われないか、賃金を請求しない部分、つまりサービス残業を含んでいないからである。[*2] これに比して『労

＊2　『毎勤』の労働時間が支払労働時間を、また『労調』が実労働時間を示しているとすれば、前掲の図4-1の『労調』と『毎勤』の労働時間の開きは、実際になされた時間外労働中のサービス残業の大きさを表しているとみなすことができる。私は、九〇年一二月に国際版（前編日本語、後編英語）として出た、過労死弁護団全国連絡会議編『KAROSHI［過労死］』（窓社）の「日本の労働者の生活構造」（"The Life Style of Japanese Workers"）で、『労調』と『毎勤』の比較から、サービス残業の大きさを推計した。経済企画庁国民生活局編『個人生活優先社会をめざして』が出たのはそれから一年後であるが、この政府レポートも、サービス残業は何故減らないのか」を問題にして、「総務庁『労働力調査』（勤労者に対する調査）と労働省『毎月勤労統計調査』（雇用主に対する調査）の労働時間の差がサービス残業であるとすれば、八九年で年間三四〇時間のサービス残業が存在していたことになる」と推定していた。

同様の方法によって、藤原眞砂氏は九一年までの二〇年間の、また故徳永芳郎氏は九二年までの一〇年間の『労調』と『毎勤』のデータから、一人あたり年間サービス残業時間（風呂敷残業や中間管理職の残業を含む）をそれぞれ三五九時間、三五八時間と算出している（藤原、一九九三、徳永、一九九四）。

調』は、毎月末の一週間（一二月は二六日に終わる一週間）について、居残りや早出を含め実際に仕事をした時間を労働者自身が記入する方法で集計されるもので、サービス残業を含む実労働時間を比較的実態に近いかたちでとらえていると考えられる。

サービス残業は、それを『労調』と『毎勤』の労働時間の差とみれば、さきの注で述べたように、年間約三五〇時間にもなる。『毎勤』によれば、賃金の支払われた残業は、九二年までの一〇年間の平均については、一人年間一七五時間である。これから推定すれば、年間ざっと三五〇時間というサービス残業は支払残業時間の二倍にあたることになる。いいかえれば、年間五〇〇時間を超える総残業時間のうち、三分の一が支払時間で、三分の二が不払時間であると考えてよい。ここでの算出方法にしたがえば、サービス残業は不況で労働時間が減少した一九九九年でも三六四時間（『労調』二二一〇時間マイナス『毎勤』一八四六時間）にも達する。このなかには、賃金の支払われなかった早出や居残りや休憩時間中の仕事のほかに、風呂敷残業あるいはフロッピー残業といわれる持ち帰り仕事が含まれている。残業実態は業種によって異なるが、一般的にいえば、企業が不況を理由に残業手当の予算枠を低く抑え、残業手当の支払に以前より厳しい時間的上限を設けているために、支払残業時間は減ってもサービス残業時間は減っていないというのが実状である。*3

八〇年代には日本の労働時間は、サービス残業を考慮に入れない政府・労働省の国際比較によっても、アメリカ、イギリスより約二〇〇時間、ドイツ、フランスより約五〇〇時間長いといわれてきた。八〇年代以前にも日本の労働時間は国際的に突出して長いことが知られていたが、日本人の働き過ぎが社会問題として広く認知され国民的論議を呼ぶようになったのは、八〇年代の後半に過労死が社会問題になった時期からのことである。過労死が多発するようになって、働き過ぎがいわれだしたということは、日本では結局「死ぬほど働く」というときの「死」が、働き過ぎの社会的基準になってきたことを示している。

労働基準法は、使用者が労働者に命ずることのできる労働時間の上限を「一週四〇時間、一日八時間」と定めている。しかし、この法定労働時間は働き過ぎの社会的基準としての効力を有していない。というのも、使用者は同法の第三六条にしたがって、従業員の過半数を代表する労働組合や組合に代わる団体との間で時間外労働に関する協定を締結して労働基準監督署に届け出れば、法定時間外および休日に働かせても処罰をまぬかれることになっているからである。労基署に受理されている実際の三六協定をみても、「男子は二四時以降は時間外労働をしない」という例もあれば、「男子は一日一五時間以内の時間外労働をさせることもある」という例もある。いずれにせよ、男性は二四時間働くことを容認してきたのが三六協

＊3　管理監督者には残業手当を支払わなくても労働基準法違反に問われることはなく、そのかぎりでサービス残業を問題にされることはない。しかし、この場合、問題は管理監督者の範囲である。労働法学者の本多淳亮氏が指摘するように、労基法上では管理監督者の要件は、「労務管理について大きな権限をもち経営者と一体的な立場にあること、出退勤について厳格な制限を受けず自己の勤務に関し自由裁量の権限をもつこと、その地位にふさわしい特別給与が支払われていること」（本多、一九九三）と厳密に解釈されなければならない。消費者金融会社の主任職の社員が、「管理職とされ残業代を支払われない」のは違法として、同社を相手取り残業代の支払を求めた裁判で、二〇〇〇年四月二八日、大阪地裁は残業代の支払を命じる判決を出した。これは、権限や勤務態様からは管理職とはいえないのに、管理職としてサービス残業を強制してはならないという判断を示したものである。

定である（森岡、一九九五a）。

サービス残業は資本主義の初期にはめずらしいことではなかった。というのは当時は固定賃金が一般的で、日あるいは週の労働時間が長くなっても、日賃金や週賃金は変わらなかったからである。かつてどの国にもあったこうしたただ働きは、第一に、一般的法律か労働組合との全国的協約によって基準労働時間が社会的に確定され、第二に、基準労働時間を超える労働に対して一定の割増率で残業手当（時間外労働手当）が支払われるようになるとともに、姿を消していった。しかし、日本では、使用者が労働者に命ずることのできる労働時間の上限を示す労基法の法定労働時間が三六協定によって空洞化されており、労働時間に対する労働組合の規制力も著しく弱いために、割増賃金はおろか通常の賃金さえ支払われない残業が広くまかり通っている。そのうえ、残業に割増賃金が支払われる場合にも、割増率が低いために残業に対する歯止め効果をもつどころか、かえって使用者に労働者を少しでも長く残業をさせる誘因になっている。残業賃金の割増率は国際的には平日で五〇％以上というのが通り相場になっているが、日本の企業では深夜勤務を別とすれば、多くの場合、何時間残業しても労基法に定められた最低率の二五％である。この場合、割増の基準となる通常の賃金には、月々に決まって支払われる賃金以外の、賞与、通勤手当、各種福利費用、退職金、教育・訓練費用など——労働時間数に関係なく雇用者数で決まる労働コスト——を含まないので、割増率が七〇％近くまで引き上げられるならともかく、二五％という現行の低い割増率では、新規に人を雇うより、残業のほうがはるかに安上がりになる（『労働白書』一九八六年版、一二三—一二六頁）。

日本企業にとっては、残業はパート労働とともに、労働コストの引き下げと労働力の弾力的需給調整のための魅力的な手段である。日本の企業が日頃から正規雇用を最小限に抑え、仕事量の増大には雇用増より残業増とパート雇用増で対応してきたのは、そうするほうが労働コストが安くつくうえに、労働力の需給調整が容易であるからにほかならない。そのことは経済企画庁総合計画局編『一八〇〇労働時間社会の創造』（一九八九年）にも次のように指摘されている。

「雇用面では、常用雇用増をできる限り抑制し、比較的労働コストが安く、雇用調整が容易なパート・アルバイト等の採用、下請け、外注の活用とともに、所定外労働時間への依存が進んでいる。また所定外労働の恒常化がバッファとなっているために、企業内における最適人員配置が十分に志向されておらず、忙しい部局での超過勤務依存がいよいよ加速されている」（一八頁）。

経済企画庁のもとにおかれた「労働時間短縮のインパクト研究会」（座長・竹内啓氏）がまとめたこの報告は、労働コストにおいては　新規雇用＞残業＞パート　という関係があるという認識に立って、上記の引用に続けて、「常用雇用者の雇用増より常用雇用者の所定外労働の方がコストが小さく、さらにパートタイム労働者を雇用する方がコストを抑えることができる」（一九頁）と指摘している。

パートの労働コストは残業の労働コストより低いというのは、時間外労働に残業手当が支払われるかぎりではきわめて正当な指摘である。しかし、サービス残業の存在を考慮に入れる場合には正しいとはいえなくなる。サービス残業は一般にホワイトカラー職場で長く、ブルーカラー職場では短いが、全産業の平均をとれば、すでに述べたように労働者一人あたりで年間約三五〇時間にものぼる。パートタイム労働者を除く一般労働者だけをとれば、もっと長時間のサービス残業があるものと推定される。私が『労調』および『毎勤』のデータから試算したところでは、九二年に、パートを含む常用労働者の年間の残業賃金は二一万八七一二円、残業時間は四五三時間（支払残業一二六時間、不払残業三二七時間）、サービス残業を含めた残業の時間賃金は四八三円であった。また、九三年に、パートを除く一般労働者の年間の残業賃金は二三万五六九二円、残業時間は五七二時間（支払残業は一三一時間、サービス残業は四四一時間）、サービス残業を含めた残業の時間賃金は四一二円であった。同年のパートタイム労働者の時間賃金が八八九円であったことからいえば、この国ではサービス残業を含む残業の実質労働コストは、一般労働者の時間賃金の半分に満たないパートタイム労働者の時間賃金よりさらに低いのである。

サービス残業は本来なら残業手当が支払われるべき時間か、さもなければ労働者自身の自由な使用にゆだねられるべき時間を企業が不法に盗み取ることを意味している。法律的にはそれは賃金不払（労基法二四条、一二〇条違反）および割増賃金不払（同三七条、一一九条一号違反）の二重のルール違反である点で、「被害者数および被害金額からいって最大の企業犯罪」（本多、一九九三、六九頁）である。

利潤追求のためには時間に応じた支払という賃金原則さえ破る日本企業は、企業システムのうちに労働者に対してサービス残業の受容を迫るさまざまな仕組みをつくり出している。なかでも重要な意味をもっているのは、会社人間を生む日本的な雇用慣行と企業内福祉である。このところ大きく揺らいできたとはいえ、日本では、大企業の男性正社員の場合はとくに、年功に応じて賃金が上がっていくうえに、社宅、住宅貸付、企業年金、退職金、保健・医療などの企業内福祉においても、長期在職者ほど有利な仕組みがつくられてきたために、中途退職（転職）は労働者にとってはきわめて不利益が大きい。くわえて、企業内福祉に比べて社会保障の給付水準が低く、外部労働市場が閉鎖的であるために、労働者は企業に縛られ会社人間となる度合いが高い。

労働者を会社人間に鍛え上げる仕組みとしていまひとつ無視できないのは、日本的な人事考課（査定）である。それは態度、意欲、性格などの情意考課を重視して、労働者から自発性を引き出し、賃金・賞与の決定や昇格・昇進に個人差（年功プラス能力主義）をつけて労働者間競争を組織し、超長時間残業やサービス残業も辞さずに過労死の不安と背中合わせに働く会社人間をつくり出す（熊沢、一九九七）。ホワイトカラーの営業職では、これに加えてさらに厳しいノルマ管理が労働者を「自発的」働き過ぎに追い込んでいる。ノルマ達成の度合いによって同一時期に入社しても、昇格・昇進で大きな差がつく仕組みのなかで、労働者は相互に命をすり減らす競争に駆り立てられているのである。

Ⅲ　女性労働者と企業システム

前節では男性労働者を中心に日本企業が労働者を働き過ぎに追い込む仕組みを見た。しかし、この国では男性労働者だけでなく女性労働者もまた働き過ぎである。そのことは二〇〇〇年三月現在で、『労調』における女性就業者二五一六（二〇四〇）万人のうち、週四三時間以上就業した者は七六六（六一二）万人、週四九時間以上就業した者は三八六（二七六）万人、週六〇時間以上就業した者は一四四（八六）万人いたことにも示されている（括弧内は雇用労働者）。女性労働者については、一日二時間という残業規制が一九八七年に撤廃されたのちにも、九九年四月からの改定労基法の施行までは、業種によって一週六時間、二週一二時間、四週二四時間、また業種を問わず一年一五〇時間という制限があった。この規制にし

表4-1　有職者の週当たり労働時間と家事時間　（単位：時間.分）

		日　本	カナダ	アメリカ	イギリス	フィンランド
男性	労働時間	52.44	44.13	45.09	36.38	39.33
	家事時間	3.37	11.33	13.25	14.35	13.18
	合計時間	56.21	55.46	58.34	51.13	52.51
女性	労働時間	39.19	37.20	33.57	25.26	30.27
	家事時間	24.23	20.18	23.55	25.12	23.48
	合計時間	63.42	57.38	57.52	50.38	54.15

（出所）　NHK放送文化研究所世論調査部『生活時間の国際比較』1995年。

たがえば、年間法定労働時間を二〇〇〇時間（四〇時間×五〇週）としても、女性の労働時間は九九年四月までは二一五〇時間を超えることはなかったはずである。にもかかわらず、『労調』によれば、九八年現在で労働時間が週四九時間以上、年間二五〇〇時間以上に達する労働者（雇用者）が二三六万人いる。

日本の女性が働き過ぎであることは、NHK放送文化研究所世論調査部『生活時間の国際比較』（一九九五年）から作成した表4-1によって確認することができる。[*4] 女性の労働時間の欄を見れば、日本、カナダ、アメリカ、イギリス、フィンランドの五ヵ国にあって、日本の女性が最も長く、週三九時間一九分も働いている。前節では日本の労働時間は「男は残業」「女はパート」に分かれる傾向が強いために、男女の間で大きな差があり、八〇年代には労働時間の性別分化が進行したと指摘したが、国内では男性に比べて労働時間がかなり短い女性が、国際的には最も長時間働いているという事実を見過ごしてはならない。もちろん男性も含めれば、国際比較で最も労働時間が長いのは週五二時間四四分の日本人男性である。しかし、それはいまひとつの労働である家事労働の時間を無視した場合のことであって、通常の意味の労働時間に家事労働時間を合わせた総労働時間は、五ヵ国中で日本の女性が最も長く、週六三時間

表4-2　週当たり収入労働時間と家事労働時間　（単位：時間.分）

家族類型	収入労働時間		家事労働時間		総労働時間	
	夫	妻	夫	妻	夫	妻
夫も妻も有業の世帯（共働き）	51.06	33.29	2.27	29.10	53.33	62.39
うち，ともに雇用労働者	50.52	34.11	2.41	28.28	53.33	62.39
夫が有業で妻が無業の世帯	48.25	0.35	3.02	49.35	51.27	50.10
その他の世帯を含む全世帯	44.27	18.33	3.09	37.06	47.36	55.39

（注）家事労働時間は「家事」と分類されている時間に「介護・看護」「育児」「買い物」の時間を加えたもの。
（出所）総務庁『平成８年 社会生活基本調査報告』1998年。

四二分にも達する。

雇用者、自営、家族従業者等を有職者として一括した表４−１とは区分を異にするが、一九九六年の「社会生活基本調査」から作成した**表４−２**によっても、日本の女性が収入労働と家事労働でいかに長時間働いているかを確かめることができる。共働きの雇用者世帯についてみれば、一週間に男性（夫）は、総労働時間五三時間三三分のうち五一時間〇六分を収入労働、二時間二七分を家事労働に費やしているのに対し、女性（妻）は総労働時間六二時間三九分のうち、三三時間

＊４　田中重人氏は、男女の市場労働と家事労働の配分に関連して、一九九六年の男女共同参画審議会の答申『男女共同参画ビジョン』を検討して、次のように指摘している。すなわち、『ビジョン』は、「男性はフルタイム労働者でなければならない」という前提をおいている点で、「gender-equal な社会を構想するのに gender-biased な仮定から出発する奇妙な論理構造」になっているが、生活時間の配分における平等社会を実現するには、女性のフルタイム労働者の比率を大幅に引き上げるだけでなく、「男性が専業主夫になったり家事を優先してパートタイムで働くなどの柔軟な働きかたを可能にする方法を探る必要がある」（田中、二〇〇〇、一三頁）と。

二九分を収入労働、二九時間一〇分を家事労働に費やしている。日本人男性の労働時間（収入労働時間）が長いことは、彼らの家事労働時間が極端に短く、女性の家事労働時間（無収入労働時間）が著しく長いことと対応関係にある。それゆえ、さきのＮＨＫ『生活時間の国際比較』も一週間の生活時間の男女差を問題にして、「性による時間の不平等は日本が最も大きい」と指摘しているのである。

時間の不平等はそれ以上に大きな収入の不平等をもたらす。表4-2によれば、共働き雇用者世帯の男女の収入労働時間はおよそ一〇〇対六六であるが、これに男女の賃金格差一〇〇対五〇を重ね合わせれば、収入力格差は一〇〇対三三になる。家事労働を含む男女それぞれの総労働時間は一〇〇対一二〇であることを考慮に入れれば、日本では働く女性は生活の維持に必要な労働時間の半分以上（五五％）を担いながら、労働を通ずる収入の三分の一しか得ていないことになる。なお、妻無業のいわゆる専業主婦世帯を含む全世帯では、男女の収入労働時間は一〇〇対四〇、収入力は一〇〇対二〇になる。この場合、大沢真理氏がいうように、この国では「女性は社会の労働の半分以上を担いながら、労働を通ずる収入の社会的総額の五分の一ないし四分の一しか得ていないことになる」（大沢、一九九三、四六頁）のである。

連合総研は、一九九六年一一月から九七年三月にかけて、日本、アメリカ、イギリス、ドイツ、フランスの自動車、電気機器製造業、卸・小売業の労働者を対象に生活時間の国際比較を行った。表4-3はそのデータから、男性の出勤日の生活時間の構成を妻の就労形態別にみたものである。これによれば、日本の男性の家事時間は、妻の勤労の有無や就労の形態を問わず、きわめて短い。これに対し、アメリカの男性は、妻が働いていない場合も一時間八分（日本の五・二倍）は家事をしており、妻がフルタイムで働いている場合は二時間二八分（日本の六・七倍）も家事をしている。私は、労働時間を考察した拙著で、一

表4-3　妻の就労形態別にみた日米男性の出勤日の生活時間構成

	夫の生活時間	妻の就労形態		
		無　業	パートタイム	フルタイム
日本	労働時間	10時間18分	10時間19分	10時間12分
	家事時間	13分	7分	22分
	生理的生活時間	9時間38分	9時間40分	9時間47分
	自由時間	2時間18分	2時間18分	2時間44分
アメリカ	労働時間	8時間21分	8時間39分	8時間5分
	家事時間	1時間8分	1時間28分	2時間28分
	生理的生活時間	9時間7分	8時間45分	9時間10分
	自由時間	3時間25分	2時間41分	2時間16分

（出所）　矢野眞和・連合総研編『ゆとりの構造――生活時間の6か国比較』日本労働研究機構，1998年より作成。

九九一年の「社会生活基本調査」から、日本の子どものいない世帯の夫の平日の家事時間（七分）は、子どものいる世帯の夫の育児（一三分）を除いた家事時間（一二分）より長いことを問題にして、日本では「共働きの増大が家事や子育てにおける両性の平等につうずる新しい生活文化をつくるにはいたっていない」（森岡、一九九五a、一八四頁）ことを指摘した。連合総研調査のデータでは、日本ではなぜか、妻が働いていない場合よりも、妻がパートに出ている場合のほうが、男性の家事時間は短い。また、なぜか、日本ではフルタイムの女性を妻にもつ男性のほうが、無業やパートタイムの女性を妻にもつ男性より自由時間が長い。しかし、アメリカでは、男性の家事時間は、妻が無業、パートタイム、フルタイムの順に長くなっている。またそれに応じて、男性の自由時間は、妻が無業、パートタイム、フルタイムの順に短くなっている（矢野、一九九八、七五頁）。

ここには日本の企業システムが深刻な性差別システムのうえに成り立っていることが端的に表されている。日本の企業では、労働者は正規雇用（正社員）と非正規雇用（パート、派遣、臨時・日雇い、出向社員、契約・登録社員など）に分かれている

表 4-4　労働力の性別役割分業

男　性	女　性
家族責任を放棄した中核労働力	家事労働を背負わされた底辺労働力
残業・転勤，会社人間，過労死	少ない残業・転勤
多様な部署を経験，幅広い技能を形成	多くは定型的・補助的労働
年功賃金，高付加給付，長期勤続	低い昇給カーブ，短期勤続・パート
管理職への昇進機会	管理職からの締め出し
内部労働市場の上方移動	外部労働市場の水平移動

だけではない。労働者はまた、表4-4に示したように、はた目には同じ正社員であっても、残業や転勤が少ないかわり、定型的・補助的な仕事に縛りつけられて、管理職にはほとんどなれないまま、パート・派遣に追いやられる「女性軍」と、管理職にはなれるが、残業や転勤が多く、過労死の不安と隣り合わせに会社人間として猛烈に働く「男性軍」とに振り分けられている。均等法後は「総合職」コースを選んで男性軍の仲間入りをする女性も出始め、また最近は雇用リストラの進展にともない男性でもパート、アルバイト、日雇いなどで働かざるをえない人々が増えているが、男性と女性の振り分け構造はなお強固に保持されている。

第二次世界大戦前の家制度的家父長制のもとでは、戸主という名の家長権をもつ男性の同意か許可がなければ、女性は結婚も、住居移転も、職業選択も、売買も、契約も、訴訟も、できなかった。女性も社会的労働に従事しはしたが、それは農業および商工自営業における、財産の所有権や収入の処分権をもたない従属的家族労働力としてか、戸主によって工場に売られた女工や商家に住み込んだ女中としてであって、けっして近代的な意味での自由な労働者としてではなかった（布施、一九九三、森岡、一九九五b）。

こうした家制度的家父長制は戦後改革によって解体されたが、戦後半世紀を経た今日でも、女性は労働市場の入り口で深刻な差別を被っており、女性を限られた職務かコースにしか採用しない企業も少なくない。正社員として就職した場合にも、就職後は男性には多様な部署を経験して幅広い技能を形成する機会があるのに、女性は狭い範囲で似たような単純作業を繰り返しやらされ、勤続意欲をくじかれるか、健康を害することが多い。全体に女性がこうした労働環境におかれているもとでは、働き続けること自体が強い意志を必要とし、家族責任や地域責任を背負わされている点でも大きな困難をともなう。結婚後も働き続けようとすると、たいていは男性に比しては もちろん、結婚していない女性に比しても、賃金および昇進で不利な位置におかれる。入社時の男女の賃金は同一であっても、女性はたいてい差別的評価システムのために昇格・昇進がほとんどないか、著しく遅れ、昇給カーブは若年期を過ぎると「寝たきり」状態になる。他方、男性は昇格・昇進を重ねていく可能性が高いので、同じ学歴で同時期に入社しても、勤続年数が長くなるにつれて男女の賃金に大きな開きが生じ、五〇歳前後では女性の賃金は男性の半分になるケースもある。

家父長制のイデオロギーが強い日本の企業では、女性は長いあいだ若年期だけ働いて、結婚後は男性に扶養されるべきだと考えられてきた。近年では公然たる結婚退職制や若年定年制は姿を消してきたが、それでもなお女性を若年期だけ正規労働者として働かせて、結婚や出産をする年齢になると退職に追い込むような仕組みがまったくなくなったわけではない。女性の側にも、いわゆる専業主婦であることをよしとする「主婦願望」や、子どもは幼児期には家庭で母親が育てるべきだとする「三歳児神話」が根強く残っている。また、いまでも、夫婦の場合は、妻の就労は夫の許しを前提にしていることが少なくない。

総務庁「就業構造基本調査」から作成した図４-６にみるように、これらの要因が共働して、二〇代前半を最初のピークとし三〇代前半をボトムとするM字型雇用カーブはなお厳然と存在している。これは企

図 4-6　女性雇用者中の正規従業員とパートタイム労働者

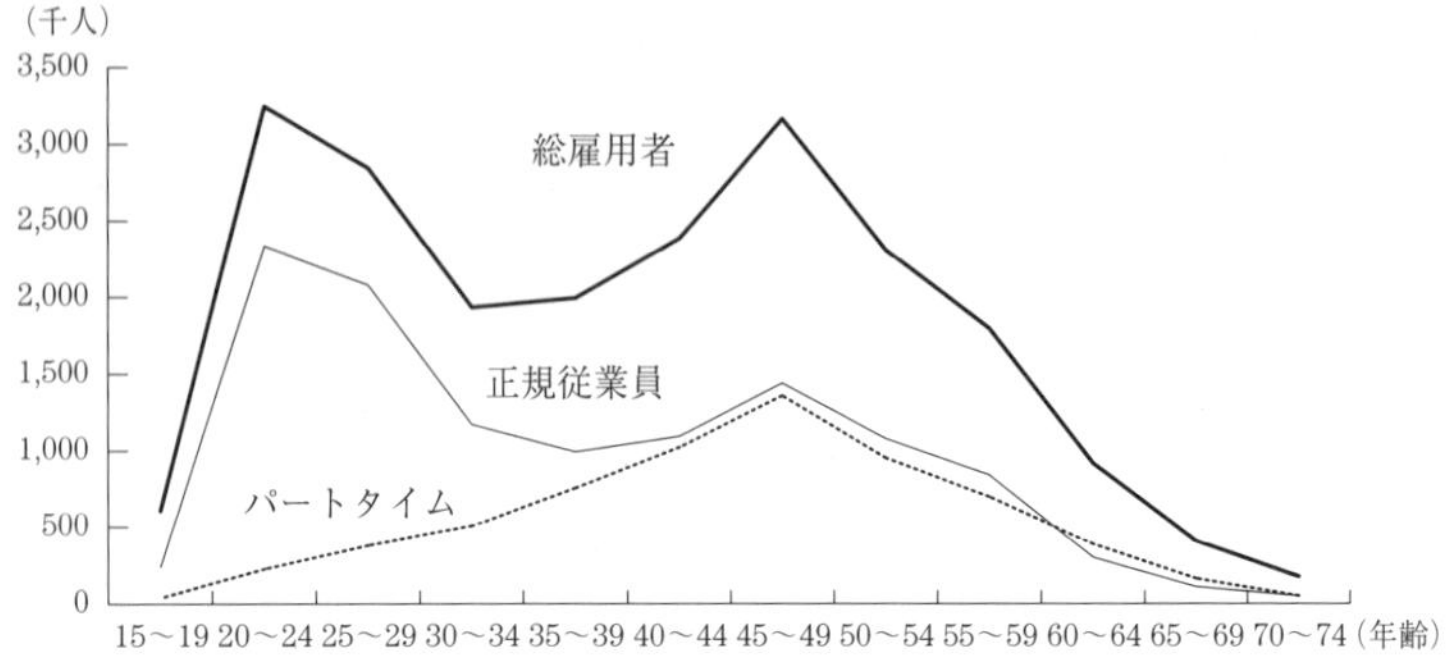

（出所）　総務庁『平成 9 年　就業構造基本調査』日本統計協会，1998年より作成。

業が雇用管理上の制度として四〇代前後の女性を大量にパート、アルバイト、派遣労働者として募集、採用、配置している事実を示すものである（中川、二〇〇〇）。

募集、採用、賃金、配置、昇進等における女性差別は、とりわけ「有配偶」女性に重くのしかかっている。同じく「就業構造基本調査」からとった図4-7によれば、女性の有業率は配偶者のいる若い女性においてとくに低く、女性のおかれた就業上の地位が、夫と家族の存在に深くかかわっていることがわかる。男性が能動的生活時間のほとんどすべてを企業に捧げるような働き方を強いられているもとでは、そして、女性が男性に比して短い収入労働時間と低い賃金ゆえに二重に収入力が劣るもとでは、妻である女性は育児や介護や買い物を含む家事労働のほとんどすべてを背負わざるをえない。熊沢誠氏が指摘しているように、日本的経営は、男性従業員に会社の求める最高レベルの要請に応えるように迫り、全生活態度を会社に向けさせるように要求してきた。だとすれば、女性は夫や子どもをもたないで生きる道を選ばないかぎり、「男並み」の働き方はできようがない。そして、そのことが

図 4-7　配偶関係別女性有業者数

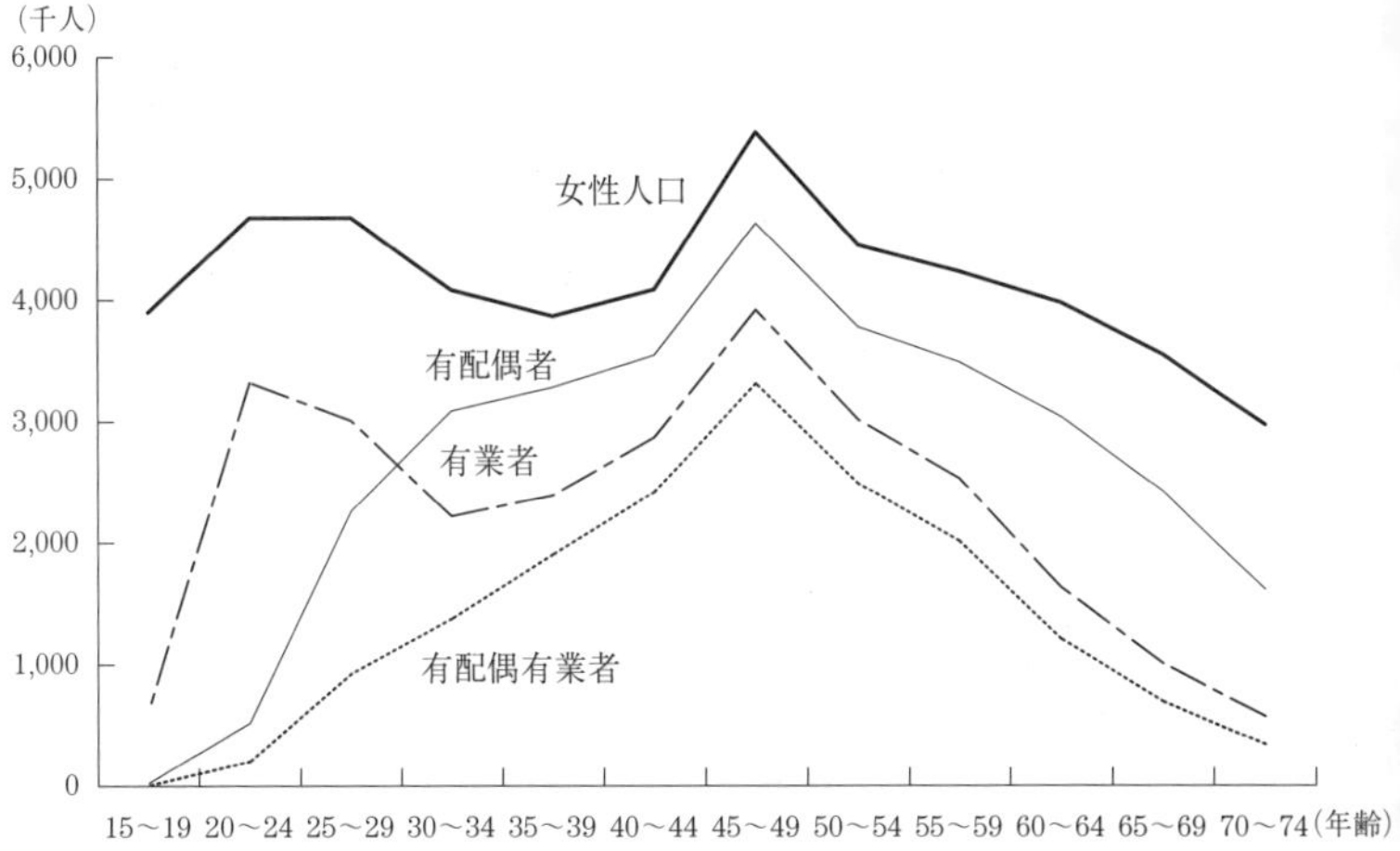

（出所）　図 4-6 に同じ。

ほかでもなく女性にはもっぱら単純労働の担い手や、景気変動の調節弁や、家族・地域生活の担い手の役割を押しつけ、正社員であれパートであれ、女性を単純労働、短期勤続、低賃金の底辺労働力にさせているのである（熊沢、一九九五）。

こうした性差別の存在を看過しては日本の企業システムの特質を理解することはできない。

Ⅳ　日本の雇用システムを変える

本章の冒頭で述べたように、近年の日本においては社会科学の諸領域で、社会システムと企業システムをめぐってかつてなく活発な議論が展開されてきた。問題設定とその解決方向からみると、それらの議論は二つの大きな流れに整理することができる。第一の流れは、経済大国化した日本の「豊かさ」のありように疑問を提起し、日本社会を「企業中心社会」とみて、そのもとで労働や雇用を考察して、企業中心社会から生活者優先社会への転換の条件を探ろうとするものである。第二の流れは、国際協調のための経済構造調整の必要を唱え、自由競争と自己責任を強調し、不況脱出のためにも経済生活や社会生活の諸領域において規制緩和を推進し、新たなビジネス・チャンスの創出を図ろうとするものである。

こうした二つの流れの分岐と対抗は、一九八〇年代後半から九〇年代前半における政府の経済運営をめぐる政策論議——一九八六年の「前川レポート」（「国際協調のための経済構造調整研究会報告」）、八七年の「新前川レポート」（「経済審議会経済構造調整特別部会報告」）、八八年策定の「経済運営五か年計画」（「世界とともに生きる日本」）、九二年策定の「生活大国五か年計画」（「地球社会との共存をめざして」）など——にもみてとることができる。それらは、日本経済の国際化と日米経済摩擦を背景に、一方では「対外不均衡の是正」と「内需主導型経済構造への転換」に向けての経済構造調整の重要課題として、ゆとりや豊かさを実感できる社会の実現を強調し、住生活の改善や労働時間の短縮を掲げてきた。と同時に他方では、それらは、国内市場のいっそうの開放や競争原理の徹底を謳い、規制緩和の推進こそがビジネス・チャンスを広げ、内外価格差を縮小し、産業空洞化を防ぎ、雇用の拡大をもたらすと主張してきた。

このように政府政策にも、国民世論を反映してゆとりや豊かさを問い直す動きをみてとることができるとはいえ、この間の政府政策の基調となったのは、いうまでもなく財界が推進する第二の規制緩和論の流れに強く与したものであった。[*5] この十数年間の日本政府の政策運営をたどれば、八五年九月のG5プラザ合意を契機とする円高の急進展と円高不況懸念に対応して、政府は公定歩合を戦後最低率にまで引き下げ、財政支出を増やして、強引な内需拡大策をとった。その結果、地価と株価が急騰し、企業の資産価値の上昇が担保価値の増加やキャピタル・ゲインの増加をもたらして、投機が投機を呼ぶ状況がつくりだされた。そのために、八八年から八九年にかけてはバブルの膨張が頂点に達し、日本経済は金融はもちろん、生産も飽和状態になった。

政府部内における企業中心社会の見直し論議は、バブルの発生とその崩壊に結果した無軌道な企業行動への反省からでてきたはずである。たとえば、国民生活審議会総合政策部会の中間報告『個人生活優先社会をめざして』が日本企業について「カンパニー・キャピタリズムの行き過ぎにより自己の論理で増殖を始め、またその論理を国民に強制しようとしたり（会社が個人に優先）、国民の利益と摩擦を起こすようになった」（経済企画庁国民生活局、一九九一、五一頁）と指摘し、また同部会の一次報告『個人の生活を重視する社会へ』が「日本企業の特徴は、反面で個人生活のゆとり・豊かさや社会の公平・公正より、とにかく企業の成長、経済的成果を重んじる社会――企業中心社会――を形成し、様々な弊害を生み出してきた」（経済企画庁国民生活局、一九九二、六頁）と言うときには、そうした反省の言葉が語られていたと思われる。にもかかわらず、政府政策は九二年の「生活大国五か年計画」の策定以降、九三年の「平岩レポート」に代表されるように、再び急速に規制緩和論への傾斜を強め、経済的規制のみならず、保健・衛生・公害・環境・防災・保安・雇用・労働・教育・文化・交通・品質・安全等の領域にも踏み込んで、競争原

＊5　この間、一九八五年には専売公社が日本たばこ産業株式会社（JT）に、電電公社がNTTに民営化され、一九八七年には国鉄がJR七社に分割民営化された。こうした民営化は、規制緩和の進軍ラッパであり、とくにJRは国有財産の切り売りであるという点で、バブル経済の一因をなしている。

理あるいは市場原理の徹底を叫ぶようになった（日刊工業新聞特別取材班、一九九四）。[*6]

本章では雇用・労働の側面から日本の企業システムを考察してきた。それを通して明らかになったことの一つは、労働基準法などに定められたワーク・ルールがあまりに無視されていることである。日本では本章で述べたように、全労働者の平均では賃金が支払われる残業時間の二倍にも達するサービス残業時間がある。労働省は過労死が社会問題化して隠された労働時間であるサービス残業が世論の批判をあびるようになって、ようやく「サービス残業をなくす」ということを時短推進計画に掲げ、「労働基準監督署による監視強化」を言い出し、一時期は実際にサービス残業の多い銀行等への立ち入り調査も行った。しかし、それもまさしく一時期のことで、いまでは「監督強化」についてはすっかり口をつぐんでいる。不況による就職難が深刻化した最近では、公開の就職セミナー等で公然と学生に「サービス残業がいやだという人はうちには来てくれなくてもけっこうです」と言う企業もあると聞く。こうした流れに歯止めをかけて、賃金不払の違法行為をなくしていくには、監督行政を強化するだけでなく、労働組合の労働時間に対する規制力を高めることが必要である。

守られるべきルールが守られていないという点では、「両性の平等」と「個人の尊重」という人権ルールもその例にもれない。日本国憲法では基本的人権の尊重とともに家族生活や教育や労働における両性の平等が謳われ、労働基準法では「使用者は、労働者が女子であることを理由として、賃金について、男子と差別的取扱をしてはならない」（第四条）と男女同一賃金の原則を定めている。にもかかわらず、日本の企業には、ＮＨＫの紅白歌合戦ではないが、残業や転勤が少ないかわり、定型的・補助的な仕事に縛りつけられる「女性軍」と、残業や転勤が多く、過労死の不安と隣り合わせに会社人間として猛烈に働く「男性軍」とがある。女性の賃金・昇進差別に対しては、日本の各地で次々とさまざまな企業の女性グループが裁判に立ち上がってきた。これら女性たちのたたかいは、住友系メーカー三社（住友金属、住友電工、住友化学）の女性たちの集団提訴を伝えたアメリカの新聞『クリスチャン・サイエンス・モニター』（一九九五年八月一六日）のなかで弁護士の宮地光子氏が語っているように、男性中心の日本の雇用システムを変える意義をもっている。均等法のもとでもなお残る「コース制」という名の間接差別をなくし、同一価値労働同一賃金を実現するこのたたかいは、世界に発信され、世界から注目されてきた。

一九九五年の提訴から五年、二〇〇〇年七月三一日には大阪地裁で三社の先頭を切って住友電工の事件の判決が出た。裁判所は、被告会社が男女別の労務管理を行っていたことを「男女差別以外のなにものでもなく、性別による差別を禁じた憲法一四条の趣旨に反する」とし、「現時点では、被告会社が採用していたような女子事務職の位置付けや男女別の採用方法が受け入れられる余地はない」ということを一応は認めた。しかし、その一方で、「原告らが採用された昭和四〇年代ころは、未だ、男子は経済的に家庭を支え、女子は結婚して家庭に入り、家事育児に専念するという役割分担意識が強かった」。それゆえ、「被告会社としては、その当時の社会意識や女子の一般的な勤続年数を前提にして最も効率的な労務管理を行

＊6　日経連が一九九四年一一月に政府に提出した「政府規制の撤廃・緩和要望」は、労働分野について、産業別最低賃金の廃止、労働者派遣法の適用対象事業の拡大、労働基準法の女子保護規定の撤廃・緩和、裁量労働制の適用範囲の拡大、有料職業紹介事業の取り扱い対象事業の拡大、労働基準監督署への届出の簡素化など一二項目の要望を行っている。

わざるを得ない」として、長年の差別を公序良俗違反とはいえないという判断を示し、原告の請求を全面的に棄却した。原告側は控訴してたたかいを続けるが、過去をもって現在を裁く裁判所の姿勢をみれば、日本の雇用における平等への道はなお遠いと言わざるをえない。

第五章　労働時間の規制はなぜ必要か

Ⅰ　労働時間の国際比較

一九九九年九月六日付のＩＬＯ（国際労働機構）ニュースは、**表5-1**を添えて、「工業国で最も長時間働くのはアメリカ人、次に長いのが日本人」と報じた。この表には九四年以前のフランスの数字は出ていない。それを補う意味でも、ＩＬＯ統計の原資料の一つでもあるＯＥＣＤの『一九九九年雇用要覧』（*Employment Outlook*, 1999）のデータを用いて米、英、独、仏、日の労働者一人当たりの年間労働時間を比較すると、**図5-1**のように、現在ではやはりアメリカの労働時間がいちばん長くなっている。ＩＬＯやＯＥＣＤの統計で、アメリカの労働時間が日本より長くなったのは九三年からである。最近は失業率の日米逆転がよく話題になるが、労働時間でも日米逆転が生じたのだろうか。

よくアメリカとヨーロッパをひとくくりにして、「日本の労働時間は欧米より長い」といわれることがある。しかし、ヨーロッパのなかでもイギリスはドイツやフランスやノルウェーやスウェーデンと比べると労働時間のかなり長い国である。アメリカはそのイギリスよりもさらに長く、日本を除く先進工業国では最長労働時間国である。ジュリエット・ショアが『働きすぎのアメリカ人』という本を書いたのは九二年であった（Schor, 1992）。この本のなかでショアは、アメリカ人が、“work and spend cycle”（働き過ぎ

表 5-1　年間労働時間の国際比較

	1990	1991	1992	1993	1994	1995	1996	1997
オーストラリア	1,869	1,858	1,850	1,874	1,879	1,876	1,867	1,866
カナダ	1,737.6	1,717.2	1,714.1	1,718.4	1,734.7	1,737.2	1,732.4	
日　本	2,031	1,998	1,965	1,905	1,898	1,889		
アメリカ	1,942.6	1,936	1,918.9	1,945.9	1,945.3	1,952.3	1,950.6	1,966
ニュージーランド	1,820.1	1,801.4	1,811.8	1,843.5	1,850.6	1,843.1	1,838	
フランス						1,638.4	1,666	1,656
ドイツ	1,610	1,590	1,604.7	1,583.7	1,579.5	1,562.7	1,559.5	
アイルランド	1,728	1,708	1,688	1,672	1,660	1,648	1,656	
ノルウェー	1,432	1,427.3	1,1436.9	1,434	1,431	1,414	1,407	1,399
スウェーデン						1,544.4	1,553.8	1,552
スイス		1,640	1,637	1,633	1,639	1,643		
イギリス							1,732	1,731
デンマーク（男性）	1,644.5	1,620.15	1,669	1,660.55	1,688.85			
オランダ（男性）	1,619.3	1,623.55	1,689.25	1,684.2	1,679.35			

（出所） *ILO News*, Monday 6 Sptember 1999.

と浪費の悪循環）の罠に捕らわれて、この二〇年間に年一六〇時間、約一ヵ月もよけいに働くようになったことを明らかにしている。また、最近は『浪費するアメリカ人』という本を書いて、働き過ぎを返上するためにも消費主義と決別する必要があると説いている（Schor, 1998）。

ショアの研究によっても、アメリカの労働時間が近年増加し、アメリカ人が働き過ぎになっていることは事実である。

しかし、だからといって、アメリカの労働時間は無限定に日本より長いというわけではない。実際に働く時間ではなく、賃金が支払われる労働時間に限れば、最近はアメリカのほうが長くなったということである。日本には、サービス残業と呼ばれる賃金および割増賃金の支払われない時間外労働（残業）の慣行がある。時間外労働は多かれ少なかれ世界のどの国にもみられる。しかし、時間外労働がきわめて長く、しかもその多くがサービス残業になってい

図5-1　年間労働時間の国際比較（1）

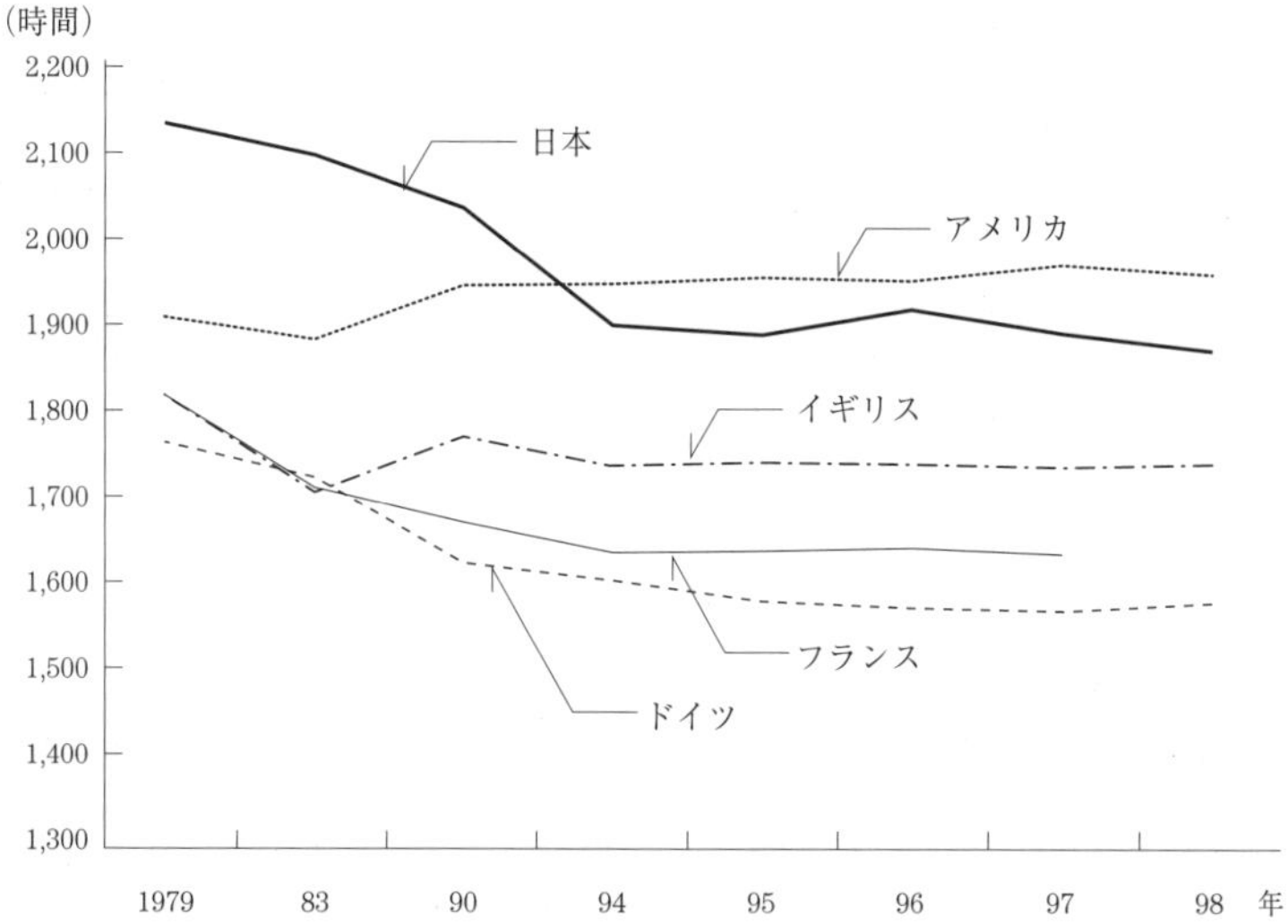

（出所）　OECD, *Employment Outlook*, 1999.

るのは日本だけである。賃金および割増賃金が支払われた時間（支払労働時間）と実際に働いた時間（実労働時間）とを比べた場合、日本以外の先進国は、有給休暇やティーブレイクのような労働時間中の短い休憩を勘案すると、**支払労働時間＞実労働時間**　という関係があるのに対して、日本ではサービス残業があるために　**支払労働時間＜実労働時間**　という関係がある。経済学の常識では賃金は労働の対価として支払われるはずだが、この常識が通用しないのが日本である（藤本、一九八四）。

前出のOECD統計における日本の労働時間は、労働省「毎月勤労統計調査」（『毎勤』）によっている。『毎勤』は労働省の労働時間統計の基本とされており、毎年の『労働白書』や『経済白書』などでなされる労働時間の国際比較も、日本の数字はこの『毎勤』からとられたものである。前章でも説明したように、『毎勤』では、事業所が賃金台帳にもとづいて従業員に所定の割増率で賃金を支払った時間だけを時間外労働時間として回答するために、早出や居残りや持ち帰りなどで、いくら時間外に働いても賃金および割増賃金の支払われないサービス残業はとらえようがない。

サービス残業はホワイトカラー職場を中心に製造業の組立ラインを含む日本のほとんどすべての職場に広く見られる。そうであれば、サービス残業を見ずには日本の実労働時間の実態はとらえられないが、幸いその実態を推計しうる政府統計に総務庁の「労働力調査」(『労調』)がある。『労調』は主要には雇用・失業統計であるが、労働時間に関しては、賃金が支払われたか否かにかかわらず、早出や残業をした時間を含め、食事時間・休憩時間・通勤時間を除き、実際に仕事をした時間を集計している。調査は毎月末日(一二月は二六日)に終わる一週間を対象期間に行われる。

第四章でも述べたように、長期の平均でみて『労調』の実労働時間は、『毎勤』の支払労働時間より年間約三五〇時間長い。『労調』は実労働時間に関する労働者調査であり、『毎勤』は支払労働時間に関する企業調査であることからすれば、この差の三五〇時間のほとんどは、賃金の支払われなかった早出、居残り、持ち帰り仕事、休み時間中の仕事の合計——つまりサービス残業であると考えてよい。

そこで**図5-2**をみよう。この図は、サービス残業を含む『労調』の実労働時間を日本の労働時間として、図5-1と同じ五ヵ国であらためて国際比較を行ったものである。この修正図では、最近においても、日本の労働時間は年間二二〇〇時間を超え、先進国中ダントツに長いことがわかる。五ヵ国中で労働時間が最も短いドイツと最も長い日本との差はほとんど縮まっていない。フランスと日本の比較でもほぼ同じことがいえる。その理由は、日本の労働時間も減ってきたが、同じ期間にドイツ、フランスの労働時間も

図 5-2　年間労働時間の国際比較 (2)

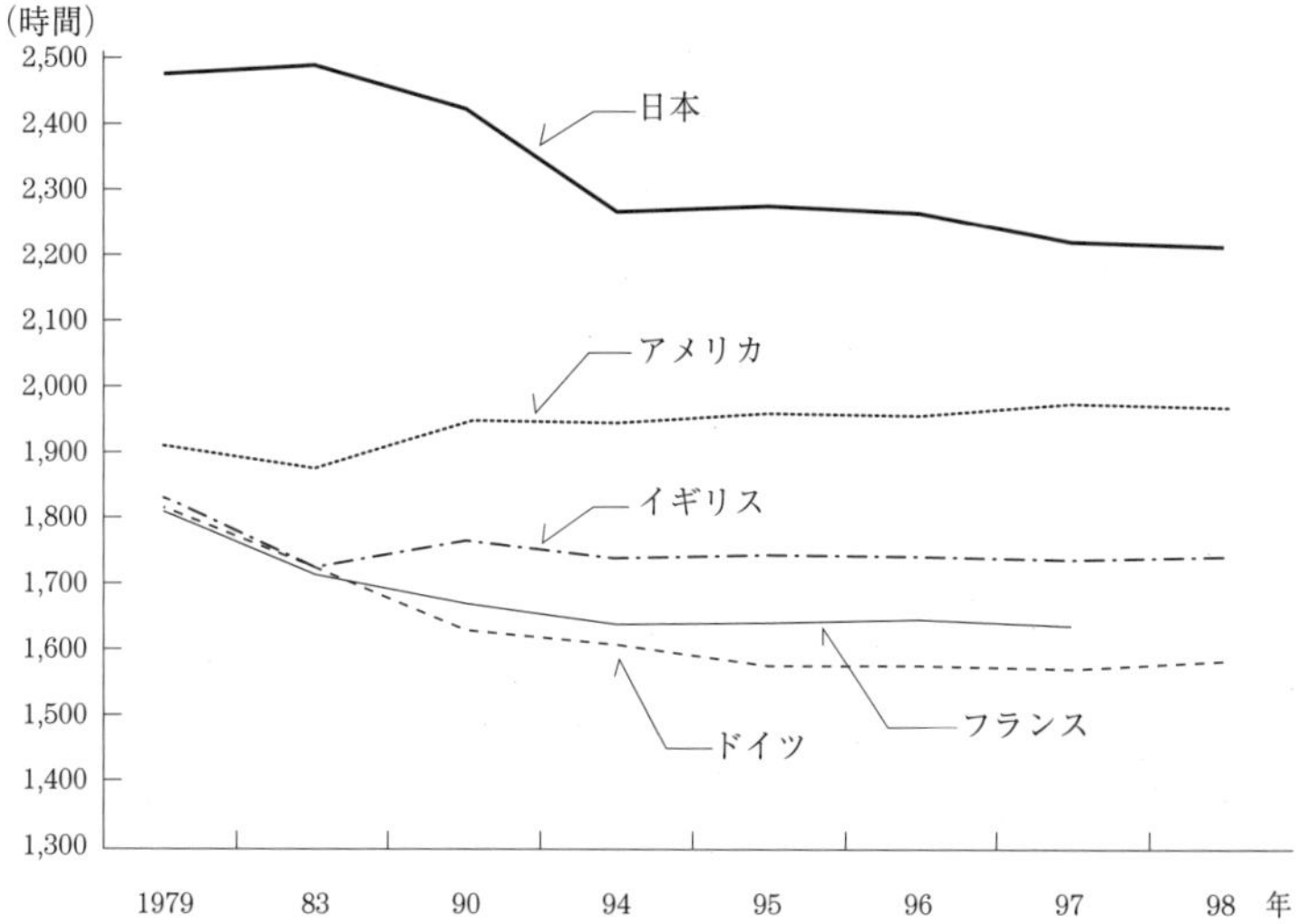

（出所）　図 5-1 を総務庁「労働力調査」の労働時間で修正。

減ってきたからである。

なお、誤解をまねかないように付け加えれば、深刻な失業問題を抱えたドイツやフランスでは労働組合のワークシェアリングのたたかいによって労働時間が短縮されてきた。[*1]ところが日本では、女性パートタイム労働者の雇用が激増して、それが平均労働時間を押し下げ、さらに九〇年代になってからは戦後最

*1　一九九九年一二月、フランスで週三五時間労働法（第二法）が成立した。これによって、従業員が二〇人を超える企業では二〇〇〇年から、二〇人以下の企業では二〇〇二年から法定週三五時間（年間最高一六〇〇時間）制に移行することが決まり、多くの企業・事業所で新法にそって労使協定が締結されている。時間外労働は現行の年間最高一三〇時間に据え置かれた。

表5-2 アジア諸国の年間労働時間（製造業）

	1990	1995	1996	1997
韓国[a]	2,590	2,558	2,517	2,486
香港[f]	2,298	2,272	2,340	2,278
シンガポール[abc]	2,522	2,564	2,569	2,574
フィリピン[f]	2,335	2,319	2,228	2,304
タイ[abd]	2,513	2,569	2,571	2,551

（注）1）各国の週労働時間を52倍した。
2）a：雇用者，b：賃金支払時間，c：就業者25人以上の民間事業所，d：残業を除く，f：就業者
（出所）『国際労働統計』1999年版より作成。

大の深刻な不況にともなう仕事の減少が労働時間の減少をもたらしてきた。そのかぎりでは、最近の日本における労働時間の減少は、たたかいとられた短縮ではないといわなければならない。しかも、減少したとはいっても、日本の労働時間はドイツより、サービス残業抜きでなお約三五〇〇時間、サービス残業を入れれば約七〇〇時間も長いのである。

世界の労働時間の流れを考えるうえでますます重要な意味をもつようになってきたのは、アジアの労働時間である。表5-2に示したように、近年のアジア工業化の先頭を走ってきた韓国の年間労働時間は八〇年代の後半には二八〇〇時間前後あった。それが最近では二五〇〇時間台になっており、短縮傾向がみられるが、それでも先進国で最長の日本よりもさらに三〇〇時間程度も長く、週四〇時間からはほど遠い状態にある。平均で年間二五〇〇時間を超えるような労働時間では過労死問題があってもおかしくない。実際、韓国には弁護士が中心になった過労死相談センターがあり、日本の過労死弁護団と共同セミナーをもち、過労死の労災認定と予防のために活動している。九〇年代に入ってからを比較すると、韓国に劣らず、台湾、香港、シンガポールの労働時間も非常に長く、これらの国と地域にとって労働時間短縮がきわめて重要な課題であることがうかがえる。

アジアＮＩＥＳの労働時間が長いのは、かならずしもこれらの国と地域の経済発展が遅れているからではない。むしろこれらの国と地域は、近年、資本主義が最も急激に発展したところである。日本でも、労働時間が長いのは、日本が欧米に比して後発の資本主義国であるからであり、経済成長を遂げて先進国の仲間入りをすれば、労働時間はおのずと短くなるといわれてきた。しかし、戦後の日本の経験は、資本主義がいくら発展し労働生産性がいかに高まったとしても、労働組合が労働時間の制限と短縮のためにたたかい、政府が労働時間の規制のために適切な役割を果たさないかぎり、余暇の増大は期待しえないことを教えている。

近年、アメリカやイギリスなどで日本企業の現地生産が急増し、またそれらの国への日本的経営の移植が進むなかで、ジャパナイゼーションという言葉がよく使われる。日本的経営が長時間労働をその本質に含んでいるとすれば、ジャパナイゼーションは、日本企業の進出先の労働時間の延長の一因となるにちがいない。

日本の経営者たちは、労働時間の短縮に反対するか消極的な態度をとる理由として、しばしばアジアの国々の労働時間が長いことをあげる。日本の生産のアジア化が急激に進んでいる最近では、日本の労働者は日本以上に労働時間の長いアジアの労働者と直接競争させられるようになっている。と同時に、アジア諸国の経営者は、日本との競争に迫られれば迫られるほど、これまで競争の武器のひとつになってきた長い労働時間を死守しようとしている。

こうした労働時間をめぐる国際的抗争は、時短先進地のヨーロッパでもみられる。労働組合のたたかいによって労働時間の短縮が進んできたドイツでは、最近、経営者団体の巻き返しが強まっている。一部の産業では労働者は時短と引き替えに賃金の引き下げをのまされたり、週四日制（週休三日）と引き替えに一日の労働時間の延長を受け入れさせられたりしてきた。最近では、ドイツ最大の労働組合である金属産業労組（ＩＧメタル）が週三二時間制の導入を打ち出したのに対して、経営者団体のドイツ産業連盟は、現状の三五時間でもドイツの競争力を損なうものだとする立場から、三二時間はドイツ産業を駄目にし、失業の脅威を高めると批判した。

ヨーロッパでは、共通社会政策を志向している欧州連合（ＥＵ）の内部でも労働時間をめぐって国家間の抗争がある。一、二の例をあげると、九六年一一月に、ＥＵの裁判所である欧州司法裁判所（ルクセンブルグ）は、労働時間が週平均で四八時間を超えてはならないとするＥＵ規制の修正を求めるイギリス政府の訴えを却下する決定をくだした。それは欧州司法裁判所が残業は健康保持のために一週につき一定限度（週四〇時間を基準にすれば八時間）を超えてはならないと判断したからである。また、九七年五月の総選挙では保守党に代わって労働党が政権に復帰し、解雇規制や労働時間規制を含む労働者の権利保障について、イギリスの国内法より進んだ内容をもつＥＵの共通社会政策を受け入れた。このように労働時間をめぐってはつねに資本と労働の間で抗争があるだけでなく、国と国との間でも綱引きがある。労働時間の短縮が一直線には進まず、ジグザグな歩みを示すのも、国内的にも国際的にもこうした抗争あるいは綱引きがあるからである。

日本の労働時間の予想しうる将来については、短縮をもたらす要因よりは、延長を促す要因のほうが多い。資本主義の歴史は、労働生産性の上昇があるもとで、労働組合が時短のためにたたかい、法律によって労働時間が厳しく制限されることによって、労働時間の短縮が進んできたことを教えている。いまの日本においては、労働生産性の上昇は期待できても、残業に対する労働組合の規制力が弱く、政府が労働時間の規制緩和を進める政策を採用しているかぎり、サービス残業を根絶して、真に労働時間を短縮することは期待しえない。さきに先進国のなかでは、日本以外ではアメリカとイギリスの労働時間が長いと述べた。これは両国とも、全労働者に一般的に適用される労働時間規正法がないことが原因していると考えられる。日本では、労働基準法が全労働者の労働時間を週四〇時間、一日八時間と定めているが、これが後述するように同法の第三六条による時間外労働協定とサービス残業の存在によって空洞化されている。そのために法定労働時間の実効性が保証されていない。そういうなかで規制緩和がなされていけば、法定労働時間はないも同然になっていく恐れがある。そこで、節をあらためて、労働時間の規制はなぜ必要か考えてみよう。

Ⅱ　サーカディアン・リズムと一日の労働時間規制

人間の生活は一日を単位に営まれている。人間の生活リズムのうち最も本源的なリズムは、昼と夜の交替をはさむ一日の周期がつくるサーカディアン・リズム（概日リズム、日周性）である。人間は身体に備わる生物時計である自然の一日の周期的リズムにしたがって、目覚め、食べ、活動し、眠る。

人間の労働もサーカディアン・リズムによって規定されている。数百万年の長い期間にわたって、人類は昼働いてきた。「昼働く」というのは「たいてい昼しか働かなかった」あるいは「夜はほとんど働かなかった」という意味であって、日の出から日没まで日がな一日働いたというわけではない。M・サーリンズは『石器時代の経済学』において、人類の始原の「あふれる社会」をいまにとどめる狩猟＝採集民の調査から、オーストラリアの先住民は一日に四、五時間働き、コンゴの先住民は週に二日ないし一日半（一日は六時間）働き、あとはぶらぶら過ごすか、ぶらぶら活動するという例をあげている（サーリンズ、一九八四、山内、一九九四）。

労働以上にサーカディアン・リズムに強く規定されるのは睡眠である。カナダの心理学者のスタンレー・コレンが一九九六年に著した『睡眠泥棒』（邦訳は『睡眠不足は危険がいっぱい』）によれば、人間は四〇万年の歴史のなかで、およそ九時間半から一〇時間の睡眠時間を必要とするようにつくられ、一九世紀の後半に電灯社会に入るまで実際にそれに近い睡眠時間をとってきた（コレン、一九九九）。現代人はいたるところで睡眠不足を訴えているが、その理由は人間の長い歴史をとおして生物時計に刻み込まれた自然の睡眠時間を身体が記憶していて、必要睡眠時間を充足せよと身体に命じるからである。

人間が日々眠らなければならないという必要は、日々働かなければならない必要よりも強い。電灯のような明かりの発明は、人間が昼間しか働けないという制約を取り除きはするが、寝ずに働くことを可能にするわけではない。この一事をとっても、自然の時間が自然の一部である人間に与えたサーカディアン・リズムは、一日の労働時間に対する本源的制限をなしていることがわかる。

労働時間規制の基準に据えられるべきは一日の労働時間である。人は一日の労働時間が何時間と決まっていてはじめて一日二四時間の生活時間を計画的に配分することができる。ＩＬＯが一九一九年の第一号条約において、労働時間は一日八時間、一週四八時間（工業、工場）を超えてはならないとし、この振り替えを認める場合も「週のうち一日またはそれ以上の日の労働が八時間より少ない場合、その分を他の日に追加することはできるが、追加は一日一時間を超えてはならない」と厳格な制限を設けているのは、一日を単位とする労働時間の制限と短縮が人間生活の安定性に不可欠の前提をなすからである（バルティコス、一九八四）。

日本は今日にいたるもなおILO第一号条約を批准できないでいる。それは、労基法では一応「一日について八時間」となっていながら、一日一時間を何時間も超えるような長時間の時間外労働を認めてきたからである（中山、一九八三）。そればかりか、「一日について八時間」という労働時間規制の第一原則は、労基法施行から四〇年を経た一九八七年に、週労働時間の割り振りの基準に落とされた。その最大のねらいは、変形労働時間制を拡大して、たとえば三ヵ月のうち二ヵ月が一日七時間であれば、ほかの一ヵ月は一日一〇時間（残業手当なしで）働かせてもよいというような制度を導入することにあった。その後、九三年の労基法改正で変形期間は最大一年にまで拡大された。

一九四七年に制定された労基法は、一八歳以上の女性の時間外労働を一日二時間、一週六時間、一年一五〇時間に制限し、休日労働を禁止した。また女性の深夜業をわずかの例外を除き原則禁止した。その後、これらの規制は何度かにわたって緩和され、一日二時間の制限は八七年に廃止され、また、その後に残された工業的業種は一週六時間、一年一五〇時間、非工業的業種は四週二四時間、一年一五〇時間という規制も、男女雇用機会均等法の改正（一九九七年）にともない九九年四月から撤廃されることになった。しかし、一日の生活リズムを重視した労働時間規制のあり方としては、男性にも「一日二時間、一週六時間、一年一五〇時間」に準じて、従来の女性なみの規制を適用することによって、男女共通の厳格な規制を徹底する方向を模索すべきであろう。

III 資本主義の発展と労働時間の延長

1 自然的・制度的制限

資本主義以前の労働時間には前述した自然的制限のほかに、慣習や宗教や権力によって定められた制度的制限があった。ユダヤ教やキリスト教における週という時間の制度も労働時間に対する制度的制限の一例である。それは宗教的起源をもつ制度であって、月や季節や年のような自然的基礎をもつわけではないが、日曜日を安息日とすることで、月や季節や年の祝祭日以上に、年間の労働日数を大きく制約した。E・ロジャーズによれば、イングランドの中世の暦には、クリスマスや、イースターのほかに教会の公的な休日が多く、祝祭の余暇時間は一年の約三分の一を占めていた（ショア、一九九三、六三―六四頁）。J・アタリは『時間の歴史』のなかで、一八世紀初頭の文献を援用して、フランスの当時の平均的職工は、日曜日が五二日、祭日が三八日、天候による休日が五〇日、大市が二〇日、病欠が二五日で、年間一八〇日しか働かなかったと述べている（アタリ、一九八六、一五六頁）。

資本主義時代に入ってからしばらくの間の労働時間の歴史は、労働時間に対する規制の歴史である以前に、労働時間に対する自然的・制度的制限の撤廃――今日の言葉でいえば規制緩和――の歴史であった。マルクスは、労働時間は一日二四時間の自然日に制約されていることに留意し、一日の労働時間を表す

"a working day"（労働日）という言葉を英語から借りて、次のように言う。

「資本が労働日をその標準的な最大限度まで延長し、次いでこれを超えて一二時間という自然日の限界にまで延長するのに数世紀を要したが、そのあとこんどは、一八世紀の最後の三分の一期に大工業が誕生して以来、なだれのように強力で無制限な突進が生じた。風習と自然、年齢と性、昼と夜とのあらゆる制限が粉砕された。」（マルクス、一九八三、四八〇頁）

イギリスは安息日厳守の国であるが、昼と夜との区別さえ無意味にした資本は、労働者にとっての日曜日の安息時間さえ無意味にした。マルクスが一八六〇年代のイギリスについて紹介しているところでは、農村で労働者が日曜日に自宅の菜園で労働すると安息日を冒瀆したというかどでしばしば禁固刑をくだされた。しかし、その同じ労働者が金属工場や製紙工場やガラス工場を日曜日に欠勤すれば、契約違反のかどで処罰された。

2　産業革命と労働時間の延長

労働時間は、労働力の正常な再生産、したがって労働者の健康維持を前提とするかぎり、超えられない最大限度がある。それは労働力の肉体的限界（休息、睡眠、食事、入浴などの時間）と精神的限界（社交、文化、教養、体育などの時間）とによって二重に規定されている。しかし、これはあくまで労働者が人間的生活あるいは人間的尊厳を保つという前提をおいた場合のことであって、労働力の肉体的・精神的限界がそれ自体として労働時間の超えられない制限をなすというわけではない。

産業革命とともに始まった労働時間の突発的な延長は、資本が労働時間の精神的限界だけでなく、肉体的限界をも突破していくことを示している。工場への機械の導入と普及は、多くの作業領域で成年男性労働者が有していた熟練を不要にし、女性や年少者の採用を可能にし、労働者から個人的抵抗力を奪い取ってしまう。また、機械が生み出した産業予備軍の存在を背景とした労働者相互の競争は、資本家との取引において労働者を不利な立場におき、労働者の地位と状態を不安定で従属的なものにする。そのうえ、労働者が機械に従属させられると、労働様式はもちろん、労働時間も労働強度も機械体系それ自体が技術的に命ずるところとなり、資本家は機械の意思として、深夜労働や交替制勤務やその他の形の労働時間の延長を労働者に強要することができるようになる。「機械は労働時間のあらゆる社会基準的および自然的制限をくつがえす……。労働時間短縮のための最も強力な手段が、労働者およびその家族の全生活時間を資本の価値増殖のための自由に処分されうる労働時間に転化する最も確実な手段に一変するという経済学的逆説も生まれる」(同前、七〇五頁)。

労働時間の延長がある限度を超えると、労働力の追加的供給や世代的再生産に支障をきたす恐れがある。にもかかわらず、資本は、農村住民や移民を含む多様な形の産業予備軍から豊富で低廉な労働力が確保されるかぎり、労働力としての人間から「その正常な精神的、肉体的発達と活動の諸条件を奪い去る」(同前、四五七頁)ことになんの痛痒も感じない。要するに「資本は、社会によって強制されない限り、労働者の健康と寿命にたいし、何の顧慮も払わない」(同前、四六四頁)のである。

3 新古典派の個人選択説

今日の新古典派経済学の教科書的説明では、労働者は雇用主が提供する賃金率に対応して労働時間(したがって余暇時間）を自由に選択でき、賃金（消費）の限界効用が、労働の限界不効用（余暇の限界効用）と等しくなるように（正確には、余暇―消費間の限界代替率が実質賃金率と等しくなるように）労働時間を決めるとされている。ひらたくいえば、所得の増大にともなって余暇への評価が高まるものと前提し、労働者は賃金率が低い間は所得を増やすために労働時間を増やすだろうが、賃金率が十分高ければ、労働時間を減らしてより多くの余暇を楽しむだろうというのである。

これによれば、労働需要側の要因を与件とすれば、労働時間の長短は労働者の個人的選択の結果である。この議論は、労働者のおかれた現実の説明としてまったく一面的であり、労働時間は個別的には企業が決定権を握り、社会的には資本と労働の対立と妥協をつうじて集団的・制度的に決まることを無視している。それは、労働時間の決定を純粋に個人的な選択に還元し、労働時間に対する社会的規制の必要性を暗黙に否定している点でも、大きな問題をはらんでいる。

Ⅳ　労働時間規制の社会・経済的意義

労働時間の突発的延長をもたらす事情は、労働時間を制限し短縮するための条件をも生み出す。資本主義的生産においては、労働が多人数の結合労働、すなわち協業であればあるほど、労働時間は労働者の間で平等である。労働時間においては働く人々は賃金やその他の労働条件にもまして強い共通の利害関係で結ばれている。そのために、産業革命が生み出す大規模な工業都市と鉄道・郵便などの交通通信手段の発達が労働組合の組織化や労働運動の交流を促すにつれて、労働時間の制限と短縮のための運動が起こり、国家的強制力をもつ法律によって、使用者が労働者に命ずることのできる最長労働時間を確定し、労働者が休養と余暇を享受し、社会的・政治的活動に参加することを可能にする制度が生み出される。労働者階級による史上初の参政権運動であるチャーティスト運動と穀物法の廃止をめぐる支配階級の一時的分裂とを背景にして成立した一八四七年の工場法＝一〇時間法は、まさにそうしてたたかいとられた制度である。

マルクスは、『賃金、価格および利潤』（一八六五年）のなかで、工場法による労働時間の制限と短縮の意義に触れて、「時間は人間の発達の場である。思うままに処分しうる自由時間をもたない人間、睡眠や食事などをとる純然たる中断時間は別として、その全生涯が資本家のために吸い取られている人間は、けだものにも劣るのである」（マルクス、一九七八、一四五頁）と述べている。マルクスのこの表現はシェークスピアがハムレットに語らせた“What is a man, If his chief good and market of his time, Be but to sleep and feed ? a beast, no more.”というセリフを想起させる。どちらも人間のありようを問題にしているには違いないが、シェークスピアは、人間とはなんぞやと問いかけて、ただ睡眠と食事だけに時間を費やす人間はけだものにすぎないと言っているのに対し、マルクスは教養や娯楽や社交やスポーツや社会活動に携わるために必要な自由時間をもたない人間、睡眠や食事以外の時間がすべて資本のための労働に吸い取られている人間は、けだものにも劣ると言っているのである。

この点から言うと、労働時間の社会的規制の意義は、なによりも労働者の人間としての「尊厳の保持」と「発達の場の確保」にある。労基法における「人たるに値する生活」も、長時間労働が人間的尊厳と発達を損なうようでは保証されようがない（労働法の基本理念としての「人間の尊厳」については西谷、一九九七を参照)。

もし、基準労働時間が確立しておらず、労働者が使用者の指揮・命令下にあって拘束される時間がいつ終わるのか定かでなく、自分と家族のために使うことができる時間がいつ始まるのか定かでないならば、その場合には、労働者は——転職の自由がない場合にはとくに——奴隷とたいして変わらないことになる。この点からみても、労働時間の規制は、奴隷労働の禁止や強制労働の禁止と同様に、賃金その他の労働基準が実現されるための前提条件である。

賃金は、資本主義の初期には、労働時間の長さに関係なく、日賃金にしても、週賃金にしても、一日いくら、一週いくらというように固定されていた。労働時間が増えたり減ったりしても、賃金が増えたり減ったりすることはなかった。それはおそらく、種々の慣習的・自然的制限のために労働時間があまり変化しなかった資本主義以前の慣行を引き継ぐところから資本主義の労働市場が形成されたからであろう。

しかし、資本主義時代になると、固定賃金（定額日給）制は雇用主が労働時間を延長する強い誘因になった。賃金が固定されていれば、従前の労働時間を超す追加労働時間はすべて不払労働であり、雇用主はその分まるまる利潤を増やすことができる。この固定賃金制は、労働に応じた支払という近代的賃金原則とは相容れないものである。

固定賃金制から時間賃金制に移るためには二つの条件が与えられねばならない。一つは、基準労働時間の確立である。そのためには、法律か労働協約によって、使用者が労働者に命ずることのできる労働時間の上限が一日八時間とか、週四〇時間とか明確に定められなければならない。もう一つは、基準労働時間の確定、したがって時間内と時間外の明確な区別を前提とした、時間外労働（残業）に対する割増賃金の支払である。この二つの条件があって、はじめて近代的な時間賃金制が生まれる。近代的な時間賃金制ができて、労働に応じた支払という資本主義の賃金原則が成立する。

労働時間の制限は、労働組合が労働者の多数を組織している場合には、法律の力によらずとも可能であるかもしれない。しかし、日本においては労働組合の組織率が二〇%近くまで低下しているうえに、企業内組合が企業とのあいだで時間外労働や休日労働を無制限に認めるような三六協定（時間外労働協定）を結んでいる。そのうえ、日本には、他の国には例をみないサービス残業が広範囲に行われている。*2 こういう状況から考えると、日本には、時間賃金制（労働に応じた支払の原則）が成立するための二つの条件はいまだ厳密には成立しておらず、その意味で近代賃金原則が未確立であるということもできる。あるいは相対的に低賃金のいわゆるブルーカラー職場では時間賃金制になっているが、相対的に高賃金職の多いいわゆるホワイトカラー職場では最初からサービス残業が黙示的・慣行的に組み入れられていると考えることもできる。

この見地からは、一九八七年の労基法改正で導入され、その後、対象業種が拡大されてきた裁量労働制も見すごせない問題をはらんでいる。この制度では、業務の性質上その遂行を労働者の裁量に委ねる必要がある場合、労働者は労使協定で定めた時間を働いたものとみなし処理する。そうなると、賃金は実働時間との関係を断ち切られ、時間に対応した残業手当の支払義務が排除される。これが研究開発や分析・設計など業務の性質上、労働者の裁量を大幅に認め、労働内容や時間配分について使用者が具体的指示をしない特殊な業務にかぎらず、すべてのホワイトカラー労働に広げるのが規制緩和であるが、法定労働時間が守られていない現在の日本でこうした裁量労働制が拡大していけば、労働時間という概念自体がなくなっていく恐れがある。

＊2　第四章でも紹介した電通青年過労自殺裁判で最高裁は、犠牲者が日頃から申告した残業時間よりはるかに長い残業を行い、業務遂行のために徹夜まですることもある状況におかれていたことを問題にして、次のような判決をくだした。すなわち、「使用者は、その雇用する労働者に従事させる業務を定めてこれを管理するに際し、業務の遂行に伴う疲労や心理的負荷等が過度に蓄積して、労働者の心身の健康を損なうことがないようにするのが相当であり、使用者に代わって労働者に対し業務上の指揮監督を行う権限を有する者は、使用者の右注意義務に従って、その権限を行使すべきである」。

V　おわりに

労働時間の規制に対するありふれた反対論の一つは、規制は労働者の自己決定を制約し、より長く働く自由を奪うというものである。しかし、労働者がたとえば一日一〇時間、一二時間働く自由を認めることは、使用者が労働者をそれだけ働かせる自由を認めることにほかならない。そのうえ、高速道路で何台かの車が規制を無視してスピードを出せば、ほかの車もそれに追随せざるをえなくなるように、職場では何人かのワーカホリックが猛烈に働けば、他の人々も猛烈に働かなければならなくなる。このような労働者相互の競争は労働時間を延長させる。

労働時間を法律で制限することは、過度労働による社会的費用の発生を防止するためにも必要である。

ミハエル・ホワイトがいうように、たとえば運転者の労働時間が無制限であることによって交通事故が多発するなら、それにともなう費用は原因者の企業によってではなく、警察費や医療費を支える納税者によって、あるいはその事故によって損害を受けた人々によって負担される。働き過ぎによって病気になったり、労働能力を損傷したり、早すぎる退職に追い込まれたりする場合に発生する費用についても、同様のことがいえる（White, 1987, p. 85)。過労死が大きな社会問題となってきた日本では、社会的費用の見地からも、労働時間を規制する必要は他の国以上に大きいといわなければならない。

現在の日本社会で求められているのは、人間の尊厳と発達、そして安全のための、したがってまた労働者の「人たるに値する生活」のための、労働時間の制限と短縮である。

第六章　コーポレート・ガバナンスと株主権

――日本とアメリカの株主総会を比較する――

I　日住金の株主総会と株主権の行使

ここ数年、日本の経済界を代表する大企業で役員の犯罪ともいうべき事件が相次いで発覚してきた。また最近はバブル期の無謀な経営のつけで、金融機関の破綻や上場企業の倒産が増えている。

株式が公開されている大企業におけるこうした不祥事の続発は、企業の経営をチェックするはずの株主総会に対する関心を呼び起こさずにはおかない。株主総会の報道は、毎年、大多数の上場企業の総会が一斉に開かれる六月末に集中してきた。そのことに大きな変化はないが、全国紙をネット検索すると、一九九六年から株主総会に関係した記事の数が飛躍的に増加していることがわかる。

私が株主総会に関心をもち、実際に参加するようになったのも九六年からである。

この年、私は企業監視の市民団体である株主オンブズマンの結成に加わり、弁護士や公認会計士や市民株主とともに第二章でも触れた住専問題に取り組んだ。教科風にいえば、株主の権利は、利益配当請求権、残余財産請求権、新株引受権などの自益権と、株主総会議決権、書面質問権、株主名簿閲覧謄写請求権、株主提案権、株主代表訴訟提起権などの共益権とに分けられる（岸田、一九九四）。日住金で私たちが経験したのは後者の共益権の行使である。

時間の経過を追って説明すると、株主オンブズマンはまず九六年三月初めに日住金株主の申し出を受けて株主名簿の閲覧・謄写請求を行った。そして、九六年三月期末の株主名簿を入手し、それによって株主総会に向けて個人株主に株主提案を呼びかけた。つぎに私たちは、日住金の取締役会議事録の閲覧・謄写の許可を東京地方裁判所に申し立てた。その目的は融資貸付や返済状況についての取締役会での議論の内容を知ることにあった。

株主名簿や取締役会議事録の閲覧・謄写請求権は、単位株（額面五万円が一単位とされているので額面五〇円の日住金株の場合は一〇〇〇株）を有する株主なら誰にでも行使できる単独株主権である。これに対し株主総会への議案提案権は、一定数以上の株式（発行済総株数の一〇〇分の一か三〇〇単位株）を有する株主だけが行使できる少数株主権である。

私たちは、日住金の営業譲渡・会社解散を議題とする株主総会が九六年六月二七日に開かれることを前提に、日住金の株主六七名（二〇三万一〇〇〇株）の委任を受けて、政府の住専処理案に反対する立場から、①住専処理機構への営業譲渡及び会社解散決議に反対する件、②真相究明と責任追及のための調査委員会設置の件、③取締役選任の件、④監査役選任の件、⑤会計監査人出席を求める件、など五議案を提案した。これらの株主提案は株主総会招集通知に会社提案（正確には取締役会提案）の議案とともに盛り込まれ、六月中頃に日住金の全株主に送付された。

営業譲渡・会社解散の特別議案が可決されるには、書面投票を含め株式総数の過半数が出席した総会で三分の二以上の賛成を得る必要がある。言い換えれば、総株数の三分の一以上の反対があれば、会社提案

図6-1　日住金の株主構成の推移

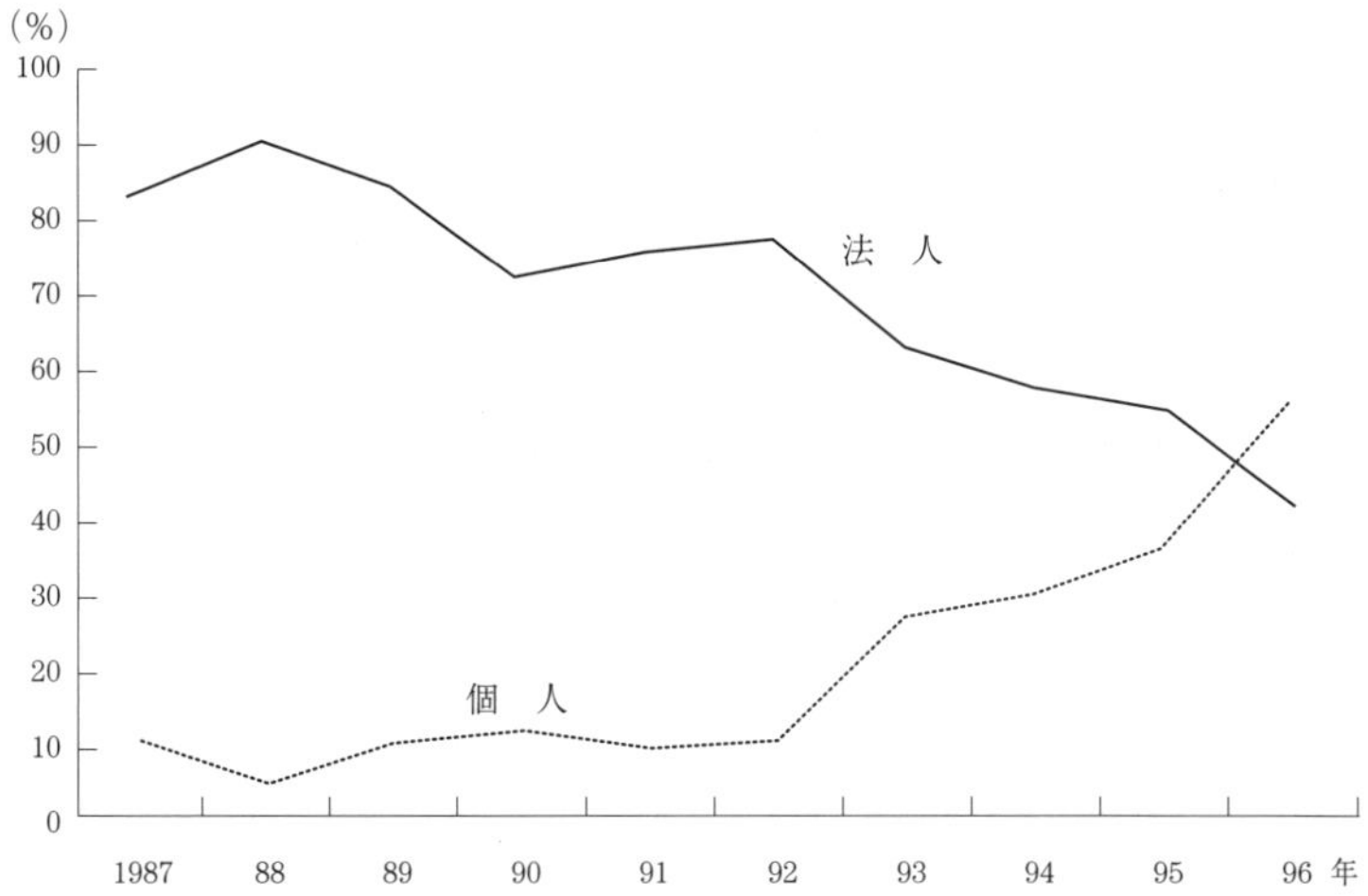

（出所）　日住金「有価証券報告書」より作成。

の特別議案は否決される。日住金の株主構成をみれば、図6-1からわかるように、八〇年代の末には母体行などの金融機関が発行済み株式総数の八三％から九〇％を占めていた。経営破綻が表面化するまえの九二年三月期末でも金融機関は七六％を所有し、個人株主は九％しか所有していなかった。しかし、経営破綻が表面化した九六年三月末には、金融機関が売り抜けた株が個人投資家にはめ込まれた結果、金融機関四〇％、個人五四％という状況が生じていた。そのために個人株主の多数が反対すれば特別議案が否決される可能性があった。そうなれば税金投入を前提とした政府の住専処理策もその重要な一角が崩れることになるかもしれなかった。そういう事情もあって、株主オンブズマンと日住金株主の動向にマスコミの関心が集まるようになった。

私たちは、日住金からの総会通知が届く時期に合わせて、大阪の弁護士会館で「日住金株主の集い」を開くとともに、株主総会で経営実態の糾明と経営者の責任追及を行うことについて意見交換を行った。また、それと相前後して、日住金の全個人株主（約一万五〇〇〇人）に大型はがきを出して、株主提案への賛成と、営業譲渡・会社解散という会社提案への反対を呼びかけた。

六月二七日の四時間二〇分にわたった総会では、個人株主が次々と立って経営者の責任や会社存続の可能性について発言した。発言者の数から言えば「シャンシャン総会」とは対照的な総会であったが、会社は個人株主からの真剣な質問に対して、経営破綻を「土地本位制の崩壊」のせいにする白々しい弁明を繰り返し、会社提案への株主の同意を求めるために必要な説明責任も果たさず、母体行等の金融機関の株数にものを言わせて、特別議案を通した。

会社提案への反対は否決に必要な三分の一にわずかに及ばず、営業譲渡・会社解散を阻止することはできなかった。にもかかわらず、議決権行使株式数は九〇七六万株に達し、議決権行使株主数は五六六四名にのぼった。このことは、金融機関および一般法人の株主数から推して、五〇〇〇名を超える個人株主が議決権行使に参加したことを物語るものである。日本の株式会社の歴史では、原発問題を抱えた電力会社を除いては、上場企業の場合、個人株主は議案提案権などの株主権を行使した経験がほとんどなく、大多数の株主は書面投票さえ行ったことがないか、あっても白紙投票ですませてきた。それを考えると、日住金の「葬式」となった株主総会は、個人株主が数を力にして株主権を集団的に行使し、議案提案にせよ、書面投票にせよ、総会出席にせよ、会場質問にせよ、個人株主が議決権の行使を通じて会社経営にもの申すという経験を、前例を見ない規模で残したといってよい。

Ⅱ　「シャンシャン総会」の弊害と株主総会改革

日本の企業統治の歪みは総会屋と「シャンシャン総会」に集中的に表れている。総会屋利益供与事件は、一九九二年から九三年にかけてイトーヨーカ堂、麒麟麦酒、NTNと続いた。九六年には高島屋で暴力団がらみの事件があった。九七年には第一勧銀と、野村、日興、大和、山一の四大証券で、総会屋への大がかりな利益供与が表面化した。総会屋事件はほかに味の素や、日立、東芝、三菱の各グループ企業や、松坂屋、日本航空、神戸製鋼所、クボタでも起きた。

「シャンシャン総会」は総会屋対策から生まれたといわれることがある。多くの企業では本番の株主総会に先だって社員株主を動員し、総会屋役を配して、二回、三回とリハーサルを行う。[*1] このリハーサルの目的は本番において「会社が作成したシナリオどおりに議事を進行する」ことにある。

日本にはまた、企業同士が相互に株式を持ち合い、株主総会に際し、会社提案に賛成する立場からすべての議案について白紙委任する慣行がある。しかもたいていの企業では、相互持合いの法人株主が株式総

＊1　一九九六年に出版された株主総会準備のあるマニュアル書には、「総会リハーサルの重要性」を強調して、「失敗パターン」以外に「成功パターン」も経験しておくために「できれば二回以上はリハーサルをしておくことが重要である」と述べている。また、「社員株主の練習」の項では、①「拍手」をして賛意を示すこと、②「賛成」「了解」「異議なし」等の発声をもって賛意を示すこと、③大きく「うなづく」などの行動をもって賛意を示す必要を指摘している（森総合法律事務所、一九九六、一七〇―一七四頁）。

数の過半を占めている。そのために、会社提案はすべて法人株主の白紙委任によりシャンシャンと決まってしまうのである。

株主総会が短時間で終わるのは、一般株主の質問がないか、あってもきわめて少ない結果であるという見方もある。しかし、そういう面もなくはないが、会社が事業内容にそってひととおり営業報告をし、議案について提案者として説明義務を果たそうとするだけでも、まともにやれば二〇分や三〇分ですむはずはない。そう考えれば、総会屋を金品で手なずけ彼らに総会を仕切らせてきたことや、社員株主に「異議なし」「了解」「議事進行」の一斉唱和をさせてきたことと合わせて、「シャンシャン総会」の責任はなによりも会社自体にあるといわなければならない。

こうした現状を打開するために株主オンブズマンは、つぎのような提言を発表している。

(1) **シャンシャン総会との訣別**　総会は短いほどよいという考えを捨て、営業報告等を丁寧に行い、質問には誠実に答弁する。

(2) **総会開催日の分散**　一斉集中を避け、一般株主が参加できるように開催日を分散する。土日や午後に開いてもよい。

(3) **社員株主によるリハーサルの禁止**　一般株主の質問等を封じることになる経営陣と社員株主による議事進行準備のための総会リハーサルはやめる。

(4) **社員株主の横暴自粛**　社員株主の優先入場と、「了解」、「異議なし」等の一斉唱和による議事進行をやめる。

(5) **総会屋との絶縁**　総会屋との腐れ縁を断ち、総会屋を一般株主の発言を抑えて、会社側の議事の進行に協力させる悪習をなくす。

(6) **総会のマスコミ公開**　開かれた株主総会を実現するために議場内に記者席を設け、総会をマスコミに公開する。

(7) **社長＝議長制の廃止**　社長が議長の弊害を除くために、議長は社長以外の公平な議事運営ができる人を選ぶ。

(8) **議決権代理行使の制限緩和**　議決権代理行使の制限を緩和し、弁護士や公認会計士の株主総会への代理出席を認める。

(9) **書面投票制度の改善**　議決権行使葉書の白票を賛成とみなさず、賛否を表明していない投票は保留（棄権）として数える。

(10) **使途秘匿金の開示**　企業が税務申告で使途を秘匿した金額と、税務調査で判明した使途を株主総会に開示する。

(11) **役員報酬と退職金の開示**　役員の報酬および退職慰労金はお手盛りで決めず、株主総会で金額を開示して決める。

ここに掲げた株主総会改革が成るかどうかは、会社の姿勢にかかっている面もあるが、改革の多くは株主の要求や努力をともなってはじめて実行に移されるのも事実である。その一例は先述した日住金の株主総会であり、もう一つの例は、住友商事の株主総会である。

住友商事は、ロンドン金属取引所（LME）を舞台とする銅取引により、二八五二億円にのぼる巨額損失を出した。この事件の発表直後の九六年六月二七日に行われた同社の株主総会は、事件については形ばかりの弁明があっただけで、肝心の事柄については情報開示がないまま、社員株主の「了解」「議事進行」の大音声のなかで、たった三八分で終了した。住友商事の株を法人名義で持っている柚岡一禎氏は、このときの株主総会の進め方に怒りを覚え、総会決議の無効確認と取り消しを求めて株主オンブズマンの支援のもとに提訴した。

大阪地裁が一九九八年三月一八日に出した判決は、原告の請求を棄却しながらも、「会社側がリハーサルにおいて、社員株主ら会社側の株主らを出席させ、『異議なし』、『了解』、『議事進行』などと発言することを準備させ、総会で一方的に議事を進行させた場合は、株主の提案権や取締役・監査役の説明義務を規定し、株主総会の活性化を図ろうとした法の趣旨を損ない、総会を形骸化させる恐れが大きい」と、「シャンシャン総会」を批判している。九八年一一月に出た大阪高裁の判決でも、この点は地裁判決以上に明確に指摘されている。『日本経済新聞』は、九八年も九九年も六月末の株主総会集中日をまえに、社説でこれらの判決を取り上げ、「シャンシャン総会」に警鐘を鳴らした。これらの判決の影響は大きく、社員株主に一斉唱和をさせる会社は、めっきり減ってきた。[*2]

当の住友商事の株主総会も、九六年の総会はその有効性が裁判で争われるほど不公正な総会であったが、翌九七年の株主総会はそれとはうってかわってまともな総会になった。この総会では、あらかじめ二八名の株主の連名で、同社の銅不正取引による巨額損失や、株主総会の持ち方や、退職慰労金の支給などについて三〇項目を超える文書質問が出されており、総会当日はそれらの文書質問の趣旨にしたがって活発な質問がなされた。会社側も、銅不正取引に関する社内調査の情報開示だけは前年総会同様にかたくなに避けながらも、すべての質問に対し形式的には時間をかけてひとつひとつ回答した。その結果、総会所要時間は二時間五〇分に及んだ。しかも、前年は四〇回もあった社員株主による一斉唱和も、最初に一度あったきりで、その自粛を求める株主の動議があったあとは、まったくなくなった。このことは、株主の活発な質問がありさえすれば、それだけでも総会は活性化することを示している。

＊2　株主オンブズマンが二〇〇〇年六月の株主総会集中日を前に、日経500社を対象に実施したアンケート調査では、回答企業二二三社中、社員株主の一斉唱和をしない企業は、「以前から行っていない」（一五社）、「以前は行っていたがやめた」（一五二社）、「今後はなくしたい」（二七社）を合わせて、八七％にものぼっており、「これからもやめる考えはない」としている企業は一社しかない（『日本経済新聞』二〇〇〇年六月二〇日）。

Ⅲ　株主の企業監視と株主代表訴訟

会社の役員が法令に違反して会社に損害を生じさせても、会社がその責任を追及しないときがある。というより、日本では監査役が取締役の責任を追及した例は皆無に近い。そんな場合、株主は会社に代わって会社のために役員の責任を追及する訴訟を提起することができる。

この株主代表訴訟では、原告株主は被告役員の行為によって会社が受けた損害に対する賠償を求めて、

「取締役××は○○株式会社に対し、金△△円を支払え」という請求を裁判所に申し立てる。しかし、原告株主が勝訴しても賠償金を受け取るのは会社である。そのために株主には訴えを起こす直接の経済的利益はない。それでもなお、経営者の違法行為に対する責任追及や情報開示を求めて、会社のために、ひいては社会のために、株主が訴えを起こすのが株主代表訴訟である。

株主代表訴訟が日本において経営監視の有効な手段として機能し始めたのは一九九三年の商法改正からである。この年の一〇月一日から代表訴訟を提起するために必要な手数料が一律八二〇〇円となった。その日に、のちに株主オンブズマンの発起人の一人となった弁護士の松丸正氏は、自ら原告株主として、当時、捜査機関の手で賄賂およびヤミ献金が明らかにされつつあったゼネコンのハザマ役員に対して東京地裁に株主代表訴訟を提起した。

この訴訟は茨城県三和町長、仙台市長、茨城県知事の三つのルートに対して起こされた。そのうち、東関東支店長であった取締役による三和町長ルートの訴訟は、九四年一二月二二日に原告の全面勝利で終結した。翌日の『日本経済新聞』によれば、この事件では、被告の元取締役側からは「業界の常識としてわいろを贈らなければ仕事が受注できなかった」「贈賄の結果、仕事を受注でき会社に利益をもたらした」という主張がなされた。これに対し、裁判長は、「贈賄のような反社会性の強い刑法上の犯罪を営業上の手段とすることは許されず、会社のためという意識があったとしても賠償責任を負う」として、原告の請求どおり、賄賂相当分の一四〇〇万円を会社に返還するよう命じた。

日本企業の現状では、証券市場も、株主総会も、取締役会も、監査役会も、およそ経営のチェック機能を果たすことはできない。そういうなかで株主が経営を監視し是正するほとんど唯一の方途が代表訴訟である。株主オンブズマンはそういう位置づけから、高島屋、住友商事、野村証券、味の素、第一勧銀、山一証券、日本航空、神戸製鋼所の各事件で、関係役員に対する株主代表訴訟を支援してきた。このうち最も早く原告の主張を全面的に認める形で和解になった高島屋代表訴訟では、被告役員が高島屋に一億七〇〇〇万円の損害賠償をすることになっただけでなく、高島屋自体も事件の社会的責任を反省し、総会屋との絶縁や、株主総会のモニター公開などの改革を実施することになった。その他の代表訴訟の結果および進行状況については表6-1を参照してほしい。

株主が代表訴訟を起こすためには、あらかじめ会社（監査役）に対し、取締役の責任を追及する訴えを起こすように求める書面を送る必要がある。その後三〇日以内に会社が訴えを起こした場合や、問題を解決した場合は、株主は訴えを起こすことはできない。たとえば、株主オンブズマンのメンバーである株主が、九八年三月、住友銀行に対し、官僚に対する接待を禁止するとともに、取締役に対して摘発された大蔵官僚への接待額（一九一万円）を返還するように求めて提訴請求を行った。その結果、同行から、接待禁止の通達が出されており、接待相当額の返還がなされたという回答があった。そのために株主代表訴訟を提起するにはいたらなかった。また、九九年二月には、別のメンバー株主が、親和銀行による暴力団組長への不正融資事件をめぐり、元頭取らに約六五億円の返還を求めて提訴請求を行った。その結果、会社が商法の特別背任で起訴された元頭取だけでなく、不正融資にかかわった取締役を相手に損害賠償請求訴訟を起こすことになった。そのために株主代表訴訟は見送られたということがある。

経営者は株式会社と市場経済のルールに従って適正な経営を行っていれば、なにも株主代表訴訟を恐れることはない。それどころか、株主代表訴訟は経営者の暴走や独裁を戒め、適法経営を促すことによって、

表 6-1　株主オンブズマンが支援する主な株主代表訴訟

対象企業	提訴年月	請求額	訴えの内容と経過
ハザマ	93年10月	3,000万円 5,500万円 1,400万円	当時の茨城県知事，仙台市長，三和町長への贈賄分の返還を求めて元役員らを東京地裁に提訴。1件は判決に従い請求容認。2件は請求認諾で取り下げ。
高島屋	96年8月	1.6億円	元暴力団組長に渡した総会屋対策費の返還を元役員らに求めて大阪地裁に提訴。97年4月，請求金額に使途秘匿金の加算税1,000万円を加えて支払う和解が成立。高島屋も当事者として和解に参加。
住友商事	97年4月	2,004億円	銅不正取引の巨額損失事件で前社長ら役員の監視監督責任を追及して，大阪地裁に提訴。
野村証券	97年5月 97年5月 97年8月	7,000万円 2億円 4.4億円	総会屋利益供与事件で別個の数組の株主が元役員らに損害賠償を求めて東京地裁に相次いで提訴。1998年10月，被告役員6人が利益供与を行った法的・道義的責任を認め，総額3億8,000万円を同証券に支払うことで和解が成立。
味の素	97年7月	1.2億円	総務担当社員に渡していた総会屋対策費の返還を新旧役員に求めて東京地裁に提訴。1998年10月，被告役員10人が請求額全額の1億2,000万円を同社に支払うことで和解。味の素も当事者として参加した和解条項には再発防止の方策が盛り込まれた。
第一勧銀	97年7月	22億円	総会屋への巨額融資等の利益供与で元役員らに賠償を求めて東京地裁に提訴。
山一証券	97年10月	7,900万円	総会屋利益供与事件で元役員らに賠償を求めて東京地裁に提訴。
日本航空	99年12月	1.1億円	90年6月から現在までの3人の社長を相手に，障害者法定雇用率の未達成による障害者雇用納付金の支払に対する責任を追及して，東京地裁に提訴。
神戸製鋼	2000年 1月	1.94億円 1.6億円	総会屋利益供与事件およびベネズエラ大統領選候補者への献金事件で，3人の元・現社長および元総務担当取締役に賠償を求めて神戸地裁に提訴。

資本主義の体制維持に役立つ機能を備えている。

Ⅳ　アメリカのコーポレート・ガバナンス視察

1　簡単にできる部外者の総会傍聴

アメリカは日本以上に株式会社の国であるが、アメリカでは銀行は企業の株を所有しておらず、日本的な株式の相互持合いは存在しない。また、総会屋やそれに類した者もいない。当然、総会屋対策も必要がない。社員株主の「異議なし」「了解」「議事進行」の一斉唱和などもない。他方、株主は、多数の株を有する年金基金等の機関株主も、一般の個人株主も、企業経営に対し株主として普段からいろいろと要求を出し、株主総会に際しても活発に提案や質問を行っている。アメリカにも、もちろん株式会社制度をめぐるさまざまな問題はあるが、株主総会とコーポレート・ガバナンス[*3]のあり方については、日本が学ぶべきことが少なくない。そう考えて、私たち株主オンブズマンと高島屋株主代表訴訟弁護団の総勢八名は、アメリカ西海岸への調査旅行を思い立った。

＊3　「企業統治」あるいは「会社運営」と訳されるが、いずれもなじみにくいので、そのまま片仮名で用いられることが多い。内容的には、株式公開会社における株主、その他の関係者（従業員、顧客、供給業者、債権者など）および社会からみた会社運営の機構と基準を意味する。

一九九八年の株主総会集中日の直前、株主オンブズマンは、ＩＳＳ（Institutional Shareholder Services アメリカ等の機関株主に対して株主総会の議決権行使に関する情報提供と助言を行っているコンサルタント会社）の日本担当者、マーク・ゴールドステイン氏を迎えて、日本のコーポレート・ガバナンスに対するＩＳＳの考え方について聞く機会をもった。九九年に入って同氏に依頼して、日本の連休期間の四月二九日から五月七日までの間のアメリカの株主総会の予想日程表を送っていただいた。それには同期間に総会を開く総数六九七社の社名と開催予定日が記されており、同一日に集中する日本とは違って、この期間にも日曜日も含めほぼまんべんなく開催されていることがわかった。日本からのアクセスを考えると西海岸が便利であるという事情もあって、結局、ロサンジェルスの企業で、株主提案が目にとまった石油メジャーのＡＲＣＯ（五月三日）と、バイオ・薬品専門では最大手の急成長企業であるアムジェン（五月四日）の二社に的を絞ることにした。

両社のコーポレート・セクレタリー（総務担当役員）に宛てて、株主総会見学の申し入れの手紙を送ったのは九九年三月一六日であった。四月に入ると両社から手紙およびＥメールで招待状が届いた。二社に傍聴を希望して二社とも承諾してくれたことは、アメリカの総会が日本の総会とどう違うかを端的に示しているように思われる。

こうして株主総会を傍聴できる会社が決まったのち、現地通訳の小林まさみ氏の協力を得てＡＲＣＯ総会への株主提案グループとの意見交換（五月二日）、企業訴訟の原告側ローファームへの訪問と面談（五月三日）、被告側ローファームへの訪問と面談（五月四日）、サクラメントのカルパース（CalPERS カルフォルニア州退職公務員年金基金）本部への訪問と面談（五月五日）、ウェルズ・ファーゴ銀行の元総務担当役員で株主総会実務に詳しい弁護士からの聞き取り（五月五日）など、一連のアポイントメントを確定した。

2　株主総会の持ち方と株主提案

調査の準備はそれ自体が調査の一部である面がある。今回の準備過程で現地から送っていただいた資料やインターネットで検索した情報によって、実際の見学前にもアメリカの株主総会の持ち方についていくつかのことが明らかになった。

(1)　アメリカでは株主総会は日本のよう六月末の同一日に集中することはない。三月半ばから五月末にかけては比較的多数の会社が総会を開くものの、一二月三〇日の例もあるように、年間を通してさまざまな時期に開かれている。

(2)　曜日については月曜日が少ないほかは火曜日から金曜日まであまり偏りなく開かれており、土曜日に開く会社も少なくなく、少数ながら日曜日に開いている会社もある。

(3)　開始時間については、一〇時、一〇時三〇分、一一時が多いようであるが、調べたなかにはモトローラのように午後五時開始という会社もあった。

(4)　アメリカの株主総会では、会場入り口に軽食が用意され、参加者は開会前のひとときフルーツやケーキやドリンクを手に歓談する。全米コーポレート・セクレタリー協会の株主総会マニュアルによると、一九九七年に開催された総会の七九％は朝食、五・五％は昼食を用意した。

(5)　日本では株主総会の招集通知は、たいてい開催日の二週間前にならないと届かないが、アメリカでは五週間ほど前に発送される。今回見学したＡＲＣＯでは三月二六日付、アムジェンでは三月二三日付で株主に招集通知が出されている。

(6) 日本では総会招集通知および営業報告書が一体になって、二つ折りの軽量で定形封筒に入るサイズに収められているが、アメリカでは議案および委任状説明書を兼ねた招集通知（Proxy Statement）と営業報告書（Annual Report）が分離され、それぞれA4サイズでかなりのボリュームがある。

(7) 日本では役員報酬（および退職慰労金）はお手盛りで決められ、関係者の全体の総額のみが次年度の附属明細書に示されるが、アメリカでは、ストック・オプションを含め、役員報酬の詳細が役員ごとに個別に招集通知に開示されている。

(8) アメリカの総会は議場のそばにプレス・ルームを用意し、議場にも記者席（二五席程度）を設ける。日本ではごく少数の例外を除き記者席は設けられていない。

(9) 日本では株主総会で株主提案がある例はきわめて少ないが、アメリカでは多くの企業でさまざまな株主団体によって種々の株主提案がなされている。

日米の株主総会の違いを考えるためにも、ここで株主提案を通じた株主権の行使の動きに触れておこう。日本では、株主提案を行うには、発行済み株式の一〇〇分の一以上か、三〇〇単位（千株一単位の場合は三〇万株）以上の株式を六ヵ月前から継続して保有していなければならない。ふつうの市民が一人でこの要件を満たすだけの株式を保有することはむずかしい。また、市民株主は通常はばらばらなので、共同して株主提案を行うという機会も少ない。日本で一般株主が行った株主提案のなかには、電力会社の株主総会に際して原子力発電所の建設に反対する立場からなされてきた提案や、経営破綻した日本住宅金融と山一証券の株主総会に際して株主オンブズマンの呼びかけでなされた調査委員会設置の提案などがある。

これらと異なる新しい動きとしては、次章で述べる二〇〇〇年六月の住友銀行の株主総会に対してなされた役員の報酬と退職慰労金の個別開示を求める株主提案がある。

アメリカでは、市場価格で二〇〇〇ドル（約二〇万円）以上の株式を一年以上前から保有していれば、誰でも株主提案を行うことができる。以前は環境問題や社会問題についての議案は株主提案の議題になじまないということで株主勧告として提出されることが多かったが、最近はSEC（アメリカ証券取引委員会）のルール改正で、そうした問題も正規に株主提案の議題として扱われるようになった（『日本経済新聞』一九九八年五月二二日）。

議題の性質からいうと、株主提案はコーポレート・ガバナンスに関する提案と社会問題に関する提案に分けられる。IRRCの「一九九九年チェックリスト」によれば、コーポレート・ガバナンスに関する株主提案は、九九年二月現在で一〇八社に対して一七八の提案がなされている。項目としては、たとえば、取締役選任における累積投票、機密扱いの取締役会の廃止、総会開催日の変更、秘密投票制の導入、社外取締役多数制、などが目につく。

社会問題に関する株主提案については、約一五〇社に対し二〇〇件を超える提案が出されている。そのなかには、CERES原則の承認、タバコの販売・販促の中止、タバコ持株の放棄、プルトニウム燃料の拒否、海外軍事販売報告、地球気象変化報告、環境基準報告、雇用の権利章典の採択、ILO基準の履行、政治献金の新聞開示などの提案がある。

コーポレート・ガバナンスについても、社会問題についても、提案のスポンサーまたはコーディネイターは、個人よりICCR（Interfaith Center of Corporate Responsibility　企業責任に関する宗派連合）などの株主団体、カルパースなどの年金基金、PIRG（U. S. Public Interest Research Group 合衆国公益調査グループ）などの公益団体、AFL-CIOのような労働組合などがなっているケースが多い。単一の株主による提案もあるが、最近ではいくつかの株主団体が連合して株主提案を行う動きも広がっているようだ。

その一例は前出の「CERES原則」にみることができる。CERES（「シリーズ」と読む）は、Coalition for Environmentally Responsible Economies の略であり、「環境責任経済連合」とでも訳される。ペンシルベニア州の環境保護局のホームページによれば、ここでいう「連合」は地球的に持続可能な経済活動は環境に責任をもたなければならないと信ずる投資家、公的年金基金、財団、労働組合、環境団体、宗教団体、公益団体の連合を意味し、より具体的には環境保護団体のオーデュボン協会、野生生物連盟、シエラクラブと、機関株主グループの社会的投資フォーラム、ICCR、PIRG、AFL-CIOから構成される非営利の連合組織を指す。*4「フォーチュン五〇〇社」でこのCERES原則を認めた最初の企業は石油メジャーのサン・カンパニー社であり、鉄鋼ではベツレヘム・スティール社である。

---

*4　この例にかぎらず、近年のアメリカでは、個人投資家と機関投資家とを問わず、株主は会社と社会問題とのかかわりに関心を高めている。ビル・マホーニーの『活動的株主』（邦題は『株主の権利と主張』）によれば、「個人投資家および機関投資家は、問題となりそうな争点に広く関与しはじめた。個人投資家や宗教団体は、南アフリカとの取引自粛を求めたり、環境保護や改善など一般的社会問題への関与で知られる。一方、機関投資家はコーポレート・ガバナンス制度など、より株価に直結した問題に取り組んでいる。／しかしここ二、三年、機関投資家は環境問題でこれまで以上に個人投資家と歩調をともにするようになった。その理由は、この問題が会社収益に根本的な影響を与えるからだ」（マホーニー、一九九七、一五頁）。

V　ARCOとアムジェン社の株主総会

1　ARCO総会への株主提案

私たちがARCOの株主総会見学を希望した主な理由の一つは、同社の株主総会に際して環境保護にかかわる株主提案が出ており、それがどのように扱われるかを見るためであった。そのために、私たちは五月三日のARCO総会の前日に、ロサンジェルスの日米文化交流センターでARCOの株主提案のコーディネーターであるPIRGの専従職員のアサン・マニュエル氏から、同グループの活動と、ARCOの株主総会にアラスカ北極圏における野生生物保護区の油井掘削を止めさせる株主提案をしているグリーン・センチュリー・ファンドについて聞いた。また、同地域の先住民で、「トナカイの民」を意味するグイッチン族のジョナサン・ソロモン氏から油井掘削予定地の自然保護の重要性について説明を受けた。

PIRGはラルフ・ネーダー氏らによって始められた環境・消費者監視グループである。全米三五の州支部に一〇〇万人からの会員を擁し、七五の大学に学生支部がある。その組織力をバックに、市民や学生に呼びかけ、また、議会や企業に働きかけて、大企業の問題行動を改めさせるキャンペーンを行っている。ARCOの株主総会への株主提案の準備も、そうした活動目的の一環としてなされたものである。PIRGのメンバーがこうしたコーディネイター役を引き受けられるのは、日本と違って株主でない者も株主代理人として総会に出席し、提案理由を説明できるからである。

提案は、「株主は会社がアラスカ北極圏国立野生生物保護区のコスタル・プレイン（沿岸平野）一〇〇二区域における、将来の油井掘削の計画を無条件に取り消し、この事業を遂行することを目的とした会社資金の支出を直ちに取り止める」という文章になっている。この提案は株主の提案理由とそれに対する会社の反対理由とともに、総会招集通知に盛り込まれて株主に送付された。そこに付された説明によると、すでにアラスカの原油埋蔵地域の大部分が開発されているなかで、上記地域は北米トナカイ、ジャコウウシ、ヒグマ、クロクマ、ホッキョクグマ、オオカミなどと、ハクガンその他の渡り鳥のいる野生生物の手つかずの生息地であり、この地域での油井採掘を止めることはＡＲＣＯ社の評判を高め、株主、ひいては会社の利益になるというのである。

これと同じ株主提案がＡＲＣＯ社の総会に先だってシェブロン社の総会でも行われた。そこでは、投票総株数の一〇％もの賛成票があり、ＰＩＲＧのマニュエル氏の話では、ある種のマジックナンバーである一〇％の支持を得たことで、今後シェブロン社は開発計画の変更を考慮せざるをえなくなるだろうという。ＡＲＣＯの総会では、北極圏油井開発計画の中止を求める株主提案について、コーディネイターであるＰＩＲＧのマニュエル氏と、現地先住民で提案グループの一員であるソロモン氏が提案理由について説明した。同議案は総投票株数の四・七％の賛成票を得た。これは当初目標とした三％をかなり上回るもので、マニュエル氏の評価によれば、今回の提案はグリーン・センチュリー・ファンドと他の二つの比較的小さな投資家グループによって行われたが、五％に近い賛成を得たことで今後はより大きな機関投資家に働きかけて賛成してもらう基礎ができたということである。

株主提案はすべて株主総会の議題になるというのではない。議題に盛り込まれるまえに会社側で検討され、提案者との間で交渉が持たれて会社が提案趣旨をなんらかの形で考慮し、あるいは企業経営に反映させることを約束することで引っ込められる提案も多いといわれる。

株主提案の説明に紙幅を費やしたが、ARCOの総会自体は、イギリス系メジャーのBPアモコによる吸収合併が予定されているもとで、それに関する件は別途臨時総会を開くまでSECの規定により一切議題にできないことになっていたために、会社提案は役員選任と監査法人の選任だけに限定され、質問者も四人にとどまり、約三五分で終了した。会場はARCOセンターで、出席者は一〇〇名ほどであった。株主提案を除けば、日本の株主総会に近いきわめて形式的な総会であるという印象が残った。

2　アムジェン社の株主総会

アムジェンは一九八〇年に設立されて、九八年には三二六〇億円（一ドル一二〇円換算）の収入をあげ、五四九四名の従業員を抱えるまでになった。バイオ薬品専門では全米第一位の急成長企業である。

今回の調査から帰国して、アメリカ企業に精通している藤田利之氏の近著『日本企業にもの申す外国人株主』（東洋経済新報社、一九九九年）を読んだ。この本に書かれているアメリカの総会模様から見ても、私たちが見学したアムジェンの総会はアメリカの株主総会の一つの雛形を示しているのではないかと思われる。

午前一〇時三〇分開会の総会であるが、招待状に朝食を用意しているとあったので、私たちはビバリー・ヒルズにあるリージェント・ビバリー・ウイルシャー・ホテルの会場に一〇時頃に行った。受付を通ると広いラウンジがあり、そこにはフルーツやケーキや飲み物が置かれ、早めに来た株主たちが立食パーティのような雰囲気で談笑をしたり、旧交を温め合ったりしていた。ARCOの会場でもそうした軽食が供されてはいたが、アムジェンのほうが会場が豪華ホテルであったせいか、質量とも数段勝っていた。

出席者は三〇〇人程度で定刻に開始された。開会宣言のあと定足数の確認があり、議事に入る。議題は、(A)取締役の選任、(B)普通株式の授権資本額の増加、(C)経営者インセンティブ・プランの達成目標の実質条件の承認、(D)一九九一年エクイティ・インセンティブ・プランの修正承認、(E)独立監査役の承認となっていた。これらの議題の説明は総会招集通知にその提案理由とともに詳しくなされており、議場では簡単にすまされる。投票集計も形式的で、議題自体については質問も出なかった。

こうしてひとまず議事を終えて、会社の業績と計画の報告に入る。ここでは、ケビン・シャーラー社長から年次営業報告がなされ、ゴードン・ビンダー会長から研究開発計画の報告があった。その後、ごく短い休憩ののち、質疑応答になり、総数一二人の株主が質問を行い、それらに会社側がていねいに答えた。質問は、「配当がないのはなぜか、いつ始めるのか」、「ストック・オプションは株主にとって利益があるのか」、「アムジェンの株は今後上がるか」など素朴なものが多い。会社側はこれらに対し、「配当の原資があれば研究開発と投資に振り向ける。配当をしなくとも株式の価値が上がれば株主の利益になる」とか、「業績を上げるために最大限の努力をしており、株価が上がることを望んでいるが、必ず上がるとは約束できず、それを期待して投資されても責任は負いかねる」とか答える。業績の好調な企業だけあって、質問はなごやかで、質問と回答の両方に途中何度か拍手があった。BP社に買収されることになっているARCOの沈滞した総会とは対照的な明るい総会であった。

最初に入ったときから目を引かれたことに、議場には三面にビデオスクリーンが設けられ、議長や発言者の姿を大写しにし、また営業報告の場面では、業績の伸びを示す図表や製品の宣伝ビデオを映し出していた。たとえば、アムジェンの主力商品の一つはEPOGENである。それは赤血球の増殖を刺激するヒト蛋白質を遺伝子工学により合成した薬で、慢性肝不全で透析を受けている人々に福音をもたらしたといわれる。ビデオスクリーンには、それを服用するようになって症状が改善された青年が長距離の自転車旅行をしている様子が映し出されるという具合いである。

Ⅵ　日本にとっての改革課題

1　年間を通じた株主活動の重要性

今回の調査では、すでに触れたように、株主総会の見学だけでなく、企業訴訟の原告側および被告側弁護士との意見交換や、カルパース本部への訪問、ウェルズ・ファーゴ銀行の元総務担当弁護士からの聞き取りなども行った。以下では、これらの場で学んだことをも交えて、日本の株主総会と企業統治にとっての改革課題を考えてみよう。

株主総会を総会当日の運営だけを見るなら、アメリカの総会も形式化していることは否めない。前出の藤田氏の本に出てくるように、例外的には野球場を会場に一万一〇〇〇人の株主が参加したという総会もあるそうだが、ふつうは株主が何万人いても、出席者は数百人である場合が多い。この面では株主総会は最初から形骸化しているということもできる。にもかかわらず、というより、それだからこそ、株主には、株主総会の場以外にさまざまな情報アクセス権が与えられており、たとえば株主代表訴訟のように、単独で会社役員の不正や違法の責任追及もできる仕組みになっている。

この見地からみると、株主の権利行使や株主活動は一年間を通じてなされなければならない。年一回開かれる株主総会が、株主の会議にふさわしいものになるかどうかは、日頃から株主が会社にどのような働きかけをしているか、会社が株主と対話する姿勢をどれだけもっているかに依存している。私たちが訪ねたカルパースでは、「グローバル・ガバナンス原則」に加えて、「対日コーポレート・ガバナンス原則」を決定し、投資先の日本企業に対し、社外取締役会および社外監査役の真の独立性を求めるとともに、株主に対するアカウンタビリティを高める要求と関連して、株主への情報開示、議決権行使における秘密投票制の導入、第三者による集計、棄権制度の導入、株式持合い制度の解消などを要求している(『商事法務』第一四八八号、一九九八年四月一五日)。これらは、株主総会の活性化に通じる要求として、個人株主の立場からも支持できるものである。

2　求められる株主責任

外国の機関株主が日本のコーポレート・ガバナンスに意見を言い始めるなかで、日本の信託会社や保険会社のような機関投資家の株主としての姿勢が厳しく問われている。投資家や保険契約者の資産を預かってそれを証券で運用している機関は、資産運用責任を負う立場から、株主としての責任を果たす義務がある。ここ一、二年は、信託や生保の一部が投資先企業の総会に際し、顧客の利益に反する議案には反対票を投ずることも検討していると伝えられている(『日本経済新聞』一九九九年六月一日)。私たちは、これらの機関株主がどのような投票態度をとるかを見守りたい。そのためにも、議決権行使の原則と行使結果が開示されることを期待している。

日本のコーポレート・ガバナンスに関しては、情報開示と法令遵守が大きな課題になっているが、いずれの課題の実現も、株主総会の改革なしにはありえないだろう。法令遵守については、次章でも述べるように、株主オンブズマンの調査で上場企業の七割は障害者の法定雇用率（一九九八年七月一日より一・八％）さえ達成していないことが判明した（『朝日新聞』一九九九年六月一日）。私たちは上場企業は障害者法定雇用率の達成状況について、未達成時の納付金および達成時の調整金の額とともに、株主総会および有価証券報告書に開示すべきだと考えている。アメリカでは企業の環境責任を含む社会的責任については、かなりの程度共通の規範が定着しつつあり、そこから市民から見て良い企業と良くない企業との判断基準もできつつある。こうした課題を実現していくことも株主の重要な責任である。

第七章　市民の目で企業改革を考える

Ⅰ　奥村宏氏の問題提起を受けて

最近、現代思潮社から『市場社会の警告』という本が出版された。この本には一九九七年一一月に札幌学院大学で開催された同大学の創立五〇周年記念シンポジウムの内容が収められている。そのシンポジウムでは「市場社会と共生の原理」をメインテーマに、ジョレス・メドベージェフ（イギリス）、奥村宏（中央大学）、佐々木洋（札幌学院大学）の三氏が、それぞれ「農業の掟と工業の原理——二〇世紀の回顧と展望」、「二一世紀の企業像——『会社人間』の克服に向けて」、「日本ビジネス帝国主義と大競争時代」と題して報告し、大沢真理（東京大学）、宇佐美繁（宇都宮大学）、金洛年（韓国、東国大学）の三氏と私が討論に立った。その際の私に与えられた課題は、法人資本主義論の立場から企業改革論を提起した奥村氏の報告にコメントすることであった。

奥村氏は次のように主張している。これまで資本主義社会をどう変えていくかという体制改革論は多すぎるほどあった。しかし、資本主義経済の担い手である企業をどう変えていくかという企業改革論はほとんどなかった。あったとしても、それは革命を起こして企業を国有化すればすべて解決するという程度の議論でしかなかった。その実際の結末がどうであったかは、旧ソ連や東欧諸国や中国の現実をみれば明らかだ、と。

奥村氏は最近の日本で「政治改革」や「行政改革」が叫ばれることに触れて、改革が求められている「政・官・財」のうちで最も重要な柱であるはずの財界の改革はなぜかまったく議論されていないと指摘する。そして、財界を構成しているのは大企業であるからには、企業改革こそが課題になるべきだと言う。

本章では、奥村氏のこの提起を受けて、市民の目から企業改革の課題について考えてみたい。

Ⅱ　大企業解体論としての企業改革論

奥村氏が前記のシンポジウムの報告で提起した企業改革論は、氏の『法人資本主義論』（朝日新聞社、一九九一年）や『二一世紀の企業像』（岩波書店、一九九七年）をもとにしている。したがって、氏の議論を正確に紹介するには、これらの著作に立ち返ることが望ましい。しかし、ここでは上述の経緯から前記シンポジウムの奥村報告を奥村氏自身による自説の要約として簡単に紹介するだけですませることをお許しいただきたい。

冒頭にも述べたように奥村氏の言うには、これまで資本主義体制の変革論は数多くあったが、資本主義企業の改革論はほとんどなかった。ベルリンの壁が崩壊したのち、旧来の体制変革論は雲散霧消してしまったかのようにみえるが、それも企業改革論の欠落と無関係ではない。体制改革論者も企業改革を主張してきたと言うかもしれないが、それはしょせん国有化論でしかなく、その実際の結末は旧ソ連や東欧諸国や中国の現実をみれば明らかだ、というのである。

二一世紀に向けて新しい企業像を考えるには、企業のあり方からみて二〇世紀がどのような時代であったかを見極めておく必要がある。奥村氏によれば、二〇世紀は大量生産・大量消費を原理とする大企業の時代であった。「規模の経済」を追求するには、設備投資を増やすだけでなく、企業合併によって企業規模を大きくすることも必要になる。また「規模の経済」を追求した大企業はやがて「範囲の経済」も追求するようになる。

こうした大規模化は、株式会社制度の普及によって可能になった。それゆえ奥村氏によれば、二〇世紀は大企業の時代であっただけでなく、株式会社、とりわけ巨大株式会社の時代であった。近代株式会社制度では会社の最高の決議機関として株主総会が置かれている。そこでは、一株一票の資本多数決の原則によって、会社の基本的な事項について意思決定がされ、取締役や監査役などの経営者が選出される。こうした株式会社、とりわけ巨大株式会社が工業分野だけでなく、金融やサービス業などあらゆる分野に広がったのが二〇世紀であったというのが、奥村氏の理解である。

巨大株式会社は大きくなりすぎて管理不能状態に陥るという矛盾をはらんでいる。奥村氏が「大企業病」と名づけるこの矛盾は、アメリカでは第三次合併運動であるコングロマリット合併運動が終わったあと、石油危機に見舞われたころから表面化し、一九七〇年代には「脱コングロマリット化」が進行した。八〇年代になると「範囲の不経済」だけでなく、「規模の不経済」も表面化するようになった。そのために大企業は会社を乗っ取ると同時に既存部門を切り離して売りとばし、人員を大幅に整理するというリストラクチャリングを行った。

奥村氏によれば、大企業体制は日本でも行き詰まった。「規模の経済」が最も強く発揮されるのは重化学工業分野であるが、日本では産業構造が「脱重化学工業化」し、サービス産業のウェイトが高まってきた。また、ＭＥ（マイクロエレクトロニクス）化の進展によって技術的にも規模のメリットが薄れてきた。こうした動きとともに、大企業では、分社化、別社化の動きがあり、カンパニー制を採用する企業も増えた。また、日本でもリストラクチャリングが導入され、従業員の削減とパートタイマー化が進んでいる。ただし、日本の大企業は、大企業病対策として分権化を行いながらも、他面では持株会社復活にみられるように、大企業の解体を阻止して集権化を強めようとする動きもある。

八〇年代ごろからアメリカや日本で進行しているリストラクチャリングは、大幅な人員整理、アウト・ソーシング、パートタイマー化によって、従業員への大きなシワ寄せをともなう。そのなかで、労働組合に求められているのはたんなる首切り反対ではなく、これまでの大企業体制に代わる新しい企業像を打ち立てることである。

このような認識に立って奥村氏は、二一世紀の新しい企業像を提示しようとする。二〇世紀に繁栄した株式会社は「死に至る病」の「大企業病」にとりつかれている。だとすれば、新しい企業のモデルを株式会社、とりわけ巨大株式会社に求めることはできない。株主総会ひとつをとっても日本の株式会社は近代株式会社の原理に反したものになっている。日本の株式会社で一般的な法人間の株式相互持合いも株式会社の原理である資本充実の原則に反する。それは支配の不公正そのものである。

だからといって、個人株主を復活させることで近代株式会社に返ることができるという見通しはまったくなく、またその努力は無意味であろう。法人の株式所有を解消し、相互持合いを禁止することは必要ではあるが、それは株式会社に代わる新しい企業形態を模索するための一過程と考えるべきであって、それよって個人株主が復活するというものではない、と奥村氏は言う。

奥村氏は、大企業病にとりつかれた株式会社は解体するほかはなく、株式会社に代わる企業形態としては、協同組合や町村営企業や個人企業などが考えられると言う。しかし、いまのところこれこそが新しい企業形態だといって提示することはできないとも述べている。新しい企業形態を生み出すのは人類のさまざまな実践であろうと言い、奥村氏が今後大きく発展する可能性をもつだろうという見通しのもとに注目しているのは、利潤追求を目的としない組織としてのＮＰＯである。

Ⅲ　マルクス経済学における企業改革論の欠落

以上に奥村氏の企業改革論の骨子をみてきた。これにコメントするまえに、どのような視点で企業改革を論ずるかをいうためにも、従来のマルクス経済学にみられる資本主義企業をめぐる一定の思考態度を問題にし、私自身の理論的立脚点を明らかにしておきたい。

奥村氏も指摘しているように、従来の経済学は資本主義批判を旨とするマルクス経済学であっても、企業改革論を欠いてきた。マルクス経済学に限っていえば、私はその理由は研究者がいだいてきた歴史観ないし社会認識に起因しているように思う。マルクス経済学者は、資本家階級と労働者階級との間には非和解的な対立があり、資本主義体制の変革は二つの階級の闘争を通じて労働者階級が資本家階級を打倒し国家権力を獲得することなしには成し遂げられない、という歴史観を多かれ少なかれ共有してきた。私自身もかつてはそのように考えたことがある。けれども、いまでは、こうした歴史観は現実妥当性をもたないと考えている。

私は、生産関係上の地位を異にする社会集団として二つの階級が区別されることや、資本主義の経済現象の説明において、二つの階級の利害対立が重要な意味を持つことは認める。しかし、基本的な階級対立以外のさまざまな社会集団――生産者と消費者、労働者と農民、労働者と自営業者、都市住民と農村住民、大企業と中小企業、産業間、地域間、民族間、ジェンダー間、世代間――などの対立を、基本的な階級対立より重要性が劣るものと見なすような見解はとらない。[*1]と同時に、人々を、資本家、労働者、土地所有者のほかに、経営者、従業員、生産者、消費者、株主、債権者、債務者、預金者、納税者、年金生活者、地域住民、家族成員といった多様な経済的社会的属性をもつ存在としてとらえる。また、そうした属性の多くを合わせ持つ存在として個人あるいは市民という概念の社会分析における有用性を承認する。

マルクス主義においては、労働者あるいは労働者階級という概念は、社会変革あるいは社会統治の主体概念としてもとらえられてきた。そして、そうした意味づけが強い場面ほど、市民という概念の使用を敬遠するきらいがあった。しかし、市民という概念は、もともと中世ヨーロッパ都市の特権的自由身分であれ、近代産業社会の資本家であれ、民主主義の担い手として理念化された独立した自由な個人であれ、統治の主体概念として用いられてきたことに留意する必要がある。本章において市民というときも、社会変革あるいは社会統治の主体者としての意味が込められている。

日本社会の階級構成の分析では、労働者階級が有業人口の七割あるいは八割を占めており、その比率は経済の成長とともにますます高まっているという考え方がある。この場合、企業でいえば、会社役員を除くすべての雇用者（＝被雇用者）が労働者階級に数えられる。また、専門的・技術的職業従事者が他から区別される場合も、階級構成上は、大学教員や企業の研究・開発職のように大学院以上の学歴を有する者も、すべて労働者階級だとみなされる。ここには、賃金で生活している者は労働者であり、雇用されて働いていればすべて労働者階級の一員である、という理解がある。

形式的にはこうした考え方は誤りではない。ある意味では大企業の取締役も、所有に基礎をおかない雇われ経営者であるという意味では、労働者とみなすこともできる。にもかかわらず、会社役員と自営業者（農林漁業および商工業）を除くほとんどすべての有業者を一括りにした労働者階級の概念では、現代社会の複雑な階級分析には「一億総中流」論と同じ程度にほとんど役に立たない。たとえば、税制改革問題を論ずるときには、労働者階級全体への影響を包括的に議論するだけでなく、統計的分析でよく行われているように所得階級をいくつかのクラスターに区分し、所得税にせよ消費税にせよ、ある税率の変更がどの所得階級にどのような経済的利害をもたらすかを考察しなければほとんど現実的有効性をもたない。[*2]

マルクスは、資本主義的生産様式の変革と諸階級の最終的廃絶を説く一方で、彼の労働時間論にみられるように、労働者階級の状態を改善するための社会改良を当時の誰よりも重視していた。マルクスのあと

＊1　これらの多様な社会集団、社会階級を区別することは、諸社会集団あるいは諸階級のあいだの利害対立だけでなく、それぞれの同盟や連合を分析したり展望したりする場合にも重要な意味をもっている。

＊2　所得と資産からみて日本社会の不平等化を考察して話題を呼んだ橘木俊詔氏の『日本の経済格差』は、伝統的な二大階級論に拠らない社会集団分析のひとつの例である（橘木、一九九八）。

でも、マルクス主義者は、労働条件の改善や、社会保障の制度化や、民主主義の拡大を求める運動の積極的な推進者、支援者の役割を果たしてきた。にもかかわらず、マルクス主義は、思想的には、そうした運動とその成果を、それが階級対立の止揚と搾取の廃絶に向かう反体制運動に呼応するかぎりで積極的に評価し、そうでない場合はその限界や欺瞞性を問題にしてきた観がある（森岡真史、一九九八）。たとえば、社会民主主義の政権によって制度化された福祉国家に対してマルクス主義者はしばしばそうした態度をとってきた。[*3]

こうしたマルクス主義の思考態度も、マルクス経済学における企業改革論の不在と同じルーツをもっている。種々の形態の社会運動を労働運動に従属させ、労働運動を反体制運動に従属させる態度は、消費者運動、環境保護運動、平和運動、女性運動、住民運動、市民運動などを軽視することにつながり、民主主義の前進を志向する勢力を狭くとらえ、ひいては民主主義勢力全体を分断することにつながる。企業改革の視点をもつことは、こうした傾向を克服するためにも重要である。

人々は企業が反社会的行為を犯すことを常識的に知っている。と同時に、人々は常識的反応として、あれこれの企業不祥事を聞くとそれを嘆き、あるいは怒り、企業はもっと倫理的行動をとるべきだと考える。マルクス主義者はともすればこうした常識とは違い、資本主義企業は利潤追求のためにはなんでもする、腐敗や不正や違法は資本主義企業につきものであると考えて、実際に生起する諸々の企業不祥事に対してあまり鋭敏な反応を示さないところがある。知識には驚きを鎮める働きがあり、自然現象と同様に社会現象でも原因や性質を知っている人は、知らない人に比べてより冷静な判断をくだすことができる。しかし、そうだとしても、マルクス主義者が、ある種の「企業悪論」に立って、企業に公正や正義を求めることに消極的であったことは否定できない。[*4]「信義誠実」（民法第一条）と「公序良俗」（同第九〇条）は市民社会の商道徳の基本である。商法や証券取引法は経営者の暴走や不正はありうるという前提に立って、それを制御するためのさまざまな企業ルールを定めている。マルクス主義は、資本主義のもとで制度化されてきたこれらの商道徳や企業ルールについて、その限界は論じても意義はほとんど語ってこなかった。[*5]こう考えれば、伝統的マルクス主義が企業改革論を欠いてきたのは、それが内在する企業悪論の必然的な帰結であるとも言えなくもない。

＊3　有井行夫氏の『株式会社の正当化と所有理論』は、マルクスによりながら本章が批判する伝統的マルクス主義とは異なる企業論を展開している（有井、一九九一）。

＊4　リチャード・T・ディジョージは著書『ビジネス・エシックス』を「ビジネスの非道徳性の神話」を問題にするところから始めている。彼によれば、企業と倫理は両立しない、企業はしばしば道徳に反した行動をとるという観念は、ある程度までは現実の反映であり、わかりやすい真理を含んでいる。だから人々はそれを神話として信じているのである。しかし、他方で人々は、現実は変わるべきであり、企業はもっと道徳的に行動すべきであると考えている。もし「ビジネスの非道徳性の神話」が完全な真実であるならば、環境保護運動も消費者運動も意味をもたないだろうし、企業に倫理的行動規範や社会的責任を求めることも無意味となるだろう（ディジョージ、一九九五、第一章）。

＊5　この問題は掘り下げていくと、経済学（ポリティカル・エコノミー）は社会的富の生産と分配の法則に関する理論科学だとする考え方にいきつく。池上惇氏がジョーン・ラスキンによりながら指摘しているように、もっぱら経済現象を貫く客観的法則のみを問題にして、経済生活におけるルールやその基礎となる倫理を見失うなら、経済学は現実生活に対して建設的な提言をすることはできない（池上、一九九九、序章）。

Ⅳ　企業改革と株式会社改革

奥村氏は、マルクス経済学には企業改革論がなかったと批判する。私はそれには一定の理由があることを述べてきた。しかし、大企業解体論でもある奥村氏の企業改革論からは、企業改革の担い手はみえてこない。奥村氏の大企業解体論は、同時に株式会社否定論でもあるので、株主は担い手にはなりえない。株式会社民主主義は実態のない装いにすぎないと考えられているという意味でもそうである。では労働者や消費者やその他の社会集団はどうかというと、そうした主体も想定されていない。株式会社に代わる企業形態は、奥村氏の言うように、人類のさまざまな実践のなかから生まれてくるであろうとしても、その実践を担う主体がいなければ、実践自体が生まれないことになろう。

株式会社にとって代わるべき企業形態として協同組合が一九世紀のはじめに創始され、今日では協同組合セクターが無視できない広がりを示している。種々のＮＰＯの実験によって、環境と福祉と民主主義の見地から進歩的意義を有する新しい型の非営利の協同組織も生まれている（川口・富沢、一九九九）。しかし、これらによって企業形態の多様化が進むことは間違いないとしても、株式会社が社会の富の生産と再生産において現在果たしている役割にそれらがとって代わることは近い将来にはありえない。むしろ、企業形態が多様化していくなかで、株式会社の形態や役割も変化していくと考えるほうが現実的である。とすれば、人類は今後もかなり長期にわたって、株式会社と付き合っていかねばならないことになる。その意味からも、企業改革論として株式会社のあり方を問わなければならない。

私自身は、企業改革は株式会社改革を抜きには現実性をもちえないと考えている。かといって、株主運動だけを企業改革運動として念頭においているのではない。労働組合は労働条件の維持・改善のために依然として重要な役割を担っている。しかし、労働運動だけでなく、消費者運動、環境保護運動、平和運動、住民運動のそれぞれに、市民が企業を変える主体として積極的に関与していくことが重要である。

その際、運動を多数者の数の力としてのみ見るのではなく、少数者の異議申し立てにも独自の意義を認める必要がある。実際、戦後の日本において労働者の権利の伸張や女性の地位の向上で見るべき成果の多くは、裁判闘争に例をみるように、たった一人からの反乱を含めて少数者の運動によって切り開かれてきた。

それとともに、私は、近年の嫌煙（禁煙・反タバコ）運動の広がりに一例を見るような、人々の社会的価値意識の多元性とその変化の方向性に注目し、その変化に働きかける研究や実践を重視するべきだと考えている。近年の日本では、行政に対する情報公開の運動が進んでいる。これも市民の異議申し立てと人々の価値意識の変化からもたらされたものといえよう。日本においては企業に対する情報開示の要求は、現在はまだ萌芽的で部分的なものにとどまっているが、早晩行政に対するのと同じような拡がりをもつであろう。

企業改革を考えるとき、巨大株式会社のあり方についての議論を避けることはできない。巨大株式会社の存立のインフラストラクチャー（基礎構造）である証券市場は、投資家あるいは金融資産の保有者としての無数の市民によって担われている。その点で、巨大株式会社は、その規模の大きさにともなう消費者や地域住民や従業員への影響力の大きさゆえの社会性にとどまらない特別な公共性をもつ存在である。企業の社会的責任もそれだけ大きいといわねばならない。奥村氏は大企業解体論一辺倒であるが、現在の株式会社法のもとでも、市民株主による企業経営の監視・是正のための株主代表訴訟の提起権をはじめ、市民参加の可能性は開かれている（中村、一九九七）。

しかし、企業改革を進めようとすれば、巨大株式会社をその社会的・公共的存在にふさわしく社会的に制御する方向に株式会社法を改正・整備することによって、株式の法人所有と相互持合いを厳しく制限することとあわせて、株主や、消費者や、環境保護団体や、従業員による情報アクセス権と経営参加権の拡大を実現することが避けられない課題になる。

株主の経営参加をいう場合、法人株主、とりわけ相互持合い関係にある法人安定株主の役割に期待しえないことはいうまでもない。奥村氏も指摘しているように、法人安定株主は、たがいに株式を持ち合っているかぎりで出資をしていないにひとしく、株式会社の資本充実の原則に反するという点で株主としての独立性の疑わしい株主である（奥村、一九九一）。

日本的な経営者支配もこうした特異な法人安定株主による「あなた任せ」の経営の所産である。日本では社長や会長という経営トップが取締役（および監査役）の候補を選び、その名簿が総会に出され、法人安定株主の白紙委任によって「シャンシャン」で決まる。そのために日本の多くの大企業の経営者は、株式所有に基礎を置かないだけでなく、株主からも牽制されない存在になる。経営トップが暴走しても、誰も「マッタ」をかけない。社長は単なる雇われ経営者でしかないのに、絶大な人事権を持っている。それによって社内の支配はまったくチェックを受けない無制限の支配になる。取締役に選ばれるのは、たいてい部長とか工場長とか支店長とかの現場部門長である。取締役としては対等のはずでも、部門長としては社長の部下であるために、社長に文句が言えない。結局はイエスマンの役員が取締役会や監査役会を占めるということになる。文句が言えないだけでなく、なんでも会社のためにという会社主義が強く、出世のためにという出世主義が強ければ強いほど、違法や不正に目をつぶり、あるいは自ら違法や不正に加担するということになりやすい。

こういうことであれば、日本の企業経営に個人株主が影響を及ぼす余地はまったくないように思われる。しかし、株主は、単位株しか所有していない場合でも、利益配当請求権だけでなく、経営参与権ないし議決権に関連して、株主総会で質問する、書面質問をする、定款を見る、株主名簿を見る、株主総会の議事録を見るなど、種々の情報アクセス権を持っている。裁判所に許可申請をすれば、取締役会議事録をみることもできる。すべての株主に認められている株主代表訴訟提起権も、会社経営を監視・是正するうえでの株主の大事な法的権利である。取締役会、監査役会、株主総会などが機能不全をきたしている現状では、株主の代表訴訟提起権は、前章でも述べたように、経営者の違法・不正を是正するほとんど唯一のチャンネルであるとさえいってもよい。

単独株主権ではないが、三〇〇単位（通常三〇万株）の株があれば、株主総会に議案を提案することもできる。三〇万株という要件のために、日本の場合、一般の個人株主が単独で株主提案を行うことはむずかしい。しかし、アメリカでは株主提案が近年広く行われるようになってきており、前章でもみたように、市民運動的な株主団体がいくつもあって、環境や福祉や人権にかかわって国際的視野からあれこれの改善や改革を求める提案がなされ、多数の個人株主や機関株主の賛成を得て、会社の政策決定に取り入れられるケースが増えている。個人株主が企業経営に関心をもつのはアメリカの話であって、日本にはそんな可能性はないと考えてはならない。[*6]

＊6　中部電力の株主総会では、芦浜原発（三重県）の立地に関連して原発反対の立場から株主提案がなされてきた。中部電力が原発立地のために地元漁協に調査同意を条件に支払った二億円は「買収のための賄賂」にあたるとして、株主代表訴訟を提起した株主グループが株主総会の「議決権行使書」を閲覧したところ、九二年の「大量破壊兵器に転用の恐れがある物質製造と保有の禁止」の提案には、一万六五〇〇人が、九三年の「芦浜原発立地計画を放棄する」提案には一万六三五人が、それぞれ賛成していたことが判明した（共同通信データベース、九五年九月一六日）。中部電力の議決権を持った株主は二七万人余（約七億三〇〇〇万株）おり、そのうち何割が投票したかは定かではないが、棄権者を含む全株主に対する比率で見ると、原発立地放棄議案への賛成は三・六％（株式数では一・五％）であった。とはいえ、一万五〇〇〇人を超える株主が議決権行使書で原発立地計画の放棄に賛成票を投じたことは、個人株主が電力会社の経営や原発問題に強い関心を示していることを物語っている。

V　最近の株主オンブズマンの取り組みから

ここ数年、上場企業の経営破綻が続発し、粉飾決算が相次いで露見してきた。粉飾決算は、架空利益を計上したり損失を隠蔽したりして、企業の経営実態を実際よりよく見せて投資家をだます点で、商法および証券取引法に違反する反社会的行為である。

人々が資本市場に参加し投資判断をくだすには、企業内容に関する信頼しうる情報が開示されていなければならない。そのためには、企業が日頃から法やルールや社会的規範にしたがい、株主などへの説明義務を適切に果たしていることが前提要件となる。最近流行の言葉でいえば、ディスクロージャー（情報開示）は、コンプライアンス（法令遵守）とアカウンタビリティ（説明義務）をともなってはじめて信頼性を保証されるのである。

投資家が企業を評価するのは、直接に配当や株価に結びつく事業内容だけではない。企業が法律を守り、社会的責任を果たしているかどうかも株主および潜在株主にとって大きな関心事である。たとえば、障害者雇用法は、一九九八年七月の改訂以降、常用労働者数五六人以上の民間企業に対して一・八％以上の障害者を雇用することを義務づけ、常用労働者が三〇〇人を超える未達成企業に対して不足人数一人につき月額五万円の雇用納付金を支払うことを定めている（達成企業には超過人数一人につき月額二・五万円の調整金が支給される）。労働省の発表によれば、九九年六月一日現在における規模一〇〇〇人以上の民間企業の実雇用率は一・五二％にとどまり、七七％の企業が法定雇用率を達成できないでいる。こういうニュースに接すると、個別企業の法定雇用率の達成状況を知りたくなるが、私たちが市民として株主として障害者雇用に積極的な企業に肩入れしようにも、現状では労働省からも個々の企業からもその情報は開示されていない。

株主オンブズマンは、九九年、日経225社を含む上場企業三九九社を対象に障害者雇用状況の調査を実施し、二四七社（六二％）から回答を得た。その結果によれば、実雇用率は一・五六％で、七〇％の企業は法定雇用率に達していない。調査時の約束で社名は公表できないが、世界的に名を知られた上場企業のなかでも、障害者雇用にきわめて積極的な企業もあれば、著しく消極的な企業もある。そのことは法定雇用率を超過達成して年額四〇〇〇万円を超える調整金を支給されている企業がある一方で、法定雇用率を大きく下回って年額三〇〇〇万円に近い納付金を支払っている企業があることからもわかる（調査の詳細はホームページ <http://www1.neweb.ne.jp/wa/kabuombu/> を参照されたい）。

さきの調査対象には含まれていないが、九九年六月の定時株主総会における株主の質問によって、障害者雇用の実態が明らかになった会社に日本航空がある。同社の場合、同年六月一日現在の障害者雇用率は一・二九％（航空運輸業の除外率二五％による調整後の割合）であり、不足人数に応じて支払われた九八年の障害者雇用納付金は四六二五万円に達している。[*7] 日本航空の経営者が二十数年にわたり法定雇用率を大きく下回る状態を放置して、漫然と多額の納付金を支払い続けてきたことは、善良な管理者としての注意義務にも、企業の社会的責任にももとるものといわなければならない。[*8]

障害者基本法には、「すべて障害者は、社会を構成する一員として社会、経済、文化その他あらゆる分野の活動に参加する機会を与えられるものとする」と定められている。しかし、日本における障害者雇用の現状は、この規定に込められている「完全参加と平等」の理念の実現からはほど遠い。日本の企業がなにかにつけて手本とするアメリカの雇用人口中の障害者比率は、一九九四年で一三・八％（約一七三三万人）であった（合衆国商務省センサス局編『現代アメリカデータ総覧一九九七』原書房）。アメリカと日本とは障害者の定義と範囲が大きく違う。日本の雇用人口に対する障害者の比率は、就業者に有効求職者を加えた登録者総数（『障害者白書』一九九八年版で約四四万人）をもとにしても一％にも満たない。日本の法定雇用率は一・八％であるが、日本と同じく障害者雇用の割当制をとっているドイツとフランスの法定雇用率は六％である。これと比較しても日本の障害者雇用の立ち遅れは否めない。

労働省は、法定雇用率を達成できていない企業に対して雇い入れ計画の作成を命ずることができる。しかし、実際には、実雇用率が法定雇用率の半分を下回り、不足人数が六人以上いる企業でないと計画作成命令の対象とはされない。そのうえ、企業の経営状態が考慮されるために、もともと少なかった命令発出件数は、不況の進行につれてますます少なくなってきた。九四年の数字では、法定雇用率未達成企業は二万六九八二社を数えながら、労働省から雇い入れ計画の作成を命じられた企業数はわずか一五〇社（〇・五六%）にすぎなかった（総務庁行政監察局、一九九六）。労働省はまた、雇い入れ計画の作成命令を受けた企業に対し、その適正な実施を勧告することができるが、実際に適正実施勧告を出した企業数は、近年極端に減少している。さらに労働省は、適正実施の勧告を行ったにもかかわらず、それに従わないときはその企業名を公表できることになっている。この公表制度にいたっては、九二年三月に四社の小企業を対象にただ一度発動されただけである。

最近では、倒産とリストラが広がるなかで、障害者が離職させられるケースが多くなり、職を求める障

＊7　障害者雇用法の適用にあたっては、労働省令で一定の職種を障害者の就業が困難な「除外職種」に指定し、その人数を業種ごとの一定の「除外率」で減じた常用労働者数を障害者雇用率の算定の分母としている。たとえば、大学教員は除外職で、高等教育機関の除外率は五〇%となっている。この除外職種と除外率については七六年の設定以来、情報化など劇的な技術進歩により労働環境が大きく改善されたにもかかわらず、一度も見直しが行われていない（総務庁行政監察局、一九九六）。

＊8　日本航空に対しては、一九九九年一二月一七日、同社の株主三名から障害者法定雇用率の達成に著しく消極的な経営者の責任を問う株主代表訴訟が東京地裁に提起された。

害者の数は年々増えていながら、実際に仕事に就くことは以前よりずっと困難になっている。そうであるのに、法定雇用率を達成させるための労働省の指導監督は企業の経営状態への配慮からかえって甘くなっているようにさえみえる。企業に甘い労働省の行政姿勢を抜本的に改めないかぎり、また法的責任を果たさない企業の責任が問われないかぎり、日本の障害者雇用の大きな前進はありえない。

企業のあり方に関しては、なすべきことをしていないことが問題になる場合と、してはならないことをしていることが問題になる場合がある。前者の例が障害者雇用であるとすれば、後者の例は企業が行う政党や政治家への政治献金である。

政治家への企業の寄附は政治腐敗の温床であると言われて久しい。ロッキード事件、リクルート事件、東京佐川急便事件、ゼネコン事件など、政治家の絡む汚職事件が起こるたびに、企業献金の禁止が強く求められてきた。政治資金規正法が政治家個人への企業・団体の献金を禁止することになったのも、企業の政治献金をとがめる世論に押されてのことであった。しかし、これで企業・団体の政治献金問題が解決したわけではない。政治家個人への献金が禁止されても、政党支部や政治資金団体を迂回した政治家個人への寄附や、後援会によるパーティ券を利用した資金集めなどの抜け道がある。

政党支部への企業献金を封ずるには、結局、政党に対する企業献金を禁止するしかない。世論は、政治資金規正法に約束した「見直し」を行い、企業の政党献金も廃止することを求めている。しかし、主だった政党では、政党への企業献金に反対を唱えているのは共産党と社民党くらいである。公明党は宗旨替えをして反対を言わなくなっている。こういう現状では、国会が禁止に踏み出すのを期待することはむずかしい。そこで一つの可能性として浮かび上がってくるのが、企業に働きかけて、政党への政治資金の寄附を止めさせるという道である。

一九六一年、新日鉄の前身である八幡製鉄の一株主が、当時の社長らを相手に、同社が六〇年に自民党に三五〇万円の献金をしたことをもって、定款に定められた事業目的外の行為であるとして、献金相当額の返還を求める株主代表訴訟を起こした。一審の東京地裁判決は、「特定政党に対する政治資金の寄附は、特定の宗教に対する寄附行為と同様に、一般社会人が社会的義務と感ずる性質の行為に属するとは認めることができない」として、企業の政治献金に対する権利能力を否定した。

しかし、その後、最高裁判決は、「会社による政治資金の寄附は、会社の社会的役割を果たすためになされたものと認められるかぎりにおいては、会社の定款所定の目的の範囲内の行為である」、「会社は、自然人たる国民と同様、国や政党の特定の政策を支持、推進しまたは反対するなどの政治的行為をなす自由を有する」というよくわからない理由で、企業による政党への献金を容認した（最高裁判決の誤りについては武藤、一九九四を参照）。

そもそも参政権は、憲法上からも自然人である個人にのみ認められている。それを「法人も人なり」という論理で、法人である企業に政治献金の自由を与え、企業がそれによって特定の政党や政治家から対価を得たり、国の政策決定に影響力を及ぼしたりするのを認めることは、国民が個人として有する参政権を侵害するものである。

企業は定款に定められた事業を営んで利益を上げることを目的としている。株主が八幡製鉄に資本を投下しているのは、同社が「鉄鋼製造および販売とこれに付帯する事業」（定款）を行って利益を上げることを期待しているからである。それゆえ、政治献金は、なんらの対価も期待しない無償の供与であれば、会社の定款目的に反した会社資産の減少として、取締役の責任が問われる支出となる。また、もしそれが会社としての利益を図る（献金による対価を期待する）ものであれば、賄賂としての違法性を有することになる。政治資金の寄附が、慈善事業への寄附のような普遍的な公益目的をもつものでないことも論をまたない。

企業の政治献金が道徳的になんら咎められるところもなく、民主主義の健全な発展に資するものであるならば、それは積極的に推奨されてもよいはずであり、いくらの献金を行ったかを世間に誇示してもよいはずである。しかし、法律によって公開が義務づけられないかぎり、企業は政治献金を開示しようとはしない。このことは企業の政治献金には、つねになにがしかの後ろめたさがつきまとっていることを意味している。この背景には、企業から献金を受けた政党と政治家が法を曲げ、官僚を動かして、一部の業界や特定企業の利益に奉仕するなどして多くの汚職事件が発生してきた歴史がある。

企業の政治献金がしばしば賄賂と化してきたことは、企業献金を禁止も含めて規制する制度を呼び起こしてきた。その先例は二〇世紀初頭に大企業と銀行の政治買収が問題になったアメリカである。一九〇七年に議会はテイルマン法を制定し、会社と銀行が連邦議会議員選挙に際し寄附をすることを禁止した。三年後の一九一〇年公開法では、下院議員候補者に対し選挙運動資金の開示義務を課し、翌年にはその措置を上院議員候補者にも拡大した。それとともに選挙支出総額の制限も行われた。フランスでは一九八八年に、政党への国庫助成と政治資金の透明化が同時に導入され、九五年の改正では、企業・団体献金の全面的禁止措置がとられた（明治大学政治資金研究会編、一九九八）。

自民党への企業の政治献金は、生命保険会社という保険契約者の相互扶助を目的とする相互会社でも行われている。過去一〇年間の献金額は、日本生命では約四億六〇〇〇万円、住友生命では約三億六〇〇〇万円に達する。それらは大部分（最近ではすべて）、国民政治協会（自民党）に対して行われている。両社のディスクロージャー誌によれば、九九年三月時点の保険契約者総数は、日生で約一七四〇万人、住生で約九四〇万人にのぼる。株式会社においても、特定の政党に政治献金をすることは、数千人、数万人の株主の同意が期待される行為ではない。ましてや、東京都の総人口に比較しうるような数の保険契約者を社員とする巨大生命保険会社において、特定の主義主張をもった政党に献金することが社員の総意を反映した行為であろうはずがない。

相互会社の場合、保険契約者は保険会社の社員として、株式会社の株主代表訴訟と同じ形式で社員代表訴訟を起こす権利を有している。それをもとに、二〇〇〇年五月九日、大阪地裁に対して、日生と住生の保険契約者約八〇名が、両社の新旧の役員を相手どって、過去数年の政治献金の返還と今後の差し止めを求める訴えを起こした。この集団訴訟は、生命保険会社、ひいては企業一般の政治献金をやめさせるステップとして大きな意味をもっている。

最後にいまひとつの最近の取り組みを紹介すれば、株主オンブズマンでは、二〇〇〇年六月の住友銀行の株主総会をまえに、同行の株主名簿から抽出した関西在住の株主約六〇〇〇名に「役員の報酬と退職慰労金の個別開示」を求める株主提案を呼びかけた。その結果、七一名の株主から四〇万八〇〇〇株の委任状が寄せられ、五月八日、正式に総会議案として提出された。提案の内容は以下の二つの条文を定款に新設するというものである。

(1)　事業年度ごとの取締役および監査役の報酬・賞与額については、個々の取締役および監査役ごとにその金額を当該事業年度末に作成する営業報告書（商法二八一条一項三号所定）に開示する。

(2) 取締役および監査役の退職慰労金贈呈の議案を株主総会に提案するときは、退任する個々の取締役および監査役ごとにその金額を明示する。

商法では、役員報酬は定款にその額を定めていないかぎり株主総会で決めると規定されている（取締役は第二六九条、監査役は第二七九条）。退職慰労金についても、商法の報酬に関する条文が適用されると解釈されている。これは役員だけで報酬や退職慰労金の額を決めるとお手盛りで役員の利益が図られ、株主の利益を損なう恐れがあるからだと考えられる。しかし、実際には、住友銀行にかぎらず、日本のほとんどすべての企業では、取締役および監査役の報酬と退職慰労金は株主総会には開示されず、株主のチェックが届かない密室で決められて、次期の附属明細書で支給人数に応じた総額が示されるだけである。

役員の報酬および退職慰労金のこうした支給の仕方は、株主に対する情報開示のあるべき姿からはほど遠い。個別開示を否定する理由としてプライバシーが持ち出されることがある。しかし、いわば役員の任命者であり雇い主である株主が役員の報酬および退職慰労金を知ることは、なんら私人の秘密を侵すものではない。とくに、国民の金である公的資金を受けた銀行で、不良債権の発生と処理の遅れに経営責任を有するはずの取締役が、高額の報酬を支給され、数億円もの退職慰労金を受け取ることは、社会常識から見て納得がいかない。*9

住友銀行に対するさきの株主提案の議決結果は、議決権行使株数二六億三六一四株のうち、賛成が八一六八万四〇〇〇株、三・一％であった。住友銀行の取締役会は、現行の決め方は「法令・判例に照らして適法」であるという理由により株主提案に反対しながらも、役員報酬について最高（四五〇〇万円）と平均（三〇〇〇万円）を総会で明らかにした。また、従来は翌年の附属明細書で発表していた役員の退職金について該当取締役四人で約八億円、監査役三名で約一億円八〇〇〇万円であることを明らかにした。前章で触れたアメリカのＩＳＳが私たちの株主提案に賛成の「リコメンデーション」（勧告・助言）をしたこともあって、海外の機関株主も少なからず賛成に回った。また、日本の信託銀行などの機関株主も、「年金口」と「信託口」の保有株の分については、一部、株主提案に賛成している。

＊9　住宅金融会社（住専）の破綻処理が問題になった際に、ずさん融資で貸し手責任を有する銀行経営者の巨額の退職慰労金が世間の批判を浴びた。当時の報道では、退職慰労金の金額は在職期間と退職時の月収によって異なり、頭取だと二億円から四億円、会長だと四億円から六億円にも達するということであった（『週刊東洋経済』一九九六年一月二七日）。破綻して一時国有化された日本長期信用銀行の杉浦敏介元会長は、九億三一〇〇万円もの退職慰労金を受け取っていたうえに、取締役を退任した後も相談役、つづいて顧問として、総額一億六五五〇万円の報酬・賞与を受け取っていたと報じられている（『読売新聞』一九九八年九月八日）。

Ⅵ　おわりに

個人株主あるいは市民株主が企業改革のためにできることは、日本的企業風土のもとではわずかであるかもしれない。しかし、そのことを理由に個人株主による企業改革の可能性を否定すべきではない。それは市民が労働者、消費者、住民として企業に対してなしうることがわずかであるからといって、労働運動や消費者運動や住民運動の意義を否定してはならないのと同様である。今日のように企業が大きな社会的存在になっている時代には、よい企業はよい社会をつくり、悪い企業は悪い社会をつくる。よい社会をつくるためにも欠かせないのは市民による企業監視と企業改革の運動である。これまで日本には労働運動や消費者運動や住民運動はあったが、株主運動は存在しなかった。株主運動と他の運動との間には緊張や摩擦も生じうるが、株主が市民の立場から声を上げずには、企業に社会的規範を守らせ、社会的責任を果たさせることはむずかしい。日本には一〇〇〇万人を超える個人株主がいる。その一％の一〇万人、いや〇・一％の一万人の株主が社会的責任や倫理的投資の見地から株主の権利を行使しはじめるだけでも、企業と市民の関係は大きく変わるだろう。

あらためていうまでもなく、現代の日本では、大企業はほとんどすべて株式会社である。単に法形式として株式会社になっているだけの中小企業は別として、株式を証券市場で自由に売買できる大企業は、私的所有に基礎をおきながらも、社会的・公共的性格をもっている。それだけでなく今日の大企業は、何千人、何万人という労働者を雇用し、地域住民の生活環境を左右し、無数の消費者とかかわりをもち、多数の株主や取引業者と関係を結ぶ。大企業はそれほどに広くかつ多面的に人々の社会経済生活に影響力を及ぼす。現代社会では、大企業、とくに一国の産業や経済を代表するような巨大企業は、それ自体が、国家とは別な意味である種の社会的な権力であるといってよい。

資本主義に先行する封建社会では、農民の耕作する土地は領主の支配する土地であるという意味で、また農民の生産物は市場の交換によってではなく土地の権力の強制によって、領主のものになるという意味で、政治と経済は一体であった。しかし、市場経済が発展してくるにつれて、経済の世界が公に対する私（民）の世界として成立するようになり、国家に対置された民間の経済社会が市民社会としてとらえられるようになった。すすんでは、市民権が国家の抑圧からの自由と政治への参加を意味するのと同じ論理で、市民社会は市民による国家の民主主義的な制御を含意するようになった。現代日本では、国家だけでなく、企業もまたある種の社会的権力として個人の自由や独立や安全を脅かすことがありうる。とすれば、現代の市民社会論は、市民による国家の制御だけでなく、市民による企業の制御をも課題としなければならない。

終章　日本経済の針路を切り替える

I　経済成長至上主義と「土地神話」

高度成長期にかぎらず、戦後の日本経済において、企業のレベルでも個人のレベルでも、人々の経済活動を動機づけ、方向づけてきた主要な価値は、経済成長至上主義であった。

戦後の日本経済は、戦争による疲弊と飢餓的な生活から出発した。それだけに、五〇年代後半からの高度成長は、製造業を中心に産業と企業の急激な成長をもたらしただけでなく、実質賃金の長期にわたる上昇と、国民の生活水準の大幅な改善をもたらした。この過程では、一般に企業も家計も、高率の経済成長が長期に続くものと期待し、それを前提に設備投資や個人消費を計画してきた。戦後日本の経済計画——「新長期経済計画」（一九五七年、岸内閣）、「所得倍増計画」（六〇年、池田内閣）、「長期経済計画」（六五年、佐藤内閣）、「経済社会基本計画」（七三年、田中内閣）、「昭和五〇年代前期経済計画」（七六年、三木内閣）、「新経済社会七カ年計画」（七九年、大平内閣）、「一九八〇年代経済社会の展望と指針」（八三年、中曽根内閣）、「世界とともに生きる日本」（八八年、竹下内閣）、「生活大国五カ年計画」（九二年、宮澤内閣）、「構造改革のための経済社会計画」（九五年、村山内閣）——は、「極大成長」を謳ったものも、「安定成長」を謳ったものも、すべて経済成長の追求を政策運営の最優先目標に据えていた。また、それらの計画の達成度も計画期間中の平均成長率で評価された。

このように考えれば、経済成長至上主義こそは、戦後の日本経済の行動原理に制度的に組み入れられた第一の価値基準であるといわねばならない。現代日本において、社会的富の一方の源泉である自然を疲弊させて環境破壊をもたらし、もう一方の源泉である人間の生命力を疲弊させて過労死をもたらしてきたものも、この経済成長至上主義であった。

経済成長至上主義は、八〇年代のバブル経済と九〇年代不況に二重に影を落としている。第一に、地価の高騰は、金融自由化や土地取引の規制緩和を背景に、オフィスビル、マンション、リゾート施設などの建設計画が次々と立てられ、大都市圏の商業地を中心に地価の値上がり期待が強まり、不動産取引が投機性を高めていたところに、銀行が競うように無謀な不動産担保融資を膨らませることによって引き起こされた。[*1] この場合、その後の地価の崩壊と高い空室率に照らして、オフィスビル等の将来需要の予測が過大であったことは明らかだが、その背後には経済成長率とその持続についての過大予測があったといわねばならない。第二に、地価が崩壊したあとでは、銀行等の金融機関は、地価が長期に下がり続けることはない、地価は経済が成長に転ずれば必ず回復するという期待から、バブル後遺症である不良債権の処理を先送りした。それが金融危機を招き、不況をいっそう悪化させて、不良債権処分損をいっそう大きくすることになった。ここに私たちがみるのは、経済成長至上主義が生んだ「土地神話」とその崩壊である。

戦後日本では、大都市圏への人口集中と「持ち家政策」のもとで、個人住宅のための土地需要が増大してきた以上に、商業用地や産業用地に対する企業の土地需要が増大してきた。その結果としての地価の持続的上昇は、土地の含み益を生み出す。そして、土地の含み益が大きい企業は、その株が「含み資産株」

として評価され、株価が上昇する。土地と株の含み益は、その担保価値の増加をもたらし、それがまた金融機関の土地と株を担保とする融資を活発化させる（鶴田、一九九二、一四三頁）。

こうして地価は一九九一年にバブルが崩壊するまでおよそ四〇年にわたって上昇し続けてきた。一九六〇年から九〇年までの三〇年間についていえば、地価は日本不動産研究所調べの全国市街地地価指数でみて約二〇倍に上がっている。この間の地価の上昇率は、賃金やその他の所得の上昇率より高かっただけでなく、あらゆる金融資産の利回りより高かった。だからこそ、『朝日新聞』の一九九五年三月二五日の社説がいうように「土地はもっとも有利な資産であり、持っていれば必ず値上がりする」という「土地神話」ができあがったのである。この社説が「土地神話」は崩壊しようとしていると書いたのは、大都市圏を中心に地価が四年連続で下落したことが明らかになった時点であった。それから一年後の九六年三月二三日の社説は、「神話崩壊」後の土地政策を問題にして、「戦後の日本では、企業の経済活動から自治体の開発事業や人々のマイホーム計画まで、すべてが地価上昇を前提に作られてきた」と述べている。

国語辞典では「神話」は「現実の生活とそれをとりまく世界の事物の起源や存在論的意味を象徴的に説く説話」（『広辞苑』）とされている。「土地神話」は、戦後日本の経済社会秩序の象徴的な説明原理としての意味を付与されてきた点で、まさしく「神話」と呼ぶにふさわしい。「神話」は、生活世界の根源的な

＊1　国土庁が一九八五年に発表した「首都圏改造計画――多角型連合都市圏の構築に向けて」という文書は、東京のオフィス需要について二〇〇〇年までに「超高層ビル二五〇棟分必要になる」と予測していた（翁ほか、二〇〇〇）。

意味づけとして一般的承認をうけていればいるほど、それを生んだ状況が大きく変化した場合には、容易に生活世界の秩序崩壊の説明原理にも転化しうる。地価の崩壊のあとで「土地神話」に与えられた役割もそうしたものであった。ある投稿者が新聞の声欄に「地価の値上がりを望む〝土地神話〟が日本経済の根源的な『がん』だったということです。地価をどんどん上げて、それを担保に〝ニセ金づくり〟をしてきた『地本主義』が経済構造をねじ曲げ、バブルを作ってきたのではないですか」（『朝日新聞』一九九七年一〇月一一日）と書いたときには、戦後日本の経済と社会の歪みが「土地神話」から説明されているのである。しかし、こうした土地神話の背後には、経済成長に至上の価値をおき、その永続を夢見る成長神話があったことを見失ってはならない。

Ⅱ　経済成長神話から抜け出す

土地神話とその崩壊の教訓は、人々に経済成長神話からの脱却を求めている。実際、人々の成長願望はなお根強いが、成長神話の信奉者はすでに少数派である。第二章でも取り上げた日本銀行の「生活意識に関するアンケート調査」（二〇〇〇年三月実施）から、経済成長に対する人々の意識をみると、図E-1に示したように、「長い目で見ればあまり成長は期待できないと思う」が五四％にのぼり、「長い目で見ればなお成長を続けられると思う」は一八・三％にすぎない（残りの二七・七％は「どちらともいえない」）。ついでに「成長は期待できない」とする理由をみると、図E-2のように、「高齢化・少子化」、「財政問題の深刻化」、「日本人の勤勉さの低下」、「金融システム問題」が上位四つを占め、ようやく五番目に政府・財界が重視する「規制緩和や構造改革の遅れ」があがっている。しかし、政府・財界は、経済審議会（一九九九年）の「経済社会のあるべき姿と経済新生の政策指針」や、経済戦略会議（一九九九年）の「日本経済再生への戦略」を見るかぎり、成長至上主義に固執して、「競争」を強め「効率」を高めることによって、なおも「経済成長」を追求する方向に日本経済の針路を定めているように思われる。

かつての高度成長と今日のゼロ成長に近い低成長とでは、経済運営の舵取りは決定的に異ならざるをえない。一九六〇年代のように年率一〇％の高度成長が続けば、GDPの規模は七年で二倍、一四年で四倍、三五年で三二倍になる。しかし、一〇年刻みでみた日本経済の成長率は、表E-1に見るように、七〇年代には五・二％、八〇年代には三・八％、九〇年代には一・六％と低下してきた。今後は経済が回復してもせいぜい一―二％程度の成長しか期待できないと考えられる。二％の成長では、GDP

図E-1　日本経済の成長に対する中長期的評価

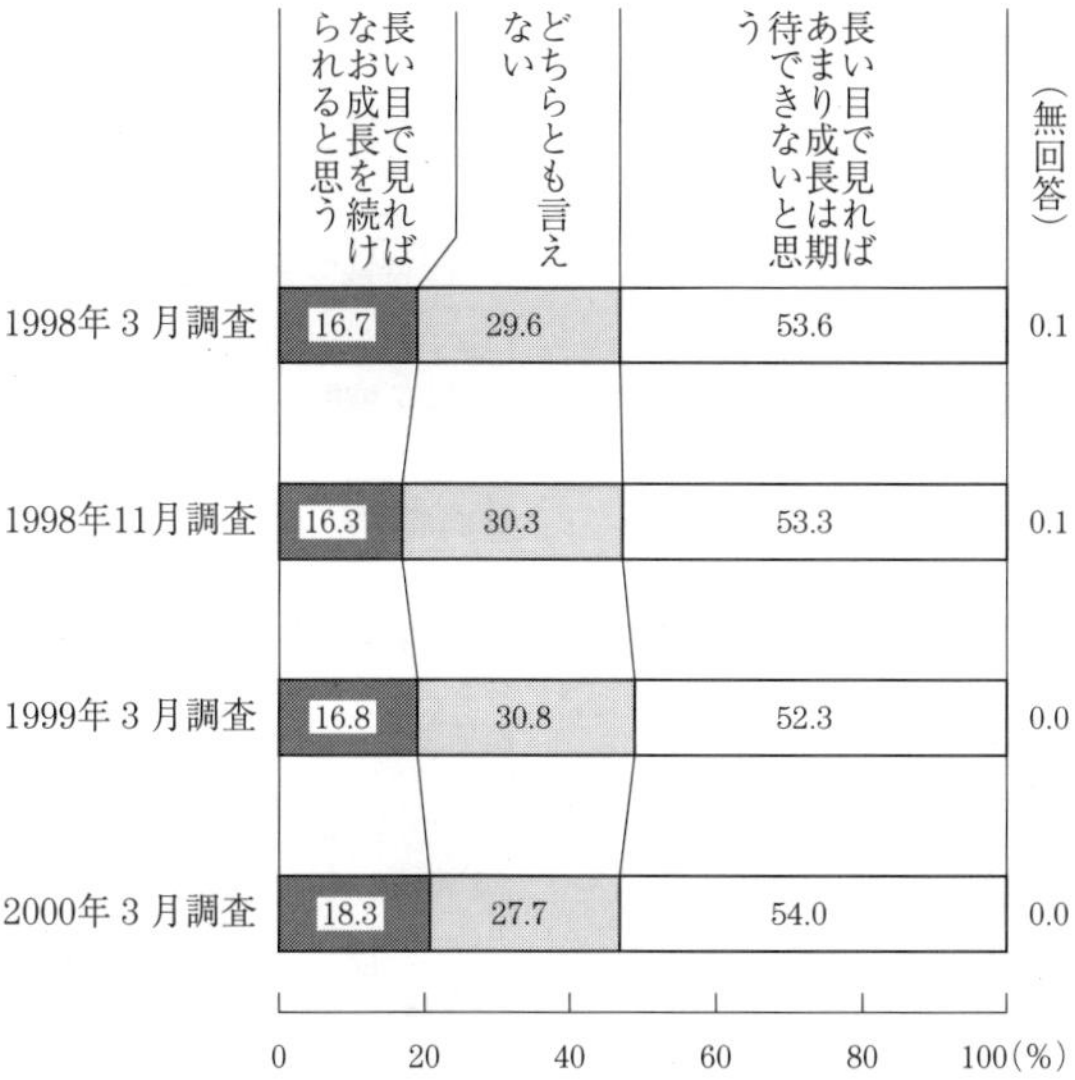

（出所）　日本銀行「生活意識に関するアンケート調査」（第10回）2000年3月実施。

図 E-2 「成長は期待できない」と考える人の理由
（三つまでの複数回答）

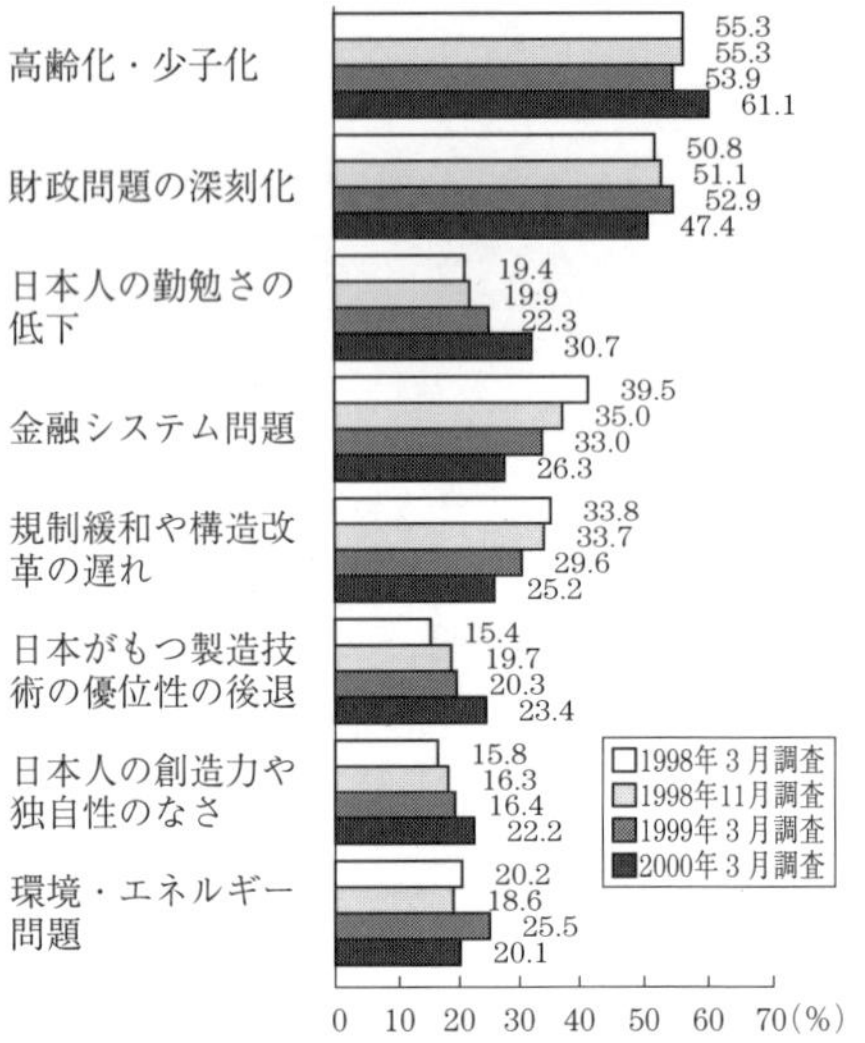

（出所） 図 E-1 に同じ。

が二倍になるのにも三五年を要する。現実には年率一〇％の高度成長は二〇年と続かなかったことを承知のうえでいえば、ここにみるのは、「同じ三五年働いて、所得が三二倍になる世界から二倍にしかならない世界への大転換」（矢野、一九九八、四頁）である。さきに見た日銀の「生活意識」に関する調査結果も、人々が好むと好まざるとにかかわらず、この大転換を受け入れていることを示している。

図E-2では最後に今後の成長にとっての制約として、「環境・エネルギー問題」があがっている。大量生産・大量消費の資本主義は、空気や水や鉱物や化石燃料を含む大量の天然資源を消費し、大量の産業廃棄物と有害物質を生み出すことによって、経済成長にとっての資源と環境の制約を浮かび上がらせた。地球温暖化、オゾン層の破壊、酸性雨、熱帯雨林の破壊、放射能汚染、ダイオキシン、環境ホルモンなど、地球環境問題に対する関心がかつてなく高まり、環境保全型の経済システムの創出が世界的規模で議論されるようになった。こうした環境の制約もあって、「今後、経済成長は期待できない」という意識を生んでいるのである。

社会の富の増大は、労働力人口と、労働時間と、労働生産性によって規定される。長期的にみれば、労働生産性の上昇はなお続くものと考えてよい。しかし、日本経済が混乱と停滞に陥った一九八〇年代後半から今日までの十数年間は、「ME（マイクロエレクトロニクス）革命」とそれに続く「IT（情報技術）革命」が急激に進んできた時期であった。このことを考えると、技術進歩による労働生産性の上昇には過大な期待はかけられない。労働力人口は、女性の労働力率の上昇や、高齢者の労働参加を別とすれば、少子化が止まらないかぎり今後も減少していくものとみなさざるをえない。労働時間については、これをいまより長くして経済成長に役立てる余地はまったくない。現状でも労働時間は労働者の生命活動の肉体的・精神的限界に突き当たるほどに長く、労働者の創造力や意欲や活力を高めるためにも、労働時間の大幅な短縮が望まれている。このように労働力人口からみても、労働時間からみても、経済成長は超えがたい制約を受けているのである。

しかし、悲観することはない。今日の日本経済は、今後に大きな経済成長がなくても、十分に高い生活水準を享受できるほどに成熟した段階に達している。GDPが増えない場合にも、国民所得の分配における雇用者所得（賃金・俸給およびその他の給与）の比率が高まれば、消費の量か

表E-1　G7諸国の実質GDP成長率（年率平均）（単位：%）

	1970年代	1980年代	1990年代
日　本	5.2	3.8	1.6
アメリカ	3.2	2.7	2.6
ドイツ	3.2	1.8	1.6
フランス	3.7	2.3	1.7
イギリス	2.4	2.4	1.8
イタリア	3.7	2.4	1.3
カナダ	4.4	2.9	2.0

（注）1）1990年代の年率平均は，日本を除き OECD による1999年の予測値をもとに算出。日本の1999年の予測値は経済企画庁の推計値（QE）を使用。
2）ドイツについては，1970年代および1980年代は西ドイツ，1990年代は1992年以降の統一ドイツを対象に算出。
（出所）経済企画庁「国民所得統計」，OECD, *Main Economic Indicators, National Accounts, Economic Outlook*. 白塚ほか（2000）。

ら見た雇用者（勤労者）の生活水準は高まることがある。

他方、所得の増大は生活の豊かさへいたる唯一の道ではない。生活の質を高めることをもって豊かさの追求とするなら、むしろ所得の減少が豊かさを実現する場合もある。たとえば、家には寝に帰るだけで、能動的な生活時間のすべてを会社の仕事に捧げてきた人が、スポーツや芸術や社交や家族との団らんを楽しむ時間を確保しようとすれば、労働時間を減らすしかなく、労働時間の減少が残業手当の減少や、賃金が低い仕事への転職をともなうかぎりでは、所得の減少を受け入れるしかない。こういう生き方を選択するとき、ある種の消費をあきらめざるをえないが、健康で文化的な生活からみて基本的ニーズが満たされている人々にとっては、それは貧困を選ぶことではなく、過剰消費あるいは浪費を自覚的にやめることにほかならない。『働きすぎのアメリカ人』の著者のジュリエット・ショアは、過剰消費をもたらす仕組みを考察した新著『浪費するアメリカ人』のなかで、アメリカでは、労働時間を減らして生き甲斐を追求する「ダウンシフター」（減速生活者）が消費主義を乗り越える新しい流れをつくりだしていることを明らかにしている（Schor, 1998）。最近では日本でも、たとえ収入を減らしても、やりがいのある仕事やより多くの自由時間を得たいと考える人々が着実に増加しつつある。

Ⅲ　バブルと不況の教訓に学んで出直す

先頃、日本銀行は、二つの「共同個人論文」のかたちで、バブルとその後の長期不況を生んだ一九八〇年代後半から九〇年代にかけての政策運営を分析した文書を発表した。一つは翁邦雄・白川方明・白塚重則「資産価格バブルと金融政策――一九八〇年代後半の日本の経験とその教訓」であり、いま一つは白塚重典・田口博雄・森成城「日本におけるバブル崩壊後の調整に対する政策対応――中間報告」である。

驚くのは、これらはバブルの発生・崩壊と九〇年代不況を体系的に分析した最初の文書だというのである（『毎日新聞』二〇〇〇年五月三一日）。二つの論文とも、個々の問題に関してはバブルとその事後的対応について丹念な実証的分析を試みており、添えられている図表も参考になる。しかし、二つの論文とも、日銀あるいは日銀金融研究所の公式見解を示すものではなく、共同署名者の個人論文であると断っている。そこからいえば当然のことかもしれないが、二つの論文は、内容から見ても、日銀がバブルと不況の原因を究明し、日銀自体の政策運営の責任を明確にした総括文書とは認めがたい。

いまではよく知られているように、日銀は、景気が明らかに拡大・過熱過程にあった時期にも金融緩和政策を続け、公定歩合を当時（一九八七年二月から八九年五月まで）では史上最低水準の二・五％に据え置いた。さきの第一論文は、それが「バブル発生の一因」になったことは認めながらも、「金融緩和はバブル発生の必要条件ではあったが、十分条件ではなかった」（翁ほか、二〇〇〇、二二頁）と弁明している。しかし、問題はそんなことではない。問われるべきは、金融政策を誤らなければ、バブルの発生・拡大を食い止めることができたのではないかという点にある。

これに対して第一論文は、持ってまわった表現で、「もう少し早期に金融引き締めへの転換が図られていた」なら、「バブルの発生自体は防げ」なかったとしても、「バブルの自律的崩壊のタイミングを幾分早め、その結果としてバブル崩壊後の悪影響を小さくした可能性」（翁ほか、二〇〇〇、二四頁）はあったと

「示唆」するにとどまっている。*2

いくつかの要因が複合的に絡んだバブルの発生と拡大の第一の要因として、第一論文があげているのは「金融機関行動の積極化」である。しかし、これと不可分の「大企業の銀行離れ」や「銀行の不動産関連貸出」については、立ち入った分析はなされていない。論文が述べているところでは、その理由は「金融機関の規制・監督当局が不動産関連貸出を含め、私企業である金融機関の具体的な貸出方針に直接介入することは極力回避することが望ましいと考えられる」(同前、二四頁)からである。*3

それにしても理解できないのは、バブルの経験と教訓についての日銀としての報告書が、バブルの崩壊からほぼ一〇年を経て、共同個人論文の形で出たということである。このことは、日銀がバブル破綻の経験から教訓をくみ取る作業を今日まで避けてきたことを意味する。しかも、遅まきながら、きちんと総括をしたというのならともかく、出てきた文書は、「護送船団方式」といわれてきた日本の金融行政と日本銀行自身の政策運営の問題点に分析のメスを入れることを避けたものであった。日銀は結局、戦後最大規模の国民的損失を生んだバブルについてこれという総括作業をしないまま貴重な一〇年を失ったのである。

バブルの総括作業をしていないという点では、大蔵省も同罪である。大蔵省によるバブル経済の体系的分析としては、一九九三年一一月の『フィナンシャル・レビュー』誌に掲載された「資産価格変動のメカニズムとその経済効果」がある。館隆一郎氏を座長とする「資産価格変動のメカニズムとその経済効果に関する研究会」のメンバーによって書かれたこの論文については、高杉良氏が小説『金融腐食列島』に、「大蔵省が政策の失敗を認めた歴史的なもの」(高杉、一九九七、二二六頁)として、詳しく取り上げられている。それは前出の二つの日銀論文よりはずっと早く出て、内容も豊かで、私も本書におけるバブル発生と崩壊の研究で参考にさせてもらった。

しかし、それでもなお、これを、バブル経済を全面的に分析しその教訓を総括した公式の文書とみなすことはできない。この論文には、大蔵官僚と銀行経営者によって汚染された金融腐食列島の分析はなされていない。バブルはたんなる金融政策の失敗というより、銀行・大蔵省・日銀を巻き込んだ一大不祥事であったともいえるが、もとよりそうした認識はさきの大蔵省の研究会報告にはない。

それとは対照的に、本書で何度か取り上げたOECDの『日本経済レポート'98』は、「政府部門における一連の公的スキャンダル」に言及し、それに付した注で次のように指摘している。

「第一に、大蔵省の一一二名の職員が、民間企業、とくに銀行から過剰接待を受けていたとして罰せら

＊2　バブル崩壊後の金融政策を分析した第二論文では、金融機関経営の実状を大蔵省以上に把握していた日銀は、もっと早く不良債権問題に警鐘を鳴らすべきであったという批判（『日本経済新聞』「検証バブル　犯意なき過ち」二〇〇〇年二月二一日）に対して、日銀の警告が金融不安を招く恐れを「リスク」と呼んで、日銀は「うまくゆけば最善かもしれないがリスクは大きい」道を選ばず、「最善ではないかもしれないがリスクは相対的に小さい道」を選んだのだとして、問題の先送り・時間稼ぎを言いわけしている（白塚ほか、二〇〇〇）。

＊3　この論文でバブルの日銀にとっての教訓としてあげられているのは次の四点である。

(1) 経済が抱えるリスクを潜在的段階で把握する先行きを展望した金融政策の重要性。
(2) 需給ギャップ、マネーサプライ、資産価格の動きなどマクロ的なリスクの把握。
(3) 日銀の使命を損なう恐れのある政策思想（円高阻止、内需拡大など）の影響の認識。
(4) 金融機関の規制・監督をはじめ税制、会計、法制度に関する制度設計の重要性。

れた。このことは、大蔵大臣が辞任する結果を招いた。第二に、同様の状況が日本銀行でも摘発され、九八名の行員が罰せられ、総裁が辞任した。第三に、多くの銀行員が（国会の承認を必要とする）政府機関の高官よりも高い給与を支払われ、銀行の給与体系が不当なものであることが明らかになった。第四に、四七都府県のうち二二で、総額四〇〇億円（三億二〇〇〇万ドル）の公的資金の誤用が見つかった。第五に、収賄スキャンダルが、日本道路公団、造幣局、厚生省、防衛庁で噴出した。」（OECD、一九九九、一八九頁、訳文は一部訂正）

OECDのこのレポートは経済企画庁調査局によって訳出されている。しかし、ここに出てくるような指摘や認識は、経済企画庁の『経済白書』をはじめとする、政府の各省庁の白書や報告書には出てこない。バブルの発生からこのかた、日本の首相は、中曽根、竹下、宇野、海部、宮澤、細川、羽田、村山、橋本、小渕、森とめまぐるしく代わってきた。一九九三年七月の総選挙で自民党が過半数割れに追い込まれ、社会党も惨敗して、政党の集合離散と連立政権の時代が始まった。この間には時々の首相の諮問機関としていくつもの審議会や懇談会がつくられてきた。しかし、それらのどれ一つとして、政府の政策運営をまともに点検した機関はない。政府だけでなく国会も、金融不祥事や不良債権問題で調査能力を発揮することはなかった。国会議員が関与したリクルート疑惑（リクルート・コスモス未公開株譲渡問題）や大手ゼネコンの闇献金などについても、国会での究明はほとんどなされなかった。

バブルとその後遺症で国民に損失を負わせた政治家の無責任ぶりを象徴しているのは、二〇〇〇年六月の総選挙で八〇歳の高齢ながら当選した宮澤喜一氏（自民党比例区中国ブロック第一位）の軌跡である。彼はバブルが発生し拡大した一九八六年から八八年にかけて、中曽根内閣および竹下内閣で大蔵大臣を務めた。もし、政府の誰かがバブルの責任をとらなければならないとすれば、金融行政の舵を切り損なってバブルをいたずらに拡大させた宮澤氏こそ真っ先に責任をとるべき人であった。しかし、彼が竹下内閣の蔵相を辞任したのは、誤った金融政策の責任をとってではなく、秘書のリクルート・コスモス株疑惑の結果であった。その後も、バブルの責任は棚上げしたまま、バブルの崩壊で不況に突入した一九九一年一一月から不況が深刻化した九三年八月まで、自民党総裁として首相の座につき、不況が再度よりいっそう深刻な形で悪化した一九九八年七月には、小渕内閣のもとで、またまた大蔵大臣に返り咲いたのである。そのときの大蔵省のホーム・ページには、「今回、総理経験者としては異例だが、経済再生のために、小渕総理に三顧の礼をもって大蔵大臣に迎えられた」とある。しかし、自民党にいかに人がいないとはいえ、バブルで経済を潰し、不況にも有効な手を打てなかった人物が、「経済再生」のために、大蔵大臣に七八歳の高齢で返り咲き、今度はまた八〇歳で森内閣の大蔵大臣も務めるというのは、異例というより異様といわねばならない。

ここで思い出すのは、住専問題で世論が沸騰していた頃に『朝日新聞』の「論壇」に載った宇沢弘文氏の提言である。それは、衆議院に設置された金融問題特別委員会のもとに、金融専門家、弁護士、公認会計士、経済学者からなる強力な調査権をもつ調査団をつくり、金融制度改革のあり方について国民にわかりやすい形で報告書を作成させるというものであった。宇沢氏がいう金融制度改革は政府が進める「ビッグバン」のようなものでない。そのことは、宇沢氏が、住専問題を歪んだ金融行政の産物、戦後最大規模の国民的損失を生み出した不祥事ととらえ、そこに日本の金融機関（銀行と大蔵省）における金融的節度の欠如、社会的倫理観の喪失、職業的能力の低下をみていることからも明らかである（宇沢、一九九六）。

この提言が生かされていたなら、私たちは、バブルとそれに続く長い不況の経験と教訓について、たしかな拠り所としうる総括的な文書をもつことができたかもしれない。世界の民主主義国のなかで、これほどに大きな国民的損失と制度的破綻に対して、議会や政府が公的な検証作業を行おうとしない国はほかにはないのではなかろうか。傲慢のせいであろうと無能のせいであろうと、歴史の教訓に学ばない政府をもつ国民は不幸である。無為のうちに十年が失われたとすれば、いまからでも遅くはない。私たちは、歴史の教訓に学ぶところからもう一度ゆっくりとやり直さねばならない。

Ⅳ　カンパニー・キャピタリズムを超えて

本書は、バブルに浮かれ不況に沈んだ日本という国のシステムを、企業の経営・生産システムに焦点をしぼり、個人としてできる範囲で検証した。最後にあたり、問題を社会システムに視野を広げ、二一世紀の日本経済の針路を考えるうえで残された課題について述べておこう。

そこでまず一言しておかねばならないのは、最近では「社会的セイフティネット」と呼ばれることの多い、社会保障や社会福祉の問題である。第二章で、消費支出に関して論じた際にも触れたように、人々は、雇用や収入、社会保障、税金、医療、老後など、将来の生活について大きな不安をもっている。人々が現在の消費を抑え、できるだけ貯蓄を増やそうとするのは、そうした将来不安に備えるためである。したがって、日本経済の再生のためにもいま急がれるのは、国民の不安を取り除くための、社会的セイフティネットの整備である。この課題は人々の生活における地域社会（コミュニティ）の相互扶助機能の再建を織り込んだものとして取り組まれなければならない。

ここでもう一度、前出の表E－1を見てほしい。ご覧のとおり、一九九〇年代の年平均実質GDP成長率は、米国とカナダを除けばすべて一％台である。このうちドイツ、フランス、イタリアは、日本の二倍前後の高い失業率に悩んでいる。にもかかわらず、これらの国が日本より深刻な経済危機にあるという話は聞かない。また、これらの国の人々が日本人より大きな将来不安に直面しているという話も聞かない。日本の国民のあいだで将来不安が大きいのは、長らく成長を続けてきた日本経済があまりにも短期間に長期停滞に陥ったことによるところが大きい。また、あまりに急激に高齢社会に移行し、年金や介護の問題が一挙に噴き出したことも一因となっている。しかし、今日の日本で、人々の将来不安が大きい理由はそれだけではない。日本人の将来不安の多くは、リストラの嵐のなかで失業者が増え、雇用不安が高まり、企業内福祉も頼りにできなくなったというのに、年金保険料の引き上げと給付水準の切り下げに示されているように、そうでなくても貧困な社会保障や社会福祉がいっそう貧困になって、人々が失業や病気などの不慮の災難や老後の生活に対する社会的セイフィティネットをあてにできないと思っていることによる。序章では、日本は他の先進諸国と比べて、GDPのうちで公共事業費の割合がずば抜けて高く、社会保障費の割合がずば抜けて低いことをみた（図P－7、P－8を参照）。不要不急の公共事業を削り、土建国家・ゼネコン国家からの転換を図り、財源問題を含め社会保障の拡充のために国民的合意を形成することは、日本が「ふつうの国」になるために緊急にしなければならないことである。それは、人々の将来不安を減らし、個人消費需要を拡大して、長期不況から抜け出すうえでも必要なことである（社会保障の財源問題・

税体系については、神野・金子編、一九九九を、またナショナル・ミニマムについては、成瀬、一九九九を参照)。

さきには、バブル経済を分析しその教訓を批判的に総括した政府文書はないかのように述べた。バブル破綻の金融経済的分析についてはたしかにそうである。しかし、バブルを生んだ経済成長至上主義の日本的経営の歪みや日本的企業システムの特異性については、第一三次国民生活審議会総合政策部会・基本政策委員会(竹内啓委員長)の中間報告『個人生活優先社会をめざして』が、政府機関の文書としては異例の批判的分析を行っている。

この竹内報告は、日本人が個人生活の豊かさを本当の意味で楽しめない理由を日本的な企業システムに求めて、経済効率の面では優れているとされる日本の経済社会システムを「企業中心社会」(あるいは「カンパニー・キャピタリズム」)と呼び、それは「今日では、個人生活の充実をはかるうえで逆に制約要因になってきたのではないだろうか」と問いかけるところから出発している。問題は「企業をはじめとする組織の論理が個人生活を覆い過ぎている」、あるいは「高度成長期の一部の企業にみられた『公害隠し』や、最近の銀行・証券会社による一連の不祥事」に例をみるように、「企業が社会的存在としての認識に欠けた行動をとる」ことにある。こうした社会では「会社人間」が生み出される。彼らは「自分の所属する組織にのみ目が向き、幅広く国際問題、社会問題に関心を払うことができない」(経済企画庁国民生活局、一九九一、一—七頁)。

企業中心社会から個人生活優先社会への転換を説くこの時期の政府文書には、日本的雇用慣行の見直しに関連して、雇用形態の多様化と労働市場の弾力化のためにも規制緩和を進めるべきだという主張が含まれていた。さきの竹内報告のなかにもそうした色合いの主張がないわけではない。しかし、その後に強まった市場原理の強化に問題解決の鍵を求める議論とは一線を画している。そのことは、竹内報告が、日本の「経済大国からの脱皮」と「文化大国への変容」を展望して、「市場原理とその背後にある利潤原理だけに頼っていたのでは、自ずから限界がある」、「芸術・文化、福祉、教育等の『準公共財分野』は、市場メカニズムでは十分供給されないが、豊かな生活には不可欠である」と指摘していることをみても明らかである。

しかし、不況が長引くにつれて、企業中心社会に対する見直しの声は政府文書やマスメディアの報道からはすっかり影を潜めるようになった。代わりに強まったのは、内橋克人氏のいう、日々の株価や時々に発表される経済成長率などの経済の数値に振り回される「一喜一憂資本主義」の空気である（内橋、二〇〇〇）。政府は家計に対し「もう少し高いリターンと引き換えにもう少し高いリスクを」（『経済白書』一九九九年版）と呼びかけ、株式投資を奨励する。インターネットには「マネー」と「投資」の広告が溢れ、『日本経済新聞』をはじめとして、新聞には、毎日、ＩＴ革命やｅコマース（電子商取引）の文字が躍り、「インターネット関連株」の上げ下げが報じられる。

こうした「一喜一憂資本主義」がいかなるものかは、すでにインターネット事業ならぬ携帯電話販売事業である光通信の株価の急騰と急落の顛末で示されている。一時はベンチャーの寵児として英雄視された重田康光氏が社長のこの会社の株（額面五〇円）は、一九九六年二月に店頭公開され、九九年九月に二部を飛び越して一部上場となった頃から急上昇を始め、二〇〇〇年二月一五日には一株二四万一〇〇〇円をつけるまでになった。しかし、重田社長が二月一四日付で、約五一万株の自社株を約一〇〇〇億円で処分したのち、架空契約による業績の水増しなどから、一三〇億円もの営業赤字が表面化し、販売店が大幅に縮小されるなかで、連日のようにストップ安が続き、最高値から約四ヵ月後の六月二日にはわずか三七六〇円にまで暴落した。この過程で創業者の重田氏はネットバブルに乗じて自社株の売却と出資先の株式公開で大儲けをしたが、大衆投資家は、光通信株を組み込んだ投資信託に手を出した人々をも含め、大きな損失を被った。

日本経済が株価と地価の上昇に浮かれて破綻したのはつい一〇年前のことであった。このいつか来た道を二一世紀の日本の針路に定めることはできない。少数の者がますます富み多数の者がますます貧しくなるような社会、あるいは勝者がすべてを得て敗者がすべてを失うような社会に未来はない。

経済の成長率が低くても人々の生活は安定している社会、勤勉に働く人々が報われる社会、企業中心ではなく人間中心に回る社会――二一世紀の日本経済の針路はこのような社会を見据えたものでなければならない。

参考文献

ILO News (1999), "Americans work longest hours among industrialized countries, Japanese second longest," 6 September. <http://www.ilo.org/public/english/bureau/inf/pr/1999/29.htm>

青木圭介（一九九四）「企業社会における労働と人格の発達」基礎経済科学研究所編（一九九四）

青木圭介（二〇〇〇）「日本型企業システムの転換」東井正美・森岡孝二編（二〇〇〇）

青木昌彦／ドナルド・ドーア編（一九九五）『システムとしての日本企業』ＮＴＴ出版

青木昌彦／ヒュー・パトリック編（一九九六）『日本のメインバンク・システム』（東銀リサーチインタナショナル訳）東洋経済新報社

青木昌彦・掘宣昭（一九九六）「メインバンク・システムと金融規制」青木昌彦・奥野正寛編『経済システムの比較制度分析』東京大学出版会

アタリ、Ｊ（一九八六）『時間の歴史』（蔵持不三也訳）原書房

安保哲夫・板垣博・上山邦雄・河村哲二・公文博（一九九一）『アメリカに生きる日本的生産システム』東洋経済新報社

安保哲夫（一九九二）「日本的生産システムの対米移転」東京大学社会科学研究所編『現代日本社会』第七巻、東京大学出版会

安保哲夫（一九九四）「システム移転からみた日米比較」安保哲夫編（一九九四）

安保哲夫編（一九九四）『日本的経営・生産システムとアメリカ――システムの国際移転とハイブリッド化』ミネルヴァ書房

有井行夫（一九九一）『株式会社の正当性と所有理論』青木書店

池上惇・森岡孝二編（一九九九）『日本の経済システム』青木書店

池上惇（一九九九）「現代日本社会の政治経済学による分析をめぐって」池上惇・森岡孝二編（一九九九）

石川馨（一九八四）『日本的品質管理（増補版）』日科技連出版社
板垣博（一九九四）「日本の自動車・電機工場——日本工場のモデル」安保哲夫編（一九九四）
市川兼三（一九九四）『大企業の所有と支配——相互参加規制を考える』成文堂
伊藤誠（一九九八）『日本経済を考え直す』岩波書店
伊東光晴（一九八九）『技術革命時代の日本』岩波書店
伊東光晴（二〇〇〇）『日本経済の変容——倫理の喪失を超えて』岩波書店
猪木武徳・樋口美雄（一九九五）『日本の雇用システムと労働市場』日本経済新聞社
井村喜代子（二〇〇〇）『現代日本経済論（新版）』有斐閣
岩井浩（一九九二）『労働力・雇用・失業統計の国際的展開』梓出版社
宇沢弘文（一九九六）「住専問題の徹底解明を怠るな」『朝日新聞』五月一〇日
内橋克人（一九九二）「過労死」内橋克人・奥村宏・佐高信『「会社本位主義」をどう超えるか』東洋経済新報社
内橋克人・奥村宏・佐高信編（一九九四）『日本会社原論』第六巻、岩波書店
内橋克人（一九九七）『経済学は誰のためにあるのか』岩波書店
内橋克人（二〇〇〇）「一喜一憂資本主義を超えて」『朝日新聞』六月一六日
内山昂（二〇〇〇）「今日の雇用情勢と第九次雇用対策基本計画に関連して」『労働総研』第三八号、四月
海野八尋（一九九七）『日本経済はどこへ行く』花伝社
江口英一監修（一九九三）労働運動総合研究所・全国労働組合総連合『現代の労働者階級——「過重労働」体制下の労働と生活』新日本出版社
NHK放送文化研究所編（一九九五）『生活時間の国際比較』大空社
NHK放送文化研究所編（一九九六）『日本人の生活時間・一九九五——NHK国民生活時間調査』NHK出版
大蔵省（一九九三）「資産価格変動のメカニズムとその経済効果——資産価格変動のメカニズムとその経済効果に関する研究会報告」『フィナンシャル・レビュー』第三〇号、一一月

大沢真理（一九九三）『企業中心社会を超えて――現代日本を〈ジェンダー〉で読む』時事通信社

OECD (1998), *Quarterly National Accounts*, Number 1, OECD Publications.

OECD (1999), *Employment Outlook*, June, Paris: OECD Publications

ＯＥＣＤ（一九九九）『日本経済レポート '98』 *OECD Economic Surveys* JAPN, November 1998, OECD Publications（経済企画庁調整局監訳）東洋経済新報社

岡本博公（一九九五）『現代企業の生産統合――自動車・鉄鋼・半導体企業』新評論

翁邦雄・白川方明・白塚重則（二〇〇〇）「資産価格バブルと金融政策――一九八〇年代後半の日本の経験とその教訓」IMES Discussion Paper, No. 2000-J-11.

奥村宏（一九九一）『法人資本主義――［会社本位主義］の体系（改訂版）』朝日新聞社

奥村宏（一九九七）『二一世紀の企業像』岩波書店

小野茂（一九八一）『現場のＩＥ教本』日刊工業新聞社

甲斐章人（一九八五）『ＩＥ基礎概論』税務経理協会

垣内亮（二〇〇〇）「自自公のゆきづまりを示す『亡国予算』」『経済』第五四号、三月

角瀬保雄（一九九九）「企業のあり方を考える――現代の企業論、企業統治論をめぐって」（インタビュー）『経済』第四九号、一〇月

加藤哲郎／R・スティーヴン編著（一九九三）『国際論争・日本型経営はポスト・フォーディズムか？』窓社

加藤哲郎（一九九六）『現代日本のリズムとストレス』花伝社

門田武治（一九八五）『新版・パック――高生産性の秘密』日本能率協会

株主オンブズマン編（一九九六）『株主オンブズマンは何をめざすか』かもがわ出版

川口清史・富沢賢治編（一九九九）『福祉社会と非営利・共同セクター』日本評論社

川人博（一九九一）原田英樹過労死・損害賠償事件「訴状」

川人博（一九九八）『過労自殺』岩波書店

川人博（二〇〇〇）電通青年社員過労自殺事件裁判「弁論要旨書」および同事件の最高裁判所「判決」
岸田雅雄（一九九四）『ゼミナール会社法入門』日本経済新聞社
基礎経済科学研究所編（一九八七）『労働時間の経済学』青木書店
基礎経済科学研究所編（一九八九）『ゆとり社会の創造』昭和堂
基礎経済科学研究所編（一九九二）『日本型企業社会の構造』労働旬報社
基礎経済科学研究所編（一九九四）『人間発達の政治経済学』青木書店
基礎経済科学研究所編（一九九五ａ）『日本型企業社会と女性』青木書店
基礎経済科学研究所編（一九九五ｂ）『日本型企業社会と家族』青木書店
基礎経済科学研究所編（一九九九）『新世紀市民社会論』大月書店
北沢千秋（一九九九）『誰が会社を潰したか――山一首脳の罪と罰』日経ＢＰ社
北原勇・伊藤誠・山田鋭夫（一九九七）『現代資本主義をどう視るか』青木書店
熊谷勝行（一九九九）『企業倒産』平凡社
熊沢誠（一九八九）『日本的経営の明暗』筑摩書房
熊沢誠（一九九五）「日本的経営と女性労働」基礎経済科学研究所編（一九九五ａ）
熊沢誠(一九九七)『能力主義と企業社会』岩波書店
Christian Science Monitor, (1995), "Japanese Women Refuse to Bow to Job Discrimination," August 16.
経済企画庁編（一九九七）『戦後日本経済の軌跡――経済企画庁五〇年史』大蔵省印刷局
経済企画庁総合計画局編（一九八七）『金融の国際化・自由化』大蔵省印刷局
経済企画庁総合計画局編（一九八九）『一八〇〇労働時間社会の創造』大蔵省印刷局
経済企画庁国民生活局編（一九九一）『個人生活優先社会をめざして』大蔵省印刷局
経済企画庁国民生活局編（一九九二）『個人の生活を重視する社会へ』大蔵省印刷局
経済戦略会議（一九九九）「日本経済再生への戦略」二月 <http://www.kantei.go.jp/jp/senryaku/990226tousin-

ho.html>

Kenny, Martin, and Florida, Richard (1988) "Beyond Mass Production: Production and the Labor Process in Japan," *Politics & Society*, Vol.16, No.1.

Kenny, Martin, and Florida, Richard (1993), *Beyond Mass Production: The Japanese System and Its Transfer to the United States*, New York: Oxford University Press.

小池和男（一九九一）『仕事の経済学』東洋経済新報社

国際学術シンポジウムの記録編集委員会編（一九九九）『市場社会の警告』現代思潮社

国際協調のための経済構造調整研究会（一九八六）「国際協調のための経済構造調整研究会報告書」竹村健一『日本の将来の指針——前川レポートの正しい読み方』東急エージェンシー、巻末

国土庁編（一九九五）『土地白書』大蔵省印刷局

小西一雄（一九九八）「銀行の不良債権と解決方向」『経済』第三八号，一一月

コリア、B（一九九二）『逆転の思考——日本企業の労働と組織』（花田昌宣・斎藤悦則訳）藤原書店

コレン、S（一九九六）『睡眠不足は危険がいっぱい』（木村博江訳）文藝春秋

サーリンズ、M（一九八四）『石器時代の経済学』（山内昶訳）法政大学出版局

坂井昭夫（一九九一）『日米経済摩擦と政策協調』有斐閣

坂本清編（一九九八）『日本企業の生産システム』中央経済社

柴垣和夫（一九九七）『現代資本主義の論理——過渡期社会の経済学』日本経済評論社

ショア、J（一九九三）『働きすぎのアメリカ人——予期せぬ余暇の減少』（森岡・成瀬・青木・川人訳）窓社

Schor, Juliet B. (1998), *Overspent American: Upscaling, Downshifting, and the New Consumer*, New York: Basic Books.

白塚重典・田口博雄・森成城（二〇〇〇）「日本におけるバブル崩壊後の調整に対する政策対応——中間報告」IMES Discussion Paper, No. 2000-J-12.

神野直彦・金子勝編（一九九九）『「福祉政府」への提言――社会保障の新体系を構想する』岩波書店
鈴木良治（一九九四）『日本的生産システムと企業社会』北海道大学図書刊行会
関下稔（一九八九）『日米経済摩擦の新展開』大月書店
千住鎮雄・師岡孝次（一九七三）『経営工学概論』朝倉書店
全国過労死を考える家族の会編（一九九一）『日本は幸福か――過労死・残された五〇人の妻たちの手記』教育史料出版会
総務庁行政監察局編（一九九六）『障害者雇用対策の現状と課題――完全参加と平等を目指して』大蔵省印刷局
総務庁編（一九九七）『規制緩和白書』大蔵省印刷局
高尾義一（一九九四）『平成金融恐慌』中央公論社
高島嘉巳（一九九四）「『生活大国』論と土地・住宅問題」森岡孝二編（一九九四）
高杉良（一九九七）『金融腐食列島』角川書店
侘美光彦（一九九四）『世界大恐慌――一九二九恐慌の過程と原因』御茶の水書房
侘美光彦（一九九八）『「大恐慌型」不況』講談社
橘木俊詔（一九九八）『日本の経済格差――所得と資産から考える』岩波書店
田中重人（二〇〇〇）「Practicable Gender-Equal Societies――男女共同参画社会の真実」関西数理社会学研究会報告
通商産業調査会編（一九九〇）『日米構造問題協議最終報告――日米新時代のシナリオ』通商産業調査会
中小企業庁編（一九九八）『中小企業白書』大蔵省印刷局
鶴田廣巳（一九九二）「『ストック経済化』とキャピタル・ゲイン」東井正美・森岡孝二編（一九九二）
帝国データバンク（二〇〇〇）『全国企業倒産倒産集計』一月報
ディジョージ、R・T（一九九五）『ビジネス・エシックス』（麗澤大学ビジネス・エシックス研究会訳）明石書店寺沼太郎（一九九九）「株式持ち合いの最近の動向――株式分布状況調査のデータから」東京証券取引所調査レポート〈http://www.tse.or.jp/top/framesp.html〉
東井正美・森岡孝二編（一九九二）『日本経済へのアプローチ』ミネルヴァ書房
東井正美・森岡孝二編（二〇〇〇）『政治経済学へのアプローチ』ミネルヴァ書房
東京大学社会科学研究所編（一九九一―九二）『現代日本社会』全七巻、東京大学出版会
徳永芳郎（一九九四）「働き過ぎと健康障害――勤労者の立場からみた分析と提言」経済企画庁経済研究所『経済分析』第一三三号、一月
十名直喜（一九九六）『鉄鋼生産システム――資源、技術、技能の日本型諸相』同文舘
鳥畑与一（一九九九）「国際金融システムとＢＩＳ規制」『経済』第四〇号、一月
内閣官房特命事項担当室・経済企画庁調整室編（一九八五）『アクション・プログラム』
中川スミ（二〇〇〇）「均等法改正と女性労働」東井正美・森岡孝二編（二〇〇〇）
仲野組子（二〇〇〇）『アメリカの非正規雇用――リストラ先進国の労働実態』青木書店
中村一彦（一九九七）『企業の社会的責任と会社法』信山社
中山和久『ＩＬＯ条約と日本』岩波書店
成瀬龍夫（一九九二）「フォーディズムと日本的生産方式」基礎経済科学研究所編（一九九二）
成瀬龍夫（一九九九）「ナショナル・ミニマムと社会保障改革」池上惇・森岡孝二編（一九九九）
西谷敏（一九九七）「労働法規制緩和論の総論的検討」『季刊労働法』一八三号、九月
日刊工業新聞特別取材班編（一九九四）『平岩レポート――世界に示す日本の針路』にっかん書房
二宮厚美（一九九九）『現代資本主義と新自由主義の暴走』新日本出版社
日経連（二〇〇〇）労働問題研究委員会報告『「人間の顔をした市場経済」をめざして』日経連出版部
日本経営者団体連盟（一九九五）新・日本的経営システム等研究プロジェクト『新時代の「日本的経営」』日本経営者団体連盟

日本経済新聞社編（一九九六）『日本経済事典』日本経済新聞社
ニューヨーク・タイムズ編（一九九六）『ダウンサイジング・オブ・アメリカ』（矢作弘訳）日本経済新聞社
野村正實（一九九三ａ）『熟練と分業——日本企業とテイラー主義』御茶の水書房
野村正實（一九九三ｂ）『トヨティズム——日本的生産システムの成熟と変容』ミネルヴァ書房
野村正實（一九九四）『終身雇用』岩波書店
野村正實（一九九八）『雇用不安』岩波書店
林直道（一九九八）『日本経済をどう見るか』青木書店
林正樹・坂本清編（一九九六）『経営革新へのアプローチ』八千代出版
原田實・安井恒則・黒田兼一編（二〇〇〇）『新・日本的経営と労務管理』ミネルヴァ書房
バルティコス、Ｎ（一九八四）『国際労働基準とＩＬＯ』（吾郷真一訳、花見忠監修）三省堂
平田清明・山田鋭夫・加藤哲郎・黒沢惟昭・伊藤正純（一九九四）『現代市民社会と企業国家』御茶の水書房
福田泰雄（一九九七）「日本型企業中心社会の構造」一橋大学研究年報『経済学研究』第三八号、一月
福田泰雄（一九九八）「日本的経営と労務管理」一橋大学研究年報『経済学研究』第三九号、三月
藤井広一（二〇〇〇）「リストラと雇用過剰感」労働省『労働経済調査月報』第六一二号（第五二巻第一号）、二月
藤田利之（一九九九）『日本企業にもの申す外国人株主』東洋経済新報社
藤本武（一九九〇）『国際比較・日本の労働者』新日本出版社
藤原眞砂（一九九三）「ゆとりと労働時間——労働時間統計の総合的研究」生命保険文化センター委託研究報告書『企業活動と個人生活のあり方』（財）統計研究会
布施晶子（一九九三）『結婚と家族』岩波書店
堀内昭義（一九九六）「日本の金融規制・制度」日本経済新聞社編（一九九六）
堀内昭義（一九九八）『金融システムの未来』岩波書店

堀内昭義（一九九九）『日本経済と金融危機』岩波書店
本多淳亮（一九九三）「賃金形態・労働時間法制とサービス残業」本多淳亮・森岡孝二編『脱サービス残業社会』労働旬報社
マーク、S（一九九八）『メインバンク神話の崩壊』（奥村宏監訳）東洋経済新報社
松丸正（一九九六）「ハザマ株主代表訴訟」高橋利明・塚原英治編『ドキュメント・現代訴訟』日本評論社
松村文武（一九九三）『体制支持金融の世界』青木書店
マホーニー、ビル（一九九七）『株主の権利と主張――コーポレート・ガバナンス革命』（伊藤邦雄監訳、関孝哉訳）中央経済社
マルクス、K（一九七八）『マルクス＝エンゲルス全集』第一六巻、大月書店
マルクス、K（一九八三）『資本論』第一巻（資本論翻訳委員会訳）第二分冊、新日本出版社
丸山恵也（一九九五）『日本的生産システムとフレキシビリティ』日本評論社
水口宏（一九九四）『会社運営と株主の地位』商事法務研究会
宮崎義一（一九九二）『複合不況』中央公論社
宮地光子（一九九六）『平等への女たちの挑戦――均等法時代と女性の働く権利』明石書店
武藤春光（一九九四）「会社は政治献金に関する権利能力を有するか」『商事法務』第一三四三号、一月五日
明治大学政治資金研究会編（一九九八）『政治資金と法制度』日本評論社
森岡孝二（一九八二）『現代資本主義分析と独占理論』青木書店
森岡孝二（一九八九）「労働時間短縮と内需拡大論」関西大学経済・政治研究所『研究双書』第六九冊『経済摩擦と構造変化』
Morioka Koji. (1991), "Structural Changes in Japanese Capitalism," *International Journal of Political Economy*, Vol. 21, No. 3, Fall.
森岡孝二（一九九二）「日本型企業社会と労働時間構造の二極化」『経済』第三三五号、三月

森岡孝二編（一九九四）『現代日本の企業と労働』法律文化社
森岡孝二（一九九五ａ）『企業中心社会の時間構造』青木書店
森岡孝二（一九九五ｂ）「戦後日本の社会変動と家族」基礎経済科学研究所編（一九九五ｂ）
森岡孝二（一九九五ｃ）「現代日本の企業社会と性差別システム」『関西大学商学論集』第四〇巻第四・五号合併号、一二月
森岡孝二（一九九七ａ）「市民、株主による企業監視と企業改革——株主オンブズマン運動のめざすもの」『経済と社会』第一〇号
森岡孝二（一九九七ｂ）「現代資本主義をどう視るか——北原・伊藤・山田論争によせて」関西大学『経済論集』第四七巻第五号、一二月
森岡孝二（一九九八ａ）「何に怯える経団連——株主代表訴訟改悪で財界と自民党が隠したいもの」『週刊金曜日』一月九日
森岡孝二（一九九八ｂ）「日本の企業統治と株主総会」『民事法情報』第一四六号、一一月
森岡孝二（一九九九ａ）「企業活動の市民的監視」基礎経済科学研究所編（一九九九）
森岡孝二（一九九九ｂ）「バブルの発生・崩壊と一九九〇年代不況」関西大学経済政治研究所『研究双書』第一〇九冊『価値変容と社会経済システム』
森岡孝二（一九九九ｃ）「今日の日本社会と企業システム」池上惇・森岡孝二編（一九九九）
森岡孝二（一九九九ｄ）「アメリカの企業統治と株主総会」『民事法情報』第一五四号、七月
森岡孝二（一九九九ｅ）「障害者雇用促進制度の抜本的強化を」『世界』一〇月
森岡孝二（一九九九ｆ）「政治献金を元から断つ——生保契約者による集団訴訟」『週刊金曜日』一二月一〇日
森岡孝二（一九九九ｇ）「企業改革と市民——奥村宏氏の提起を受けて」『経済科学通信』第九一号、一二月
森岡孝二（二〇〇〇）『粉飾決算』岩波書店
Morioka Koji. (2000), "Causes and Consequences of the Japanese Depression of the 1990s," *International Journal*

of Political Economy, Vol. 29, No. 1, Spring.
森岡真史（一九九八）「ロシア革命と全体主義」小野堅・岡本武・溝端佐登史編著『ロシア経済』世界思想社
森総合法律事務所（一九九六）『株主総会の準備事務と議事運営』中央経済社
矢野眞和・連合総研編（一九九八）『ゆとりの構造――生活時間の六か国比較』日本労働研究機構
山一証券社内調査委員会（一九九八）「社内調査報告書――いわゆる簿外債務を中心として」（全文は『エコノミスト』五月一二日号）
山内旭（一九九四）『経済人類学への招待――ヒトはどう生きてきたか』筑摩書房
八巻直躬（一九七九）『IEとマネジメント』日本能率協会
山口義行（一九九七）『金融ビッグバンの幻想と現実』時事通信社
山口義行（一九九九）「金融危機と金融改革」経済理論学会年報第36集『現代経済と金融危機』青木書店
湯谷昇羊・辻広雅文（一九九六）『ドキュメント住専崩壊』ダイヤモンド社
吉冨勝（一九九八）『日本経済の真実』東洋経済新報社
読売新聞社会部（一九九九）『会社がなぜ消滅したか――山一証券役員たちの背信』新潮社
労働省編（一九九一）『こうして減らす残業・休日労働――所定外労働削減要綱』大蔵省印刷局
若森章孝（一九九六）『レギュラシオンの政治経済学――二一世紀を拓く社会＝歴史認識』晃洋書房
渡辺峻（一九九五）『コース別雇用管理と女性労働――男女共同参画社会をめざして』中央経済社

森《もり》岡《おか》孝《こう》二《じ》

1944年，大分県に生まれる。
香川大学経済学部を卒業後，京都大学大学院経済学研究科に進む。同博士課程を中退し，大阪外国語大学助手を経て，現在，関西大学経済学部教授。経済学博士。
この間，基礎経済科学研究所の設立に参加，『経済科学通信』の編集代表などを務める。大阪過労死問題連絡会会員。
1996年から株主オンブズマン代表。
著書に
『独占資本主義の解明』（新評論）
『企業中心社会の時間構造』（青木書店）
『粉飾決算』（岩波ブックレット）ほか
共編著に
『人間発達の経済学』（青木書店）
『日本型企業社会の構造』（旬報社）
『現代日本の企業と労働』（法律文化社）
『新世紀市民社会論』（大月書店）
『日本の経済システム』（青木書店）
訳書に
J. B. ショア『浪費するアメリカ人』（監訳，岩波書店）
J. A. フレイザー『窒息するオフィス』（監訳，岩波書店）ほか

日本経済の選択

2000年9月5日　初　版
2003年11月15日　第4刷

著　者　森岡孝二
装幀者　林　佳恵
発行者　桜井　香
発行所　株式会社　桜井書店
東京都文京区本郷1丁目5-17　三洋ビル16
〒113-0033
電話（03）5803-7353
Fax（03）5803-7356
印刷所　株式会社　ミツワ
製本所　誠製本株式会社

ISBN4-921190-03-8　Printed in Japan